有趣得让人睡不着的大汉史

唐俑 著

哈尔滨出版社
HARBIN PUBLISHING HOUSE

图书在版编目（CIP）数据

有趣得让人睡不着的大汉史 / 唐俑著. —哈尔滨：哈尔滨出版社，2021.4
ISBN 978-7-5484-4396-4

Ⅰ. ①有… Ⅱ. ①唐… Ⅲ. ①中国历史—汉代—通俗读物 Ⅳ. ①K234.09

中国版本图书馆CIP数据核字（2021）第035360号

书　　名：**有趣得让人睡不着的大汉史**
YOUQU DE RANG REN SHUIBUZHAO DE DA HAN SHI

作　　者：唐　俑 著
责任编辑：尉晓敏　赵　芳
责任审校：李　战
封面设计：昇一设计

出版发行：哈尔滨出版社（Harbin Publishing House）
社　　址：哈尔滨市香坊区泰山路82-9号　　邮编：150090
经　　销：全国新华书店
印　　刷：天津光之彩印刷有限公司
网　　址：www.hrbcbs.com　　www.mifengniao.com
E-mail：hrbcbs@yeah.net
编辑版权热线：（0451）87900271　87900272
销售热线：（0451）87900202　87900203

| 开　本：710mm×1000mm　　1/16 | 印张：18 | 字数：300千字 |

版　　次：2021年4月第1版
印　　次：2021年4月第1次印刷
书　　号：ISBN 978-7-5484-4396-4
定　　价：58.00元

凡购本社图书发现印装错误，请与本社印制部联系调换。　服务热线：（0451）87900278

目　录

壹　上半场：西汉王朝

汉高祖刘邦：我的后半生

彭城之战：打败我刘邦的不是你项羽　_004

促使"鸿门宴"事件发生的竟然是他！　_008

"别姬"的霸王是如何炼成的？　_011

韩信干了件缺德事，导致刘邦最喜欢的人被烹杀　_016

刘邦为啥要给自己最恨的人封侯？　_020

陈平：刘邦身边最恐怖的阴谋家　_023

靠美女解围：不能言说的妙计　_029

谈判高手：一言定南越！　_032

韩信与刘邦之间的相爱相杀　_036

刘邦最好的哥们儿为什么要背叛他？　_038

有颜值有野心却没能力没脑子的人会有什么结局？　_043

"西汉第一狠女人"的小弟他都敢杀！　_046

仁政的春天：文景之治

"文景之治"的存在具有一定的偶然性 _052
从船夫逆袭为首富，只凭皇帝一个梦 _055
割鼻子砍脚这种残忍的肉刑是如何废除的？ _058
晁错之错：本想借刀杀人，却杀了自己 _062
中国"第一位"皇太弟失宠记 _066
周亚夫竟然死于拖欠雇工工钱？ _071
是谁开了公主养男宠的先河？ _076

汉武大帝的时代：千古一帝御下的大汉风采

灭了他！灭了他！灭了他！ _082
大将军卫青：如果没人整他，他可能一辈子都是个小侍卫 _086
匈奴诱敌深入，汉武帝将计就计 _090
东郭先生与卫青的故事 _093
主父偃：我就不给自己留后路，管得着吗！ _096
为了一匹马，汉武帝出动了二十万大军！ _102
不作死就不会死的闽越国 _107
张汤：廉吏与酷吏的矛盾综合体 _111
听说要当丞相，他竟吓得跪地痛哭 _115
李广之孙李陵，为什么由假降匈奴变成了真降？ _120
判司马迁死刑的那个酷吏，后来怎么样了？ _126
暴胜之：恐怖特务组织中的另类 _131
李广利：怂了一辈子，临死"英雄"了一把 _134
钩弋夫人：如果上天再给我一次重来的机会 _138
一辈子与匈奴死磕的汉武帝，竟选匈奴人为托孤大臣 _144
"你说他死了，死人怎么可能给皇上写信？" _148

西汉后期二三事
霍去病的弟弟是如何登上权力顶峰的? _152

史上第一个裸模的结局是什么? _155

班婕妤:中国历史上最完美的女人 _160

小皇帝政变记:裙带政治的恶果 _164

贰　下半场:东汉王朝

与光武帝刘秀有关的人和事儿
他若不被杀,东汉开国皇帝就没刘秀什么事了 _172

爱江山,更爱美人 _177

郭圣通:史上命运最好的废后 _182

"东汉霍去病",了解一下? _186

驳皇帝姐姐面子,获赏三十万 _191

在没有存在感的时代,那些有存在感的人
连赵云都比不上的猛人 _196

几百汉军与两万匈奴兵 _199

蔡伦与最有权势的女人 _205

皇权可以给你,丈母娘不能碰! _208

一个时代的落幕,一个时代的崛起
袁绍出力,董卓获益? _214

董卓:小目标实现之日,也是走上绝路之时 _217

没有黄巾军帮忙,曹操最多是个处级干部 _222

史上最蠢谋士与史上最蠢主公 _226

铁打的吕布，流水的义父 _231

汉献帝的后裔为什么要去日本？ _235

叁 全场：幸运还是倒霉？各有各的命！

西汉八个皇帝的奇闻轶事 _241

"一诺千金"原来是这么来的！ _246

司马相如：有个才女老婆是一种什么体验？ _249

汉武帝的十项"吉尼斯纪录" _252

一只在狼群中活了八百年的"羊" _255

西汉大文豪与一个奴仆的趣事 _260

王莽追杀刘秀的传说有多少版本？ _265

神医华佗不是中国人？ _269

两汉那些奇葩事儿 _272

附录 汉朝皇帝列表 _277

壹 上半场：西汉王朝

汉高祖刘邦：
我的后半生

彭城之战：打败我刘邦的不是你项羽

01

《史记》记载，公元前210年，秦始皇病逝于沙丘，中车府令赵高等人发动沙丘政变，杀害秦始皇长子扶苏和大将蒙恬，立秦始皇的小儿子胡亥为帝，是为秦二世。

秦二世昏庸荒淫，赵高专权乱政，横征暴敛，百姓苦不堪言，天下怒火终于演变为农民大起义。

首先揭竿而起的是陈胜、吴广，接着是前楚国大将项燕之后项梁、项羽叔侄，泗水亭长刘邦也起兵响应。

在燕、赵、齐、魏等自立为王的情况下，项梁采纳范增建议，拥立前楚怀王孙熊心为王，仍号"楚怀王"，领导天下的反秦运动。率先起义的陈胜、吴广不幸很快走向失败，刘邦考虑到自己力量弱小，率部归附了项梁。

可以说，刘邦和项羽，本为同一个战壕的战友，但后来却分道扬镳，成为对手。

02

同为项梁阵营的刘邦和项羽分道扬镳于公元前208年，那一年，楚怀王决定兵分两路，一路西进伐秦，一路北上救赵——那时候的赵国正在遭受秦将章邯的进攻。

北上救赵的一路，由上将军宋义率领，项羽为次将，范增为末将；西进伐秦的一路，则由刘邦率领。出发之前，楚怀王与诸将约定：先入关中者为王。

结果刘邦"赢"了，率先进入关中的他不但接受了秦王子婴的投降，尽除秦朝苛法，还与关中父老约法三章（杀人者死，伤人及盗抵罪），并想按照楚怀王的约定在关中称王。

刘邦的老大做派令项羽很不舒服，在他看来，在巨鹿之战中消灭四十万秦军主力，之后又连破秦军，迫使秦将章邯投降，为"诸侯上将军"的他（主将宋义已被项羽所杀，军权为其所夺），功劳比刘邦大多了。胜利果实应该属于我项羽，而不是他刘邦！

《史记·项羽本纪》记载，公元前207年十二月，项羽命英布攻破函谷关，进驻鸿门（今陕西西安临潼区城东），打算干掉刘邦。不足十万兵马的刘邦，哪里敢与拥有四十万大军的项羽较量，吓得他赶紧退到霸上，又到鸿门谢罪，项羽才放过他。

03

"入屠咸阳，杀秦宗室，焚秦宫室，劫掠关中"后，项羽上书楚怀王，请求分封功臣，实际上是暗示楚怀王封他为王。楚怀王明白他的意思，回答却只有"如约"两个字。意思是之前说好的，哪个先入关中哪个就为王，你别节外生枝！

项羽大怒，先是自立为西楚霸王，然后以霸主身份将全国分成十八个诸侯国，分封给诸侯、部将和降将。刘邦也被项羽封为汉王。

项羽的行为等于明告天下：楚怀王算老几，现在我是老大，尔等都得听我的！还真是一点也不掩饰自己的野心。

在分封诸王时，项羽犯了个错误——由于利益分配不均，导致许多诸侯王不服，意图反叛。首先不听话的就是刘邦，他不但不前往汉中就国，还打算进攻项羽。

萧何却心想，汉中多好啊，进可攻退可守，土地肥沃，物产丰富。秦朝正是因为先有了汉中，后来才有了天下，不去就太傻了。现在就去打项羽，怎么可能打得赢呢，等以后壮大了再去，那才有可能打赢嘛。

经萧何进言，刘邦这才"屈就"汉王封号，"忍忿"前往汉中就国。前往汉中途中，刘邦尽数烧毁所过栈道，好像在对项羽说，本人烧毁栈道，是表示绝无东向之意，请你放心。

实际上他的真实目的是防止诸侯军偷袭，顺带麻痹项羽那个"傻瓜"。而在这之前，他就确定了"收用巴蜀，还定三秦，东向以争天下"的战略，并开始招贤纳士。

刚到汉中，他就得到了一个重要人物，那就是之后为他打天下立下无数大功的韩信。韩信本是项羽帐下的执戟郎中，空有一身本事却得不到重用，便离开项羽投奔了刘邦。

04

公元前206年九月，趁项羽放松对西部的戒备，亲自率兵北上收拾反楚的齐王田荣（自立）之机，刘邦拉开了东进序幕。

他以迎接父亲刘太公和老婆吕雉为名，派薛欧、王吸两位将军出武关，向项羽展开试探性进攻。然而，薛欧等人刚到阳夏，就被项羽派兵拦住，前进不得。

一个月后，刘邦也行动了，当他兵出函谷关，进至河南陕县时，河南王申阳、韩王郑昌自知不敌，"识时务者为俊杰"，纷纷投降了刘邦。

然后，刘邦回师关中，巩固后方，并整修边塞，防止匈奴人乘虚而入。巩固后方是一步稳棋，只有后方巩固了，他才能在前方放心大胆地干。做好这些事情后，他才于公元前205年三月率兵东渡黄河。

在取得收降魏王魏豹、攻占河内、掳获殷王司马卬等一系列成果后，刘邦觉得干掉项羽的时机成熟了（淮河以北除彭城附近、燕王臧荼所控制的燕及辽东地区，许多地区都归了反楚力量），便率军直抵洛阳。

在洛阳，刘邦昭告天下诸侯，誓师伐楚。那时，项羽的主力依然被拖在齐地，楚都彭城空虚，刘邦决定直捣项羽老巢。他的借口也很冠冕堂皇——为楚怀王报仇（那时的楚怀王，已被项羽所弑）。

刘邦不想单干，因为他知道项羽的厉害，他要把诸侯们拉进来，与他共讨逆贼。还好，他的"讨贼檄文"传到各诸侯国后，得到了积极响应，因为有些诸侯不满项羽已经很久了。不想蹚这趟浑水的诸侯也大多作壁上观，看他们鹬蚌相争，以便他们两败俱伤时好捡便宜。

尽管如此，刘邦还是处于"得道多助"的态势，与项羽的被孤立形成了鲜明的对照。此时，听从刘邦调遣的各路人马包括塞、翟、魏、赵、殷五国诸侯联军。刘邦兵分两路，并亲自负责南路，夹攻彭城。

05

彭城是项羽的老巢，项羽不可能让它轻易丢失，虽然形势危急，他却不慌不忙，留下众部将继续攻打齐国，自己则率三万精兵南下，救援彭城。

与刘邦的五十六万大军相比，区区三万兵马，还不够塞牙缝。然而，已经攻入彭城的刘邦联军被轻轻松松得来的胜利冲昏了头脑，此时此刻的他们，忙的是抢劫珠宝美人，忙的是"置酒高会"，酒宴一办就是几天，人人喝得昏天黑地。

项羽趁其忘乎所以、毫无戒备之时，率军绕到城西，于天刚麻麻亮时发动突然袭击。而刘邦那几十万人马估计酒都还没醒，措手不及的汉军大败，朝泗水方向逃命，项羽岂肯罢休，率军猛追，仅在追击的路上就干掉刘邦十多万人马。

追到灵璧（今安徽灵璧县）东濉水，汉军相互拥挤、践踏而死的又达十多万，尸体塞满了濉水，把河道堵得水泄不通。

这一仗下来，刘邦损失数十万，他纠集起来的五十多万兵马已所剩无几。当他急率残部向西逃窜，当之前依附于他的诸侯纷纷转投项羽时，刘邦的心里不知是什么滋味。

有时候打败你的，不是强大的敌人，而是被胜利冲昏头脑的自己。

彭城一战，刘邦虽然损失了几十万人马，但曹参、韩信、陈豨、吕泽、夏侯婴、樊哙、灌婴等良将猛将，以及张良、陈平、郦食其等谋士，全都毫发未损。

依靠这些力量，他重新招兵买马，在后来的京索之战中，把项羽赶到了荥阳以东，稳住了阵脚，使项羽无法突破防线进攻关中，保住了自己的大后方。

促使"鸿门宴"事件发生的竟然是他！

01

"项庄舞剑，意在沛公"这个典故大家都知道，说的是中国历史上最著名的一场宴会上发生的事情，那场宴会就是"鸿门宴"。

宴会的参与者包括当时楚国的两员大将项羽和刘邦，起因是刘邦向项羽谢罪，项羽便在鸿门那个地方请刘邦喝酒。那场宴会看起来风平浪静，而事实上也没导致什么严重后果，过程却颇为惊心动魄。

首先是项羽的谋士范增劝项羽趁机杀掉刘邦；其次是在宴会上发生的事情，绝对算得上惊心动魄。

范增劝项羽杀掉刘邦，项羽同意了。可是在第二天的"鸿门宴"上，范增几次给项羽递眼色，又好几次举起身上的玉佩向他示意，项羽都装作没看见。

范增只好起身出去叫来项庄，对他说："大王心太软，还是你去吧。你去献酒，然后请求舞剑，趁机杀了刘邦。如果不这样，我们都将成为人家的俘虏。"

作为项羽堂弟的项庄是个剑术家，精通各种武艺，特别是剑术——主要是他愿意做这种非常危险的事情。

于是项庄依言而行，祝酒完毕，项庄对项羽说："大王今天和沛公在此饮酒，军营中也没啥娱乐项目，就让我舞剑助兴吧。"

项羽同意了。项庄便拔剑起舞，边舞边靠近刘邦。

项羽生性耿直，丝毫没有意识到这是范增在使阴谋诡计，他的叔叔项伯却看出来了——坏了坏了，得想个办法阻止，否则刘邦的小命难保。

于是他立即拔剑和项庄对舞，用身体遮护刘邦。项庄心想，这个坏叔叔想干啥呢？你给我起开！明白了项庄真实意图的项伯岂肯罢休？他一直用身体护住刘邦，使项庄始终没有机会下手，刺杀刘邦的图谋失败。

02

项伯是项羽的叔叔，如果项羽是刘邦的对手的话，那么他也应该是刘邦的对手，可是他为什么要保护刘邦呢？

有人说他被收买了，还有人说项伯早就预感到刘邦要得天下，他在鸿门宴上保护刘邦是长线投资。后来，得了天下的刘邦不仅不杀他，还赐姓刘，封其为射阳侯，就足以证明他有"先见之明"。

其实这些都是胡说，项伯那么做的初衷，只是想救好朋友张良。

张良虽然是刘邦的人，但帮过项伯：项伯早年杀人，张良救过他。滴水之恩当涌泉相报，项伯在鸿门宴举办之前就给张良通了消息，此消息自然也为刘邦得知。刘邦为了感谢他，就与他约定为儿女亲家，项伯当然不许项庄杀刘邦了。

那么问题来了：刘邦做了何事，要向项羽谢罪呢？他除了和项羽一样努力地和秦王朝的军队作战，什么也没做，更没做对不起项羽的事情。如果不是一个手下在里面搞鬼，他和项羽的交集，不会来得这么早。

03

那个搞鬼的刘邦的手下，名叫曹无伤。有人在评论这段史实时，用的是"出卖"二字，说他出卖刘邦，直接导致了鸿门宴事件的发生。

他出卖刘邦的过程很简单，派人去跟项羽说："沛公欲王关中，使子婴为相，珍宝尽有之。"刘邦想在关中称王，让子婴（即秦王子婴，秦朝最后一个统治者）当丞相，将数不尽的珠宝都据为己有。

你想项羽是什么样的人，西楚霸王啊，哪里听得了这话？这话就像一把火投进浇了汽油的干柴，把项羽惹毛了："我还没称王呢，他姓刘的凭啥？明天我就犒劳军队，然后去收拾他！"

幸亏项伯想救老朋友张良，幸亏刘邦得知消息后赶紧与项伯约定为儿女亲家，才使得项伯在鸿门宴上保护了刘邦，最终刘邦有惊无险，死里逃生。

那时候的曹无伤是刘邦的三大司马之一，官职不小，跟着刘邦出生入死，应该也有感情了吧，可是他为什么要出卖主子呢？历来说法不一，有人认为他是为了投靠项羽或自保，甚至有人认为曹无伤是项羽派在刘邦身边的间谍。当然这些观点都是后人的猜想，真相早就湮没在了历史的尘埃中。

　　能够肯定的是，这是一个刚刚出场就谢幕的小人物。其下场连个惨字都算不上：当刘邦得知是曹无伤搞的鬼，回去后立马杀了他。

　　"立马杀了"，连折磨一下都没有，这种死法很痛快，在动不动就凌迟、油烹、腰斩的中国古代，这种死法甚至算得上"幸福"。

04

　　那么刘邦是如何得知出卖他的是曹无伤呢？这又是一个出卖：项羽出卖了曹无伤。

　　鸿门宴上，刘项之间只对了一句话，项羽就把曹无伤给卖了。

　　据《史记·项羽本纪》记载，刘邦天一亮就带了一百多个随从到鸿门见项羽，向他谢罪："臣与将军勠力而攻秦，将军战河北，臣战河南。然不自意能先入关破秦，得复见将军于此。今者有小人之言，令将军与臣有郤。"我和将军合力攻打秦国，将军在黄河以北作战，我在黄河以南作战，然而我自己都没料到能够先入关攻破秦国，能够在这里再看到将军您。现在有小人的流言，使将军和我有了隔阂。

　　项羽听到此话，想都没想就承认："此沛公左司马曹无伤言之。不然，籍何以至此？"

　　从这番对话可知，刘邦十分狡猾，客套中带"圈套"。而项羽则有勇无谋，一下就中了圈套。

　　头脑如此简单，不败给刘邦，简直天理难容！

"别姬"的霸王是如何炼成的？

01

对于西楚霸王项羽失败的原因，老对手刘邦可谓一语中的："项羽有一范增而不能用，此其所以为我擒也。"

在刘邦看来，项羽败给他的原因很简单，就是因为没听范增的。

相对于项羽对刘邦的"无知"，项羽的谋士范增的确把刘邦看得透透的，认为刘邦是项羽夺取天下的最大对手，所以他才多次劝项羽干掉刘邦，不然他的伟大事业一定会被刘邦破坏，他将来还会死在刘邦手里。

可惜，项羽始终未听。

02

《史记》记载，范增是陈胜、吴广起义时方才出山的，那时他已年届七十。

范增投奔的是项羽的叔父项梁。

项梁是楚国名将项燕次子，陈胜、吴广起义爆发后，他也起兵响应，还当过陈胜政权的上柱国，成为统领军队的最高将领。

后来陈胜被章邯收买的车夫庄贾杀害后，项梁也因轻敌不幸战死，侄儿项羽接替了他的角色，掌握了军政大权。

作为项梁的主要谋士，这时的范增自然也被项羽"接管"，成为项羽的主要谋士，项羽尊称他为"亚父"。

刘邦和项羽，本为一个战壕里的战友，都是反秦的主要力量，也都是楚怀王熊心的手下，他们分道扬镳并成为对手，始于公元前 208 年。

之后，刘邦率军攻破了武关，进入关中地区，迫使秦王子婴向他投降。得到关中后,刘邦就像得到了撒手锏,竟然派人守住函谷关,不让项羽的军队入关。

项羽的屁股是老虎屁股,谁摸谁找死。大怒之下,他立即派英布等人武力破关。当时的项羽刚打完巨鹿之战,消灭了秦军主力,手中的军队多达四十万。

仅有十万人马的刘邦不敢与项羽抗衡,他只得率军撤出咸阳,驻扎在霸上。项羽和他的四十万大军则驻扎在鸿门。

03

就在双方都未想好下一步怎么走的时候,刘邦这边出了个叛徒——左司马曹无伤。

曹无伤派人告诉项羽:知道刘邦为啥不准你入关吗?因为他想在关中称王,还想独吞都城咸阳的珍宝。

范增了解到的信息却是这样的:刘邦在山东的时候既贪财又好色,入关后却既不取财物,也不取女人。范增认为刘邦变了,再也不是从前那个小流氓了,变得志向远大,有夺取天下之心了,若不趁早杀了他,将来定会后悔莫及。

项羽听了曹无伤和范增的话大怒,立即下令:明天一早就让士兵饱餐一顿,兵分四路围攻刘邦。

此时,另一个人物的出现不但破坏了项羽的计划,还改变了历史的走向。这个人叫项伯。

作为项羽最小的叔父,项伯也许没想过要当叛徒,他只是想救张良。张良是项伯的好友,当时是刘邦的谋士。

得知项羽要攻打刘邦的消息后,项伯不假思索,立即启程赶赴霸上去找张良:兄弟,大难即将临头,你赶紧和我一起离开吧。

张良不可能丢下刘邦不管,自然要告诉刘邦。

"天哪,项羽这块石头,我这个鸡蛋怎么碰得过他!"大吃一惊之下,刘邦立即认定,这个项羽的小叔父将是决定他能否转危为安的关键!

于是,他立即采取了拉拢项伯的一系列措施,甚至承诺愿与其结为亲家,让项伯相信之前只是一场误会,他刘邦根本没有那些想法,他对项王可是忠心耿耿,绝对不会背叛他。

一番出色的表演使项伯相信了刘邦对项羽的忠诚,并且愿做两人的调解人,让他们摒弃前嫌,握手言和。

项伯回去后对项羽说,刘邦不是你想的那样,他对你忠心耿耿,不会背叛你,你也别打他了。项伯还说，他已经说服刘邦明天来见他，届时刘邦会把问题说清楚。

后来，就发生了之前讲的"鸿门宴"的故事。

04

在第二天的"鸿门宴"上，刘邦巧舌如簧，成功骗取了项羽的信任。两人推杯换盏，尽释前嫌。而范增则没有放弃杀刘邦的想法，于是便找来项庄想借舞剑之机杀了刘邦。

结果大家都知道，因为项伯从中作梗，刘邦没被杀掉。同时，张良立即出去找樊哙，樊哙手持利剑和盾牌闯进来，"头发上指，目眦尽裂"地瞪着项羽，意思再明白不过——你敢动沛公一根毫毛，老子就一口吞了你！

……

刘邦等人离开后，计划失败的范增气得吐血，仰天长呼："竖子不足与谋，夺项王天下者，必沛公也！"他还断言："我们这些人，今后都将成为刘邦的俘虏。"

范增这话，看似在骂没有完成任务的项庄，实际上是对项羽说的。

范增明白，虽然项羽分封了不少诸侯，那些人的实力也都不弱，但其他人都不足为虑，能对项羽构成威胁的，唯有刘邦。

所以在他看来，无论采用什么手段，无论是在战场上还是在其他场合，干掉刘邦，是唯一正确的选择！

05

这样的机会，于公元前205年再次降临。

那一年，基本平定三秦的刘邦决定东出，正式与项羽争夺天下。碰巧，刘邦获悉毫无政治头脑的项羽杀了楚怀王熊心，这成了他讨伐项羽的主要借口。

假惺惺地为熊心大哭一场，举哀三日后，刘邦向各路诸侯发布项羽的罪状，号召他们和自己一起讨伐"大逆无道"的项羽。

长达四年的楚汉战争序幕，由此拉开。

刘邦旗开得胜，连打胜仗，还率领五十六万诸侯联军攻占了项羽的都城彭城。这么大的胜利当然值得庆祝，被胜利冲昏头脑的刘邦天天与诸侯喝酒庆祝，项羽抓住机会，急率轻骑三万回袭彭城。

刘邦的诸侯联军措手不及，被杀十多万，溺水十多万。刘邦虽然侥幸逃脱，但身边仅剩不到一百人。

退到河南荥阳后，刘邦虽然收集了不少败兵，但仍无法与项羽抗衡，便想与项羽讲和。当然了，讲和是假，这只不过是缓兵之计。

这时的项羽仍未意识到放过刘邦的严重性，也未识破刘邦的诡计，竟然打算同意！

范增急得跳脚，坚决反对讲和，他实在不明白，刘邦到底给了项羽什么好处，以至于他想再次放过这个最大的对手！

"汉易与耳，今释弗取，后必悔之！"这时候干掉汉王刘邦和他的军队是很容易的，如果放过他们，今后一定会后悔！

经范增力劝，项羽才同意攻打荥阳，与范增率军包围了荥阳。

06

刚刚经历过惨败的刘邦，既无援兵，粮草也坚持不了多久，被项羽干掉的命运似乎是注定了。

然而，关键时刻又一个人物横空出世，既挽救了刘邦，也把项羽打入了地狱。这个人物，就是谋士陈平。

陈平决定利用项羽自大、多疑的特点，玩一出离间计。

有没有把握、有多大把握，陈平实际上是心中没数的，但事到如今也没有其他办法，只好试一试，或者说赌一把。

项羽的使者到来后，按照陈平的计谋，在招待使者的宴会上，刘邦故意惊讶地对使者说，我以为你是范增的人，没想到是项王的人。然后，刘邦命人把好酒好菜撤掉，换上粗茶淡饭。

这简直是对使者的侮辱！

可想而知，受到如此对待的使者回去后会如何汇报。

项羽的心顿时凉透了：亚父啊亚父，我待你如亲生父亲，没想到你竟与刘邦私下勾结！

07

直到权力被剥夺，项羽什么事都不与他商量，范增才明白，自己于项羽而言已经是一个多余的人了。

"我始终对你忠心耿耿,你却怀疑我通敌!"悲愤交加的范增请求告老还乡。

范增此举,也许还含有"要挟"意味。那时的刘邦虽然新败,但人才如云,文有萧何张良陈平,武有韩信彭越樊哙。而项羽除了只有一个范增能为他出谋划策,武将也是屈指可数。

所以在范增看来,自己如果拍屁股走人,项羽就成了孤家寡人。项羽若足够聪明,必定会加以挽留,这时他再提出"既然要留我,今后就要听我的"之类的要求,项羽的命运也许还有挽回的余地。

不料,项羽竟来了个顺水推舟,一口答应他告老还乡。

范增气急攻心,背上生了毒疮,还没走到彭城就毒发身亡。

如果说,之前范增对待项羽像对待自己的儿子,因生怕他犯错误而对他说话的口气姿态都有些不留情面,有时甚至大声呵斥,令他很不舒服,从而认为这个老头子不但不可爱,反而成了他想摆脱的枷锁的话,那么现在,范增的离去,终于使项羽得到了解脱。

从此以后,他无论做什么都再也无人阻拦,想怎么做就怎么做。而没有了范增的出谋划策,此后的项羽可以说是打一仗败一仗,直到自刎乌江,一代霸王的传奇人生悲情落幕。

韩信干了件缺德事，导致刘邦最喜欢的人被烹杀

01

战国时有一个叫毛遂的人，舌头很厉害，虽然只有三寸，却比百万大军还管用。这话不是笔者说的，是平原君赵胜说的。

说这话的背景是：有一年秦国打赵国，把赵国的首都邯郸包围了，赵王派平原君到楚国去求援，表示楚国如果联合出兵抗秦，赵国就让楚国当盟主。

平原君为战国四公子之一，以善于养士著称，养有几千个门客，他想挑选二十个有勇有谋、文武双全的门客跟他一起去楚国，原以为从这么多人当中挑二十个人应该是很容易的事情，哪晓得挑来挑去只挑出十九个，还有一个怎么挑都不满意。

这时毛遂站出来说话了：也许，我就是您要找的人。这就是"毛遂自荐"这个成语的来历。

说起这个毛遂，平时也没显露过什么本事，要说他有勇有谋、文武双全，平原君更是不信，但最后还是让他跟着去了。

到了楚国，平原君和楚王谈订立盟约的事，没想到从早上谈到中午，楚王一直装傻，不肯救援赵国。

其他十九个人，不仅没有一个人想办法帮平原君，反而想看毛遂的笑话——你小子既然敢自荐，本事一定很大，现在不上，更待何时？

上就上！毛遂手握剑柄，态度强硬、义正词严地向楚王分析情势，楚王居然边听边点头，最后竟然连称有理，同意和赵国签订盟约。

不辱使命的平原君回到赵国后，就说了毛先生三寸舌（后来演变成"三寸不烂之舌"）比百万大军还管用那番话。

可以说，毛遂不仅贡献了"毛遂自荐"这个成语，还顺便贡献了"三寸不烂之

舌"这个典故，从此以后，"三寸不烂之舌"就成了能言善道的代名词。

02

时间推移到西汉时期，汉高祖刘邦的身边，也有这么一个能言善辩之人，而且根据史料记载，这个人的口才仿佛比毛遂还厉害。

他就是郦食其。

有人说，刘邦最喜欢的人，不是萧何，不是韩信，不是陈平，也不是爹妈媳妇，而是郦食其。因为刘邦身上有流氓习气，碰巧老郦身上也有点，于是俩人臭味相投。

当然了，郦食其不是只有流氓习气，真本事也不少，尤其是口才，要说他是天下第二，没人敢称天下第一。而且他也是毛遂自荐，做了刘邦的谋士后马上就献了一计，使刘邦很快攻克陈留，得到大批军粮。刘邦封他为广野君，见他嘴皮子厉害，就让他出使各国，以使臣的身份奔走于诸侯之间。

郦食其的得意之作，是不费一兵一卒，仅凭三寸不烂之舌使齐国答应归顺刘邦，获得齐国七十多座城池。

可惜功败垂成，好事被韩信破坏，郦食其被齐王烹杀。

郦食其去游说齐王，也是毛遂自荐的。

03

燕国、赵国平定之后，他对刘邦说："如今燕国、赵国都搞定了，只有齐国还没搞定。齐王田广占据着方圆千里的齐国，他兄弟田间领着二十万大军屯兵于历城，他们田氏宗族都很牛啊，不仅背靠大海，还有黄河、济水为天然屏障，南边又靠着楚国。齐国人狡猾，爱使诈，大王您即使派几十万大军，短时间内也不一定打得下来。"

既然这样，你还说什么啊！正当刘邦气得准备大骂他一顿时，他又接着说："我看呐，还是您下个诏，让我去游说齐王，让他归顺咱们，做咱们的东方属国。"刘邦说好，你去吧。

郦食其来到齐国，和齐王田广开始对话。

郦食其："您知道天下人心的归向吗？"

田广："我不知道，没人告诉我啊。"

郦食其："您若是知道，那么齐国就可以保全下来了，若是不知道，那么齐国就保不住了。"

田广："请你告诉我，天下人心究竟归向谁呢？"

郦食其："那还用说吗，汉王刘邦啊。"

田广："老先生这样说，有何凭据？"

郦食其侃侃而谈："汉王刘邦和霸王项羽一起西进攻打秦朝，已经明明白白地约定好了，哪个先攻入咸阳，哪个就在那里称王。结果是刘邦先攻入咸阳，但项羽耍赖，不让汉王在关中称王，而让他到汉中为王……

"我们汉王攻下城池立刻就给有功的将领封侯，缴获了金银财宝立刻分给士兵，大家一起发财过好日子，所以那些英雄豪杰、才能超群的人都愿意为他效劳；诸侯的军队从四面八方来投归，蜀汉的粮食船挨着船源源不断地送来。

"可是项王呢，他从来不记着别人的功劳，对别人的罪过却记得很牢靠；将士们打了胜仗得不到奖赏，攻下城池也得不到封爵；不是他们项氏家族的，任何人也休想得到重用；他给有功人员刻下侯印，在手中反复把玩，舍不得给；攻城得到财物宁可堆积起来烂掉，也不肯赏赐给大家。所以天下人背叛他，有才的人怨恨他，没人愿意为他效力。

"天下之士才尽投归刘邦，刘邦坐在那里不动，动动嘴皮子就可以驱使他们。刘邦带领蜀汉的军队平定了三秦，占领了西河之外大片土地，率领投诚过来的上党精锐军队，攻下了井陉，杀死了成安君，击败了河北魏豹，占据了三十二座城池，如同所向无敌的黄帝的军队一样，并不是靠人的力量，而是上天保佑的结果。

"现在刘邦已经据有敖仓的粮食，占据了成皋的险要，守住了白马渡口，把持了交通要道，扼守住了蜚狐关口，天下诸侯想投降得趁早，不然就会被灭掉。您若是赶快投降汉王，那么齐国的社稷还能保全；不然就惨了，后果很严重……"

齐王田广沉默了一会儿，认为郦食其的话不错，下令撤走了历下的军队，心里一高兴，就天天和郦食其饮酒作乐，只等"招安"过好日子。

04

然而，齐王等来的不是好日子，而是韩信的偷袭。郦食其等来的也不是盖世奇功，而是烹杀！

韩信得知郦食其不费吹灰之力，坐在车上跑了一趟，仅凭三寸不烂之舌就取得齐国七十多座城池，心里很不是滋味：要是齐王不战而降成了事实，咱们这些能征善战的将军，脸往哪儿搁？汉王手下要是再有一两个郦食其这样的人，咱们这些靠打仗建功立业的，今后还有用武之地吗？不行不行不行，我得把这好事破坏掉。

于是他借助夜色掩护，带兵越过平原，偷袭齐国……

05

实际上，起初韩信并不想做这种缺德事。当时他虽然已经率领军队来到平原渡口，准备攻打齐国，但当他得知郦食其已说服齐国归汉后，就放弃了继续进军的念头。

事情坏就坏在一个叫蒯通的范阳人手里，他劝韩信说："将军您是奉诏去攻打齐国（刘邦的脑壳一定被门夹了，既派郦食其去游说齐国，又派韩信去攻打齐国），虽然汉王又派密使去说服齐国归顺，但是您并没有得到让您停止进攻的诏令，这是其一。其二，郦食其只不过是个说客，耍耍嘴皮子就降服了齐国七十多座城池，将军您统率几万人马，一年多时间才攻下赵国五十多座城，堂堂一个将军，居然不如一个儒生的功劳，今后还好意思混吗？我都替您……"

韩信脸色铁青，一言不发，这说明蒯通的话说到他心坎上了。沉默许久，韩信才问他有何良策。

蒯通说，除了渡河击齐，将军您别无选择。韩信依言而行。

那时的齐国已经撤走了军队，放松了对汉军的戒备，韩信如入无人之境，很快打到齐国都城临淄。齐王愤怒了，好你个郦食其，竟然和韩信演双簧出卖我！拿锅来！烧水！寡人要煮了他！

一代辩手郦食其就这么被煮杀了。

刘邦为啥要给自己最恨的人封侯？

01

刘邦登基后，杀了不少功臣，为了剪除异姓王，甚至到了赶尽杀绝的程度。比如燕王臧荼，刘邦刚称帝没多久就以谋反罪把他干掉了；接下来是"国士无双"的齐王（赵王）韩信、韩王信、梁王彭越、淮南王英布……

短短七年，他把除了被逼逃往匈奴的燕王卢绾以及位于偏远之地、势力又很弱小的长沙王吴芮之外的所有异姓王，都杀了个干净。

值得说明的是，以上这些开国功臣，刘邦都不恨他们，甚至在杀他们时心中还满含着对他们的感激，因为没有他们，就没有刘邦的今天，杀他们，仅仅是为了"鸟尽弓藏"。

而那个刘邦最痛恨的人，刘邦不但没动他一根毫毛，还封他为侯，这个人名叫雍齿。

02

雍齿，秦末汉初泗水郡沛县人，刘邦的正宗老乡。

据《史记》记载，这人出身豪强，家世显赫，为沛县世族，所以骨子里瞧不起小混混刘邦。

刘邦却很瞧得起他，所以起兵反秦后，委雍齿以重任。当初秦军在丰邑围攻刘邦，刘邦打败秦军后命雍齿驻守丰邑，实际上是让他当丰邑的老大。

不料第二年，魏国人周市一引诱，雍齿就背叛了刘邦，投靠了周市，还把丰邑也献给了他。

没想到这个老乡如此下作，气得吐血的刘邦再次攻打丰邑，却始终也没拿下。失

陈平：刘邦身边最恐怖的阴谋家

01

刘邦得天下后曾说："我之所以有今天，得力于三个人——运筹帷幄之中，决胜千里之外，吾不如张良；镇守国家，安抚百姓，不断供给军粮，吾不如萧何；率百万之众，战必胜，攻必取，吾不如韩信。三位皆人杰，吾能用之，此吾所以取天下者也。"他提到的这三个人就是我们常说的"汉初三杰"。

陈平虽然不在"三杰"之列，却也是堪比"三杰"的厉害角色，就凭他计救刘邦三次，功劳也一点不比"三杰"小。

不过陈平在刘邦心目中的地位却似乎不如张良，原因大概是张良用的都是阳谋，而陈平喜欢"玩阴的"，他辅佐刘邦的最大功绩，就是在关键时刻玩了几次效果明显的阴谋。为此有人把陈平称为"汉代第一阴谋家"，也有人称他为"刘邦身边最恐怖的阴谋家"。

02

在任何时代，高富帅都容易成为人生赢家。不过陈平只占了这三个字当中的两个——"高帅"。陈平身材高大，相貌堂堂，家中却十分贫困。

他偏偏怀了一颗上进的心，喜欢读书，尤其喜欢黄老学说。对穷人家的孩子来说，这有点"不务正业"，是要遭人耻笑和被家人唾弃的。好在他有一个好哥哥，弟弟既然喜欢游学，就随他去吧，家里的活哥包了。

好哥哥能帮他的也只有这么多了，但他需要更多。口袋里没钱财，游学之路走起来总是磕磕绊绊，就像鸟儿没长好翅膀，想飞的心再高，也飞不起来。

改变经济状况，便成了陈平的第一人生要务。

这时，一个死了五任丈夫的寡妇进入了他的视野。有钱人家的姑娘看不上他，穷人家的姑娘他又看不上，唯有这个寡妇，是个可以考虑的对象。至于人们说"那个女人是克夫命，谁娶谁倒霉"，他才不在乎呢。他要的是钱，是能助他事业起步的钱。

寡妇姓张，她自己倒是没什么钱，但她爷爷张负有钱，是当地有名的土豪。

张负是在一家办丧事的人家认识陈平的。陈平去打杂混口饭吃，碰到了去吃酒的张负。老土豪见这小伙子高大魁梧，相貌堂堂，得知他尚未婚配，便有心把孙女儿许配给他。

虽然小伙子很穷，但自己的孙女儿是个"克夫命"，只要他不嫌弃就行。家里穷没关系，咱家不是有钱嘛，咱出钱给他娶媳妇，给他"补贴"！再说今天穷不等于一辈子穷，只要人好，命运是可以改变的。

与此同时，陈平也在心里不停地打小算盘。他之所以每天都很晚才离开丧家，看起来是勤劳肯干，实际上是为了引起这个老土豪的注意。

他成功了，老土豪偷偷跟随他回了家。在靠近外城城墙的一个偏僻小巷里，老土豪细心地发现，虽然陈家穷得破席当门，但门外却留下了很多车轮的印记。这说明有很多贵人来拜访他，因为那时候坐得起车的一般都是贵人。这个细节，使老土豪更加坚定了把孙女儿嫁给他的决心。

娶了张寡妇后，陈平的经济状况一下子得到改变，从此不为钱财发愁，可以想去哪里游学就去哪里游学，想与谁交往就与谁交往，学问大有长进。而且，再也没人指责他不务正业了。

娶别人不敢娶的女人，走别人不敢走的路，甚至玩儿别人不屑玩儿的阴谋，陈平早就明白"欲成大事，就应不拘小节"这个道理了。

他一生三次救刘邦，靠的也是这种不拘小节。

03

第一次，是从项羽手中救刘邦。那时他还不是刘邦的人，而是项羽的一个谋士。项羽待他不薄，入关破秦后赐他卿一级的爵位，封他为信武君，对他很是器重和信任。

不过在此之前的"鸿门宴"上，陈平已经见过刘邦一面了，认为此人将来定成大器，而项羽和刘邦相比，简直差太远了。

也就是说，陈平第一次救刘邦，属于典型的吃里爬外，是对老板的背叛，违背了一个员工起码的职业道德，非君子所为。虽然当时他已是"身在楚营心在汉"，但毕竟仍在项羽手下做事。

不过他似乎从来没想过要做君子，他知道只有"不拘小节"才能做成大事。所以，当刘邦被项羽软禁在咸阳无法脱身，同样身陷敌营的张良决定孤注一掷，暗中去找陈平时，陈平不但痛快地答应帮忙，还用调虎离山之计把范增从项羽身边弄走。

调走了范增，陈平又使了个手段，让项羽命令聚集在咸阳的各路诸侯返国，聚集在咸阳的各路人马一下子被项羽"遣散"四万多。

项羽让各路诸侯返国，唯独留下刘邦"陪王伴驾"。也就说，项羽还是不放走刘邦，刘邦的危机依然没有解除。但这在陈平的意料之中，也早就替刘邦想好对策。

于是，根据陈平的"安排"，各路诸侯返国之时，刘邦向项羽上表：我想回老家探亲，请大王恩准。项羽想答应又不敢答应，不答应吧，显得不近情理；答应吧，万一这小子一去不复返呢？

张良故意说，使不得啊大王，不能让刘邦回老家，不然他就会在老家称王。依我看，大王您还不如派刘邦带着残兵败将回汉中，您再派人去他老家，把他的家眷取来做人质，可保他规规矩矩做人。

张良是刘邦的谋士，既然他都这么说，看来真不能让刘邦回老家。可是陈平说，大王既然已封刘邦为汉王，而且天下共知，就应该让他上任，不然就会失信于天下，今后大王您的话，就不会有人听了。不过张良的话倒是有些道理，把刘邦的家眷弄来当人质，让他回汉中去，既不失信于天下，又可约束刘邦，可谓两全其美。

由于范增这个主心骨不在，项羽只得自己拿主意，他想了半天，说，既然没有更好的办法，就这么办吧。

刘邦回营后立即拔寨启程，来了个溜之大吉。

04

二救刘邦的时候，陈平已经摇身一变，成了专门为刘邦监督诸将的护军中尉。

时值公元前204年，楚汉战争最激烈的阶段，刘邦被项羽包围在荥阳城里，一围就是一年，外援进不来，粮草也进不来，眼看就要被困死。

好汉不吃眼前亏，项大哥，咱们讲和吧！项羽说，兄弟，你看我有那么傻吗？之前你占上风的时候，为啥不讲和？刘邦只有苦笑。

面对这种局面，张良都没办法，因为他不玩儿阴谋，但是陈平有办法。陈平说领导别急，咱们仓库里不是有黄金吗，咱们用四万两黄金买通一些楚军将领，让他们去散布范增和钟离昧的谣言，就说功劳最大的这二位因为在项羽那里不能裂土称王，已经决定另投明主，和汉王约好一起干掉项羽，把项羽的国土瓜分了。

榜样的力量是无穷的，金钱的力量是巨大的。楚军将领得了这么多好处，坑起自己的老板来比打击敌人还卖力。

对于谣言所传，项羽是有所怀疑的，只不过是针对钟离昧。他怀疑钟离昧的良心坏了，凡是稍微大点的事情都不再跟他商量了。

被他怀疑的还有他一直非常信任的范增。项羽觉得范增已经私通汉王，在项羽的心里已经没有这个亚父了，在他眼里，这个亚父与那些吃里爬外的家伙没有任何区别，看到他就心里作呕，不想看第二眼。

陈平却不满足于此，他的最终目的，是彻底把范增搞死。

机会降临于项羽派使者来刘邦营中，陈平故意再三询问范增的饮食起居，故意说范增如何如何好，如何如何够意思，并故意问使者"亚父范增有何吩咐"，成功地让使者产生"范增是刘邦的人"这个错觉，并把这种错觉带给了项羽。

项羽极其重视也极其信任的谋士范增，就这样极其窝囊地死在了陈平一个小小的阴谋之下。

唯一值得欣慰的，是没见血腥。项羽对待这个亚父，与刘邦后来对待功臣的态度大相径庭，他甚至连杀机都未动，而是把主动权交给了范增自己。项羽所做的，只不过是当范增提出回家养老时未做任何挽留的举动，甚至还派人护送范增回乡。是范增自己想不开，一路走一路叹气，吃不下睡不着，最后终因背上毒疮发作而死。

直到范增死讯传来，项羽仿佛才醒悟过来，但为时已晚。

弄死了范增，不等于刘邦就转危为安了，甚至范增死后，刘邦的危险更大了，因为终于明白过来的项羽把怒火化为进攻的拳头，对困守城里的汉军展开了猛攻。

这时，陈平对刘邦说："大王请速写一封诈降信给项羽，约他在东门相见。"项羽头脑简单，见了诈降信，一定会依"约"而把大军布置在东门，此时他们就可以趁机逃跑。

这并非陈平临时抱佛脚想的主意，在他设计搞死范增的同时，相关安排他就已经在做了，一是让长相酷似刘邦的将军纪信假扮刘邦，二是物色两千个美女。

一旦刘邦同意他的计划，陈平立即让纪信假扮刘邦到东门去诈降，把敌人的兵力吸引到东门。同时让那两千个美女，分批从东门鱼贯而出，当南门西门北门的楚兵听说东门外有好多美女，都争先恐后地拥过来看美女时，假扮刘邦来投降的纪信，也从容不迫地走近了楚营。

直到那时,项羽才发现那位"汉王"不是刘邦,顿时大怒,一把火把纪信烧成了灰烬。而刘邦早已在陈平的安排下冲出西门,带着张良、樊哙等人杀开一条血路,逃向关中了。

05

三救刘邦,是从匈奴人手里救的。

公元前201年(汉高祖六年),韩王信在大同地区叛乱,勾结匈奴企图攻打太原,汉高祖刘邦御驾亲征,乘胜追击时轻敌冒进,中了匈奴诱敌深入之计,刘邦和先头部队被匈奴围困于平城白登山。

围困刘邦的匈奴大军多达四十万。时值寒冬,天降大雪,把人的手指头都冻掉了。时间一天天过去,随着粮食逐渐告罄,无法与主力部队取得联系的刘邦等人离死神越来越近。

危急之际,陈平从山上往下看,看到了一对恩爱夫妻,那是冒顿单于和他的老婆,两人一起骑马进进出出,"浅笑低语,情深意笃",形影不离。

一直愁眉不展的陈平笑了,计上心来。刘邦采用他的计谋,派人乘着大雾混进单于大营,冒险向单于老婆进献了两样东西,一是巨量金银珠宝,二是一张美女图。

实际上,起决定作用的不光是那些金银珠宝,还有那张美女图。当汉朝使者表示他们领导想把许多美女献给"你们大单于"时,醋坛子一下子被打翻的单于老婆,开始为汉朝皇帝的安危着想。

这个女人的枕边风是这样吹的:"大王您听说了吗?汉朝的几十万援军很快就要赶到了,也许明天,也许后天。"

单于听说几十万援军,不免吃了一惊:"你听谁说的?"

"军中都这么说,怎么您没听说啊?"单于正想说什么,她又接着说:"就算汉朝没有援军,咱们也不能逼得太紧。大王您想啊,咱们困住的是谁啊?是他们的皇帝啊!他们一定会拼命相救,而一个人一旦拼起命来,十个人也未必是对手。咱们万一弄不死他,他们的救兵一到,那咱们的麻烦就大了,到时候来个内外夹攻,咱们如何是好?"

这时候的单于,内心已经有所动摇:"那你说怎么办?"

单于老婆仿佛早就想好了:"您看汉帝已经被围了七天七夜,可是军中毫无慌乱之象，肯定有神灵在帮助他们，这叫天命。俗话说天命不可违，你何必违背天命，赶尽杀绝呢？我看最好的办法，是放他们一条生路，这样才能避免灾难降临到咱们头上……"

这时的单于，内心已经不仅仅是动摇了，甚至还有点害怕，因为早已与韩王信的部下王黄和赵利约定了会师的日期，可是他们却迟迟不到，这不能不让人怀疑他们与汉军有了勾结。如果他们联起手来坑我，那我吃后悔药都没地儿买去！想到这里，单于果断决定采纳老婆的建议，将包围圈打开一角，让汉军撤走。

06

陈平曾对自己有过这样的评价："我多阴谋，是道家之所禁。"这说明他很有自知之明：我玩儿的那些比较不光彩，正人君子是不屑玩儿这个的。

比如被他一同救了的张良，若论聪明才智，陈平未必比得了，但人家肯定是不屑玩儿这个，因为这是掉身价的事儿，甚至"有辱斯文"。

阴谋诡计嘛，不光彩是难免的。问题是，如果"光明正大"的阳谋能解决一切，谁愿意玩儿阴谋呢？

好在刘邦不在乎阴谋还是阳谋，他要的是结果。管它黑猫白猫，能抓住耗子就是好猫。

幸亏刘邦有这样的"胸襟"，不然，白登之围恐怕就是他最后的归宿了。

靠美女解围：不能言说的妙计

01

爱财是人类的天性，世界上不爱财的人恐怕没有几个。人类为什么爱财？因为财能让人们过上好日子，连南极的男企鹅向女企鹅求婚，也要送对方石头呢，因为石头可以垒窝。本文也是讲一个爱财女人的故事。

这个女人如果还活着，应该有两千多岁了。她姓甚名谁已不可知，因为历史待她不薄，在记录这件不太光彩之事时，隐去了她的大名，只管她叫"阏氏"——这不是名字，是匈奴皇后的名号。

她的丈夫，就是历史上大名鼎鼎的匈奴部落首领冒顿单于。这个人之所以有名，不是因为为国家做了多大贡献，是因为做了两件事：第一件事是杀父自立，第二件事是把汉高祖刘邦围了七天七夜，差点要了他的命，这个历史事件，就是著名的"白登之围"。

02

"白登之围"事件源于韩信的叛乱，这个韩信可不是"萧何月下追韩信"的那个韩信，而是韩国的王室后裔韩王信。

因刘邦怀疑韩王信与匈奴勾结，韩王信为保命，无奈之下只好于公元前200年（汉高祖七年）在大同地区叛乱。韩王信虽然反叛，但势单力薄，为了增加力量，他真的勾结匈奴，企图攻打太原。刘邦亲率三十二万大军迎击，希望一箭双雕——既打击匈奴有生力量，又镇压韩王信叛乱。

御驾亲征的刘邦率领汉军进入太原郡后连打胜仗，特别是铜鞮（今山西沁县一带）一战，可以说是大获全胜，重创韩王信的军队。韩王信逃奔匈奴，其手下白土人曼丘臣、王黄等拥立战国时赵国的后代赵利为王，将韩王信的残兵败将聚拢起来，准备再次与匈奴合谋攻汉。

匈奴冒顿单于派左、右贤王各带兵一万多，屯兵广武（今山西代县西南阳明堡镇）以南至晋阳一带，企图阻挡汉军北进。

汉军在晋阳打败了韩匈联军，乘胜追至离石（今山西吕梁市离石区），再次击败韩匈联军。匈奴再次在楼烦西北集结兵力，被汉军骑兵部队击溃。

汉军的胜利来得太容易了，不可避免地产生了麻痹轻敌的思想，这种思想正好被匈奴利用，差点置刘邦于死地。

03

经过是这样的：刘邦到达晋阳，听说匈奴驻兵于代谷，便派人去侦察虚实。冒顿单于耍了个小花招，就让对方上了当。他把精锐士兵和肥牛壮马隐藏起来，只让对方看到年老体弱的士兵和瘦弱的牲畜。

派去的人回来后，将看到的情况如实报告刘邦，结论是"可以攻击"。刘邦有点不放心，派随军谋士刘敬再探。

刘敬看到的和之前派人看到的情况并无两样，但刘敬认为这里面必然有鬼——陛下您想啊，正常情况下，两国交兵，都想显示自己的长处，有的甚至虚张声势，比如明明只有五万，却号称三四十万大军，就是想在心理上战胜对方。可是这个匈奴，让我们看到的只是些老弱病残，可以肯定，这是他们故意示弱，诱使我们上当，想出奇兵打败我们。所以我的结论是：打不得。

可刘邦此时脑子里也不知道进了啥水，既然派刘敬再探，就应该相信刘敬的判断。可他不仅不相信刘敬，还一如既往地拿出他的流氓习气，对刘敬破口大骂："你这个齐国（刘敬是齐国人）孬种！凭两片嘴皮子捞官做的东西！老子的大军已经出征，都过句注山了，你竟敢胡言乱语阻碍大军出征！我看牢里凉快，你去牢里待着吧！"异常恼怒的刘邦下令把刘敬抓起来，戴上脚镣手铐，关在广武县，准备凯旋后再收拾他。

也许是求胜之心太急切了，步兵还未完全赶到，刘邦就率骑兵先期到达平城（今山西大同市）。

04

汉军蜂拥而至，正中冒顿单于下怀，他在白登山设下埋伏，刘邦带领的骑兵一进入包围圈，他就马上指挥四十万大军截住汉军步兵，把刘邦的兵马围在白登山上，使其外无援兵，内无粮草，无法相救。

发现被包围的刘邦立即组织突围，战斗非常激烈，然而并没有啥用。冒顿亲率骑兵四面围攻，双方的损失都很大。

更糟糕的是，当时正值严冬，冷得要命，来自南边的汉军将士被冻伤不少，仅手指头被冻掉的就十有二三！

当然了，大汉的军队也不是吃素的，尽管气候不站在他们这边，但他们的战斗力还是没说的，匈奴围了七天七夜也没拿下白登。但相持的时间越长，对汉军越不利，因为他们的粮草即将告罄，又饿又冷，危在旦夕。

当时的随军谋士有三个，除了被刘邦"误抓"的刘敬，还有一个就是陈平。关键时刻，陈平出了一个馊主意，居然让刘邦摆脱困境，转危为安。

有人要说了：能使刘邦转危为安的主意，一定是好主意，为什么说是馊主意呢？因为现在看来，这个主意实际上是一场赌博，完全是赌运气，而无必胜把握，实在算不上什么好主意。

陈平出了个啥主意呢？他看到冒顿单于对新得的阏氏十分宠爱，两人经常骑马进进出出，有说有笑，便突发奇想：何不利用一下这个女人，让咱们摆脱困境呢？把握有多大？天晓得！此时不把死马当活马医难道还有别的办法？

于是他向刘邦献计，如此这般，老天爷或许会帮我们。刘邦采纳了陈平的主意，派遣使臣趁雾下山向阏氏献上不少金银珠宝和美女图。

05

实际上，陈平是个了解女人的高手，他知道女人大多爱财且善妒，单于的女人估计更不例外，所以才出了这么个主意。

他这一把还真赌对了。

到了晚上阏氏开始对冒顿单于吹枕边风，就如前文所说的那样，单于听完之后，沉默一阵，终于下定决心放刘邦和汉军一马。

他哪里知道，他心爱的女人之所以替汉军说话，是得了一大堆不能吃不能喝的玩意儿呢！

刘邦采用陈平的"馊主意"，花了点小钱，却保住了自己的性命和大汉江山，可谓史上最划算的贿赂。

谈判高手：一言定南越！

01

汉高祖刘邦谋士如云，但被誉为"有口辩士"的，只有陆贾一人。《说苑·奉使》记载，陆贾从高祖定天下，名为"有口辩士"，居左右，常使诸侯。

《汉书》记载，陆贾最初只是刘邦一个普通幕僚，但因能言善辩很快脱颖而出，凡是需要耍嘴皮子的事，或者只需要嘴皮子就能解决的事，刘邦就叫他去干，还常派他去游说诸侯。

陆贾耍嘴皮子初试牛刀，是公元前207年，那一年也是秦二世三年，赵高杀了秦二世，打上了刘邦的主意。

赵高派人对刘邦说，咱们签订一个盟约，把关中瓜分了吧。这实际上是个阴谋，赵高想趁机干掉刘邦。

刘邦识破了赵高的阴谋，派陆贾和郦食其去游说秦军将领，他们凭三寸不烂之舌，以利益诱惑秦将，最后武关轻易就落入刘邦之手。

尝到"不战而胜"的甜头后，刘邦更加"倚重"陆贾。公元前203年，项羽抓了刘邦的老爹和老婆做人质，刘邦再次派陆贾出马。不过这次很遗憾，无论陆贾如何苦口婆心，项羽也不上当（后来把他们放了，也是为了换取楚汉以鸿沟为界的条件）。

02

陆贾虽然未能靠一张嘴救出刘太公和吕雉，但刘邦依然十分信赖他那张嘴，之后凡遇大事，刘邦首先想到的就是陆贾那张嘴，而不是武力。只有当陆贾的嘴巴不管用时，才考虑使用武力。

比如对于南越王赵佗，刘邦采用的就是这种策略。

据《史记》《大越史记全书·赵纪》记载，赵佗原为秦朝将领，奉命南下攻打百越，然后就割据了岭南，建立了南越国。秦朝灭亡后，刘邦决心解决这个割据政权，不然卧榻之侧睡着一只虎，睡觉都不踏实。

然而国家初定，军队疲惫，经济薄弱，要想靠武力征服北至南岭（今广东北部、广西北部和江西南部一带），西至夜郎（今广西，云南的大部），南至南海（今越南的中部和北部），东至闽越（今福建南部），"东西万余里"的南越国，想想都让人摇头。

刘邦再一次想到了陆贾，派他去游说赵佗，希望他能让赵佗归附汉朝。

对于刘邦的意图，赵佗是心知肚明的，当然也是抗拒的——我好不容易才有了今天，凭什么要回到从前？凭什么你能当老大，我就不能？我当不了中原的老大，当个岭南老大还是没问题的，何况我已经是岭南老大了。

所以对于陆贾的到来，赵佗很不感冒，接见时很不客气。

陆贾明白，对于赵佗这种牛人，首先必须在气势上压倒他，所以他毫不客气，对于赵佗的傲慢，劈头盖脸一顿痛斥，指责他好歹也出身中原，接受过中原文明的熏陶，才离开中原没几天，就如此不讲礼仪，与蛮夷有啥区别！

陆贾的痛斥使赵佗哑口无言，脸上的傲慢之色荡然无存。

陆贾见此，不失时机打出"实力牌"，让赵佗明白，与刘邦对抗，实际上是以卵击石，之前那么多英雄豪杰都败在刘邦手里，都是前车之鉴。如今刘邦夺了天下，更是不可同日而语，天子不过是"怜百姓新劳苦"，所以才打消了动武的念头，派我来授你君王印，封你为南越王，如若不然，派一个偏将，仅率十万人马，踏平你这片土地易如反掌！

见赵佗面露惭色，陆贾进一步说道，足下本为中国人，亲戚昆弟之坟都在真定（赵佗是河北真定人），如今为何要反天性弃冠带，欲以区区南越与天子抗衡呢？若不幡然醒悟，必将大祸临头！

羞愧难当的赵佗最终愿遵从汉朝约束，接受南越王封号，对汉称臣。

不费一兵一卒搞定卧榻之侧的一只虎，赵佗还留陆贾白吃白喝了数月，刘邦高兴坏了，立马封陆贾为大中大夫。

03

然而，作为对朝廷如此重要的一个角色，陆贾却在刘邦死后称病辞官，退隐江湖，到好畤（今陕西乾县东，东汉废）养老去了。

原因是刘邦死后，继位的汉惠帝极其懦弱，朝政大权落到吕后手里，这个女人既毒辣又强势，还想把整个国家变成她吕家的私产。凡是她吕家人，都想封为王，"陆生（陆贾）自度不能争之"，就以生病为由，远离了这个是非之地。

陆贾辞官回家后，又充分表现了他的睿智。

那时的陆贾年纪不小了，有五个儿子，如何养老是个迫在眉睫的问题。他把出使南越时得到的财物卖了，平均分给五个儿子，让他们安家立业，自己则坐着华贵的车，带着侍从和一口很值钱的宝剑，轮流去儿子们家里居住，每家只住十天，住满十天又到下一家。

事先他已交代清楚：将来死在哪个儿子家里，他的随身之物，包括那口很值钱的宝剑，就归哪个儿子。

陆贾用这种轮流待十天的办法，很好地避免了儿子互相推诿养老责任的问题，使每一个儿子对他都很孝顺。

04

不过，陆贾并非真的将国家大事置之不理，他虽然离开了朝廷那个是非之地，他的心还始终牵挂着国家大事。

吕后掌权后，不但给许多吕家人都封了王，还想劫持少帝，仿佛要把刘家天下夺了。

当时的丞相是陈平，他常常睡不着觉，通宵达旦地苦思对策，却无计可施。陈平可不是一般人，他是刘邦的重要谋士，曾"三救刘邦""六出奇计"，为刘邦夺天下立下大功。如此聪明的一个人，竟然拿吕后毫无办法，简直不可思议！

陈平的"无能"把陆贾"激怒"了，他连招呼也不打，也不等通报，直接闯进陈平房里，向陈平面授机宜，要他结交太尉周勃，与周勃合力对付吕后。

陆贾一语惊醒梦中人，陈平借周勃做寿之机，献五百金为他祝寿，从此与周勃成为至交，投桃报李的周勃与陈平联手，多次挫败吕后的阴谋。

公元前180年，吕后去世，陈平和周勃开始对吕氏势力进行清算，拥立汉文帝继位，在此过程中，陆贾也出了不少力。

但所有人都没想到，诸吕搞定了，汉文帝也顺利坐上龙椅了，却是按下葫芦浮起瓢——南越王赵佗趁机作乱，自封"南越武帝"。

实际上，自从上次听了陆贾的劝，归附汉朝后，赵佗一直很老实，对汉朝也无二心。但刘邦死后，吕后一掌权就把赵佗得罪了，竟然命令与南越国交界的地区不得向南越国出售铁器和其他物品。

吕后的禁令，使赵佗大为紧张。在他看来，这是吕后想通过长沙国（汉朝的另一个藩属国）灭掉南越国的明显信号，便先下手为强，宣布脱离汉朝，并出兵攻打长沙国。

吕后当然不允许他"胡作非为"，立即派大将隆虑侯和周灶前去攻打，但因南越一带太热太湿，中原的士兵很不适应，没过南岭就纷纷病倒，战事很不顺利。

虽然一年后吕后去世了，汉朝军队停止了进攻，但赵佗已被激怒，称帝自立。

刚刚上台的汉文帝明白，赵佗之反完全是吕后逼的，并非他的真心。所以他立即释放善意，派人修复赵佗先人在真定的坟墓，增加守墓人员，赵佗在中原的兄弟也予以厚待，同时寻找出使南越之人。

陈平说，最佳人选，非陆贾莫属。于是，陆贾再次踏上南越之路。

老熟人相见，虽然谈不上分外亲切，但陆贾的面子，赵佗还是要给的。

这次没费多少口舌，赵佗就表示愿意听陆贾的，去除帝号，复归汉朝，仍称南越王。

此后直到汉景帝时代，赵佗一直向汉朝称臣，每年春秋两季都派人到长安朝见皇帝，接受皇帝的命令，与其他诸侯王并无二致。

直到赵佗去世，南越国始终与汉朝和睦相处，他死后其后代又续任了四代南越王，南越国才被汉朝所灭。

韩信与刘邦之间的相爱相杀

01

刘邦打下江山后,为了酬谢功臣,封了七个异姓王,其中实力最大的是楚国,楚王是大名鼎鼎的韩信。

楚国的实力到底有多大呢?比刘邦还大!刘邦虽然是皇帝,所掌握的兵力却不如韩信,将也没有韩信多。韩信若想谋反,刘邦肯定束手无策。

不过韩信倒是没这么想过,若他想谋反,也不会等到今天,因为他的实力和打仗的本事早就大大超过了刘邦。再说之前先后有两人劝他反了刘邦,他都没答应。

可是有人觉得他要反,还把他告了。不少将领主张立即发兵讨伐韩信,把他抓来活埋了。刘邦自知不是办法,问陈平怎么办。

02

陈平,西汉开国功臣,很小的时候就喜欢读书,而且胸怀大志,有一次为乡亲们分肉,分得很公平,他父亲为他点赞:"使平得宰天下,亦如此肉矣!"后来他果然当了丞相(汉惠帝、吕后、汉文帝时任丞相)。

陈平足智多谋,而且做事喜欢不按常理出牌,最著名的例子就是前面讲的用重金贿赂单于老婆,解了刘邦的"白登之围"。

当然了,刘邦对陈平的信任在"白登之围"之前就开始了。所以,当有人揭发楚王韩信想谋反,张良借口生病不想蹚这趟浑水,刘邦向陈平问计时,他们之间进行了一场著名的对话。

陈平:"有人告韩信谋反,是否还有其他人知道?"

刘邦:"没人知道。"

陈平："韩信自己是否知道？"

刘邦："也不知道。"

陈平："请问陛下，是您的军队厉害，还是韩信的军队厉害？"

刘邦："当然是韩信的军队厉害。"

陈平："陛下的战将，谁比韩信厉害？"

刘邦："谁也没有韩信厉害。"

陈平："既然如此，就不能出兵去打他，否则胜负难料，而且打不赢的概率很大。硬的不行，只能想其他办法。"

刘邦："你说，我听你的。"

陈平便给刘邦献了一计，假称刘邦要到云梦去巡狩，借此会盟诸侯，骗抓韩信。

韩信倒也不笨，明白了自己倒霉的原因："果若人言，'狡兔死，良狗烹；高鸟尽，良弓藏；敌国破，谋臣亡'。天下已定，我固当烹！"

刘邦却没有马上烹他，只是把他贬为淮阴侯。这是个空名，韩信手上一兵一卒都没有，而且还被朝廷监视居住。刘邦也没拿他当仇人，经常去和他摆龙门阵。

可是五年后，刘邦还是默许吕后把他杀了，罪名正是谋反。

03

手上都没一兵一卒了，还被监视居住，早就没有谋反的条件了，为啥还要以谋反罪名杀他呢？原来韩信太自负，嘴巴也不肯饶人，哪怕对方是皇帝！

关于这一段，《淮阴侯列传》是这样说的："上常从容与信言诸将能不，各有差。上问曰：'如我能将几何？'信曰：'陛下不过能将十万。'上曰：'于君何如？'曰：'臣多多而益善耳。'上笑曰：'多多益善，何为为我禽？'信曰：'陛下不能将兵，而善将将，此乃信之所以为陛下禽也。且陛下所谓天授，非人力也。'"

当刘邦问韩信，他和韩信哪个更能带兵时，韩信的回答是："你最多能带十万，至于我嘛，当然多多益善啦。"

刘邦不自然地笑了笑："既然你比我能带兵，为啥还是被我逮了？"韩信这才意识到坏了，他无意中犯了大忌，所以他马上拍马屁找补。

但是晚了，奉承话对刘邦已经没用了，人家听得多了，比这肉麻百倍的都听过。

韩信那番话暴露了他的内心：看不起刘邦。刘邦的自尊心受到了极大的伤害。

五年后，刘邦默许吕雉杀掉韩信，可能也是对这种心灵伤害的一种弥补吧。

刘邦最好的哥们儿为什么要背叛他？

01

俗话说，一个篱笆三个桩，一个好汉三个帮。虽然很多人认为刘邦算不上一个好汉，充其量算个著名的流氓，但事实证明，只要会用人，流氓也有人帮。

尽管刘邦自己的本事不怎么样，却有一大批人才帮他，说出来个个如雷贯耳，除了举世闻名的"汉初三杰"张良、萧何、韩信，还有曹参、陈平、周勃、灌婴、郦食其、王陵、张苍等一大批牛人。

但要说谁是刘邦最要好的哥们儿，上述这些牛人统统都得靠边站，然后热烈欢迎卢绾出场。

02

刘邦和卢绾的交情，没有任何人可以相比。

卢绾和刘邦是一个村的，是地地道道的老乡。他们俩不仅是"距离最近"的老乡，还是同年同月同日生。这种事大概从前很稀有，所以他们俩出生的那天，乡亲们认为不是一般的喜事，也不仅仅是他们两家的喜事，而是全村的喜事，都带着羊和酒分别到两家去祝贺——"里中持羊酒贺两家"。这使两家对彼此天然地有了亲近感，在感情上不是亲人胜似亲人。

除了这层关系，他们还是同学——"及高祖、卢绾壮，俱学书，又相爱也"。俩人到了上学的年纪，不仅同去同回，还手牵手同去同回。这种从小培养出来的不是兄弟胜似兄弟的感情是能够伴随终生的，更何况他俩从小就志趣相投，都不爱学习，都喜欢调皮捣蛋，都经常逃学打架、惹是生非，连刘邦打架斗殴遭官府缉拿吓得东躲西藏，卢绾也是陪着他一起躲猫猫——"高祖为布衣时，有吏事辟匿，卢绾常随出入上下"。所以到刘邦在沛县举事的时候，卢绾想都没想，第一个支持响应，反正哥们儿干啥我干啥。

两个人的关系之所以这么好，一个重要的前提是他们两家是世交——"卢绾亲与高祖太上皇相爱"。卢绾的爹与刘邦的父亲刘太公是一对老伙计、铁哥们儿，哥俩常来常往，不分彼此地相互帮衬，亲如一家，情同手足。上一辈的关系这么好，他们的关系能不好吗？

03

基于上述种种原因，刘邦对卢绾的私人感情，是其他任何人都比不了的。刘邦发迹后，对卢绾格外亲近、格外信任、格外恩宠，也就在情理之中了。所以，刘邦做了汉王后，立马封卢绾为将军。

这可不是一般的将军，卢绾的职责是保护刘邦的安全，是近侍，这种职务，当然只交给最信任的人。不仅是皇宫，连刘邦的寝殿，卢绾都可以随便出入。小命都交给你了，这个又算啥呢！至于平时经常有的诸如衣被、饮食、珍玩等赏赐，更是家常便饭。

总而言之，江山是咱两个人的，有我的就有你的。至于其他人嘛，譬如萧何、曹参，咱们公事公办，他们立了功，论功行赏就是了，想得到这种带有强烈感情色彩的赏赐，没门。

刘邦当了汉中王之后，论功行赏时将卢绾封为长安侯。这里的"长安"不是后来的都城长安，而是昔日秦王朝的首都咸阳。

拿前朝的首都给臣子做封地，这种殊荣，一般人想都别想。卢绾这个"长安侯"的含金量是其他比如淮阴侯、留侯、绛侯、舞阳侯、曲逆侯等侯不可比的。

打下江山坐上皇位后，刘邦又送给卢绾一份厚礼。公元前202年（汉高祖五年）九月，刘邦力排众议，罕见地封卢绾这个异姓人为燕王，将今天北京及其周边一大片土地交给卢绾，连司马迁都害了红眼病："诸侯王得幸，莫如燕王。"意思是诸侯王最受宠幸的，只有燕王一人。

04

谁也想不到，这样一个好哥们儿，后来却走上了背叛刘邦、投靠匈奴的不归路。这种"不合常理"的变故，肇始于一个名叫陈豨的家伙。这家伙于公元前196

年（汉高祖十一年）秋在代地造反，并把卢绾拉下了水。

代地指代郡，是中国古郡名，战国时期是赵国属地，赵武灵王置代郡，秦朝为三十六郡之一，治所在代县，汉初为代国，不久为代郡，属并州刺史部辖，治桑干，在今阳原东，辖桑干、道人、当城、高柳、马城、班氏、延陵、且如、平邑、阳原、东安阳、参合、平舒、代、灵丘、广昌、卤城等县，东汉移郡治高柳，在今山西阳高县西北。

陈豨是宛朐（今山东曹县附近）人，也是刘邦的开国功臣。公元前200年（汉高祖七年）冬天，韩王信反叛，逃入匈奴，刘邦封陈豨为列侯，以赵国相国的身份率领督统赵国、代国的边防部队，统管这一带的戍卫军队。

那么陈豨为什么要造反呢？其实他本无造反之意，是被周昌逼的。原来陈豨这人有点爱慕虚荣，连回乡休假都搞得很高调，生怕乡亲们不知道他发达了，随行车辆居然有一千多辆！队伍浩浩荡荡地走到赵国国都邯郸时碰巧天黑了，就在邯郸停下来过夜，把邯郸所有的宾馆都占了。

陈豨的奢华高调遭到赵国相国周昌的强烈不满，他的车队还没走出赵国国境，周昌就专程进京找刘邦打小报告去了，如此这般地一番添油加醋，推断陈豨"必有变故"，成功说服刘邦派人追查陈豨那些宾客财物方面的问题，查出不少问题都与陈豨有牵连。陈豨害怕被追责，干脆自立为代王，劫掠了赵、代两地。

刘邦决定御驾亲征，因为这事儿太大了，他必须亲自去搞定。陈豨哪里是刘邦的对手！怎么办？唯一指望得上的恐怕只有匈奴了。陈豨便派一个叫王黄的手下去匈奴求救。

05

作为刘邦的哥们儿，燕王卢绾自然要帮着刘邦征讨陈豨。为了打乱陈豨勾结匈奴的计划，卢绾也派出一个名叫张胜的手下出使匈奴，叫他对匈奴说陈豨的军队已经溃不成军，你们别帮他了，帮也没用，何必得罪大汉朝，惹祸上身呢？

这个张胜，那可是个聪明人，也许是太聪明了，所以就干了聪明人才能干的混账事。

他来到匈奴后，碰巧见到了被驱逐出境的前燕王的儿子臧衍，后者的一句话就像一道门一样把这个聪明人的脑袋夹扁了："我说老张啊，你知道你为什么在燕国会受重用吗？还不是因为你熟悉匈奴事务，朝廷觉得你有利用价值。而燕国之所以能长期屹立不倒，是因为诸侯多次反叛，战争不断，需要燕国出力。如今你想消灭陈豨，既是为朝廷着想，也是为燕国着想，可以理解。可是你想过没有，陈豨被消灭之后，燕国就没有存在的价值了，朝廷下一个消灭的对象，就是你们燕国……依我看呐，最聪明的办法是让燕国延缓攻打陈豨，并与匈奴搞好关系，这样卢绾就能长期做燕王。如果朝廷有什么紧急事变，还可以为国家出力，而你也可以为自己留条后路。"

刚才说了，如果张胜头脑简单，作为卢绾的说客他就会谨记上司的重托，不为任何花言巧语所动，对臧衍来一番义正词严的呵斥，然后该做啥做啥。可他偏偏又有点头脑，于是开始思考臧衍的话，联想到韩信等功臣的悲惨结局，他没有理由认为臧衍说的没道理。于是他不仅把上司卢绾的重托丢在一边，还暗中助力，让匈奴帮助陈豨攻打燕国。

燕王卢绾无疑是敏感的，很快从种种迹象察觉到张胜和匈奴勾搭上了，于是他上书皇帝，请求将张胜满门抄斩。不料没多久张胜就回来了，把他之所以要那么干的原因对卢绾讲了个清清楚楚。

如果说张胜听了一番花言巧语就丧失了立场是因为脑袋被门夹了一下的话，那么此时这个卢绾的脑袋就相当于被夹了两下。听了张胜的一番话，他也是"恍然大悟"，急忙找了一些替身，替张胜的家属伏诛，把张胜的家属放出来，使张胜成为匈奴的间谍。又暗中派一个叫范齐的去找陈豨，让他长期叛逃在外，尽量拖延战争时间，能拖多久就拖多久。

06

一年后，背叛朝廷的陈豨被樊哙杀掉，其手下逃的逃散的散，他的一员副将投降朝廷，揭露了卢绾与陈豨暗中勾结的阴谋。

可是刘邦不信。

这么好的哥们儿怎么会背叛他？没天理啊！换谁谁也不信。

不信最好的哥们儿会背叛他的刘邦要卢绾进京对质——兄弟，说你背叛我，老兄我打死也不信，你来说清楚就行了，我保证不打你。卢绾敢去吗？当然不敢去。他借口生病，拒绝奉召。刘邦再叫，他继续称病。

后来，一些投降匈奴的人又回到汉朝，都说到了张胜，说这个逃到匈奴的人是燕王的使者，刘邦这才相信卢绾真的反了。公元前195年（汉高祖十二年）三月，刘邦任命樊哙为将军，"率军击燕"，后又改派周勃出征。

直到这时，脑袋被门夹了两次的卢绾才追悔莫及。听说刘邦病了，便带着他的家属、宫人、亲信等数千人，等候在长城下，希望刘邦病愈之后，他能完成亲自到长安谢罪的心愿。

然而刘邦没给他机会。当年四月，刘邦驾崩。卢绾长叹一声，自知在大汉已无立足之地，只好带人逃到匈奴，做了可耻的叛国者。

公元前194年（汉惠帝元年），被匈奴封为"东胡卢王"的卢绾死于匈奴。

有颜值有野心却没能力没脑子的人会有什么结局？

01

如果打败仗能够得到美人，相信很多人都"愿意"打败仗，至少打了败仗没那么痛苦。汉高祖刘邦就是这样的一个人，他得到的那个美人就是历史上著名的戚夫人。

公元前205年，汉王刘邦和项羽在彭城打仗，刘邦只身来到定陶（今山东定陶县）一个名叫戚家寨的地方，敲开了戚家的门：可否借宿一晚？——估计借宿不止一晚，这么短的时间怎么能产生感情，以至于"缔结姻缘"？

当然了，不管怎么样，当时还是姑娘的戚夫人与刘邦在一起了。后来刘邦做了皇帝，戚夫人跟着他吃香喝辣，和他的感情越来越好，刘邦也越来越宠爱这个妃子。

他们很快有了一个儿子，起名如意，被封赵王。从此以后，刘邦虽然有后宫佳丽不止三千，却基本上只宠爱她一人。得到皇帝专宠的戚夫人便有些头脑发热，开始犯错误。

02

她犯的第一个错误，是把所有的鸡蛋放在一个篮子里。

啥意思？意思就是仗着皇帝的专宠，不把宫中其他妃子放在眼里，不注意和她们搞好团结，心中更无统一战线的概念，在复杂的宫斗中，这无异于把所有的人都树为敌人。

对她的专宠，直接导致刘邦冷落了皇后吕雉，使吕雉对她怀恨在心。

她也没想过在文武百官中找个靠山，以至于倒霉时没任何人帮她。

她以为只要有皇上的宠爱就够了，其他都无所谓，殊不知那时刘邦已是近六十岁高龄的老头子，而她才二十多岁，这个男人，是无论如何也活不过她的，他死后她怎么办？

如此简单的问题，居然从未进入过她的考虑范围，不说愚蠢之至，至少是相当愚蠢。

03

她犯的第二个也是最大的错误，是想当皇后。真正的皇后吕雉是个狠人，岂能善罢甘休？

当然了，说她想当皇后也许有点冤枉她，因为目前为止还没有任何史料记录了她这个想法，但她想让儿子如意当太子是确定无疑的。

你以为刘邦真的以为现任太子刘盈"软弱，不像自己"，想要改立如意？实际上这是戚夫人吹枕边风的结果，若不是张良设计阻止，她的愿望说不定就实现了。

刘邦死后，戚夫人还算聪明，意识到自己的噩梦开始了，不如一死了之，她请求吕后赐她三尺白绫好上吊。吕后说想得美，不能便宜了你！

吕后开始了疯狂的报复，先是逼戚夫人穿上囚衣，戴上铁枷，把她关在永巷舂米。此时的戚夫人就该认命，老老实实做她的苦力，虽然不可能咸鱼翻生了，但也不至于悲惨到生不如死。

04

可戚夫人不甘心做这样的苦力，于是她"乃作歌"："子为王，母为虏，终日舂薄暮，常与死为伍！相去三千里，当谁使告汝？"意思是我的儿子当王，我却在干苦力，天天从早到晚地舂米，常与死亡为伍，我和儿子相隔三千里，该让哪位给我报个信呢？

居然还想让儿子来救你？想得美！她这一唱，可把如意害惨了。为了斩草除根，吕后想办法毒死了如意。

接下来，吕后又把戚夫人的眼珠子挖了出来，两只眼睛成了鲜血淋漓的黑洞。戚夫人痛苦的喊叫，撕心裂肺一般，吕雉听烦了，又强迫她喝下哑药。戚夫人叫不出来了，吕后觉得还不够，又叫人用烟把她的耳朵熏聋。最后，吕后命人把惨不忍睹的戚夫人剁去四肢扔进茅厕里，起名"人彘"。

后来，吕后叫她的儿子汉惠帝刘盈一同来欣赏她制造的这个"新物种"。被蒙在鼓里的刘盈问身边的人，那个黑乎乎的肉团是啥东西？旁边的宫女只好告诉他那是戚夫人。

刘盈听了放声大哭，万万没有想到自己的老娘会这样残忍，他边哭边说："这不是人干的事情，我是太后的儿子，我奈何不了太后，但我已经不能再当这个皇帝了！"

后来，刘盈忧愤而死，年仅二十三岁。

"西汉第一狠女人"的小弟他都敢杀！

01　吕后专权

中国历史上曾出现过一个著名的狠角色，她以残忍狠毒而"青史留名"，其"代表作"是把竞争对手戚夫人做成了"人彘"，直接把汉惠帝刘盈吓出病来。

这个女人就是吕雉，汉高祖刘邦的皇后，人称吕后。

吕后制造"人彘"的时候，刘邦已死。她将大权独揽自然是没得说了，还大肆提拔娘家人，只要是姓吕的，哪怕是一滩稀泥，也要想办法把他"扶"上墙。她甚至把纪年都改了，改为"高后"，这意味着汉室江山不再姓刘。

至于老刘家的人嘛，对不起，你们统统靠边站。哪个不服，付出的也许是生命的代价。从前那些得罪过她的，或者没得罪过她但是她看不顺眼的，该杀的一律杀掉，该回家抱孩子去的都赶回老家抱孩子去。

"铲除异己，壮大自己"，吕后很快完成了这个小目标，扫除了吕氏一族权力道路上的绊脚石。

这招"杀鸡给猴看"效果不错，从此以后，不仅其他人对她怕得要命，就连老刘家的人也都不敢对她表达任何不满。

02　唱歌表达不满

然而，还是有一个刘氏宗室，不仅不怕这个狠毒残暴的女人，最终还成了吕家人最大的克星。

这个人名叫刘章，是刘邦的孙子，齐王刘肥的次子，吕雉称制期间被封为朱虚侯。

据史料记载，刘章天生是个大力士，打架是个好手。后来的事实证明，他不仅力气大有勇气，脑子也好使。

刘章的勇气表现在别人都怕吕雉，唯独他不怕。吕雉刚开始排挤刘家人，他就表达了不满，虽然没有什么用，但与噤若寒蝉的其他刘家人相比，他的胆量实在令人佩服。

实际上，刘章的勇气不仅仅是表达不满，他还敢对吕家人来真的。

有一次宫里举办宴会，吕雉让他当酒官。

所谓酒官，就是负责宴会的礼仪和安全等工作。刘章说当酒官可以，但是您老人家得允许微臣用军法来执行酒宴礼仪（臣，将种也，请得以军法行酒），吕雉也没多想，只是觉得新鲜，就答应了。

除了这个，刘章还请吕雉答应他一个要求，那就是允许他给太后唱一首《耕田歌》。吕雉乐了——你小子从小生活在宫里，连耕田都没见过，居然还会唱《耕田歌》，真新鲜啊。好，你唱吧。

刘章就开始唱："深耕穊种，立苗欲疏，非其种者，锄而去之。"歌词大意是：深耕之后，接着播种，苗要疏朗，不是同类，坚决铲除。

刘章的意思很明显，借此歌抒发对吕雉铲除异己、吕氏一族为非作歹的不满。吕雉不笨，当然听出来了，但她没有采取任何不利于刘章的行动，反而很欣赏他的胆量。

再说那天人人都很高兴，她也不想扫大家的兴，打算吃完这顿饭再说。

03　吕家的人也敢杀

那天的宴会进行得很顺利，尽管来宾众多，倒也井然有序，没出什么乱子。

但是宴会快要结束的时候，一个姓吕的官员喝醉了，仗着自己是吕家的人，便没把规矩放在眼里，也没向吕雉告个别，直接回家了。

刘章本以为今天这个酒官要白当，没想到真有人敢往枪口上撞，而且居然是个姓吕的。正愁抓不到你吕家人的把柄呢，你还敢往枪口上撞，你敢撞我就敢扣扳机！

他什么也不说，拔剑出鞘，一声不吭地追上去，不一会儿就提着一颗血淋淋的脑袋回来，大声对吕雉说："太后，这个人不懂规矩，居然敢逃酒，微臣已按军法处置。"

吕雉大惊失色，没想到这小子居然来真的！

这才叫杀鸡给猴看！

吕雉这才知道刘家人对吕家人的恨有多深。光脚的不怕穿鞋的，咱吕家的小子们，今后你们都收敛点，坏事不要做多了，否则碰到哪个胆大包天不要命的，丢了小命别怪我没提醒你们。

其实用不着吕雉提醒，吕家人也知道该怎么做。据《后汉书》记载，从此以后诸吕都很怕刘章。其他人除了大惊失色，更多的是对刘章的敬畏，尤其是刘家人，他们除了对家族中终于出了个血性男儿感到自豪外，还把刘章作为精神支柱，朝中其他大臣也纷纷归附，刘氏势力越来越大，为最终铲除吕氏势力奠定了良好的基础。

04　因功封王

公元前180年（高后八年），吕后病逝。当时的上将军是吕禄，相国是吕产，他们都是吕家人，以前有吕后关照，日子过得滋滋润润，吕后一走，他们的好日子就要到头了，至少他们自己是这么想的。

为了能够继续过好日子，他们便想豪赌一把，认为搞个叛乱也许还有生机。于是他们决定铤而走险，并很快把军队集中到了一起。

关键时刻又是刘章力挽狂澜，他知道了吕禄等人的阴谋，暗中派人告诉了齐王刘襄，他的这位哥哥计划从西面发兵，让刘章和其他可靠的人做内应。

刘章是如何获知吕禄等人阴谋的？原来他老婆是吕禄的女儿。也就是说，他"出卖"了自己的老丈人。

准备工作做好后，刘襄立即调兵遣将，发兵西进，拉开了平叛的大幕。相国吕产急忙派大将军灌婴迎战。

昏了头的吕产没想到，作为汉朝开国元勋的灌婴只忠于刘氏，他不但不听吕产的命令，还临阵倒戈，派人与齐王刘襄联合，准备一起讨伐叛军。

与此同时，身在长安的刘章和太尉周勃、右丞相陈平取得了联系，周勃和陈平等人设计让吕禄把兵权交了出来，并想办法把兵符弄到手，然后又通过一系列手段，顺利地控制了北军，成为反吕的重要力量。

接到陈平的命令，周勃又协助刘章控制南军，刘章以保卫皇帝的名义率兵进宫，把南军统帅吕产抓来杀了。

杀戒一开就止不住了，接着被杀的是吕禄，然后是其他吕家人——不管男女老少，他们见着姓吕的就杀，直到吕氏集团被全部剿灭。

吕氏集团宣告破产，江山重新回归老刘家。

公元前 180 年，群臣拥护代王刘恒即皇帝位，是为汉文帝。立下大功的刘章被汉文帝加封二千户俸禄，又于两年后晋封为城阳王。

仁政的春天：文景之治

"文景之治"的存在具有一定的偶然性

01

"假如可以穿越,你想穿越到哪个朝代?"如果有人这样问我,我会这样回答:"我想穿越到汉朝,具体点说,想穿越到'文景之治'那个时代,因为在那个时代,可以不愁吃不愁穿,也不愁钱花。"

众所周知,汉朝的"文景之治"是历史上有名的盛世,天下大治,国强民富。国家粮库里的粮食多得吃不完,很多都腐烂了,连猪都不吃。国库里的钱也多得花不完,穿钱的绳子都烂了,钱也——钱没烂,因为整个汉朝使用的"五铢钱",是金属铸造的。

"文景之治"中的"文景"分别是指汉文帝和汉景帝。

汉文帝英明能干,采用贾谊的一系列建议,采取"轻徭薄赋""与民休息"的政策:重视农业,鼓励生产;奖励努力耕作的农民,劝解百官关心农桑。他重视"以德化民",使得社会安定,百姓富裕,为"文景之治"的盛世开了个好头。

他的儿子汉景帝也不差,继承父亲的遗志,沿着汉文帝开辟的道路勇往直前,使国家更加强大,社会更加安定,人民更加富裕。

02

汉文帝名叫刘恒,是汉高祖刘邦的第四个儿子。刘恒的生母名叫薄姬,薄姬起初是别人的老婆,她原来的丈夫名叫魏豹。

魏豹本姓姬,是周文王姬昌的后代,算是名门出身。由于他的先祖的封地叫魏,便以封地为姓,改姓魏,建都安邑,后迁都大梁(在今河南开封市)。

公元前225年(秦王政二十二年),秦军决黄河灌大梁虏魏王假以后,魏豹跟随其兄宁陵君魏咎"隐迹为庶人"，到偏僻之地当了个普通老百姓。

公元前209年（秦二世元年），陈胜在安徽大泽乡起义后，不甘心一辈子当普通老百姓的魏豹又跟随其兄魏咎投奔陈胜，陈胜让魏氏兄弟偕同故魏将领周市率兵三千，攻取魏旧地二十余城，封魏咎为魏王。

秦将章邯打败陈胜以后，魏咎纵火自杀。魏豹跟随刘邦和项羽斩将夺旗，大破秦军，因功封为西魏王，建都平阳（今山西临汾市），仍随刘邦在关中与秦军作战。

秦亡后，"楚汉争霸"开始了，刘邦和项羽争夺天下。此时的魏豹不知哪根神经出了问题，本来跟着刘邦干革命干得好好的，忽然觉得与西楚霸王项羽相比，刘邦差得太远了（当时刘邦和项羽在河南彭城打了一仗，刘邦大败），认定最终赢家必是项羽，如果再跟着刘邦混，那就是个傻子！

于是他以探亲为借口，私率精兵回河东（今山西运城市）看热闹，意思是哪个赢了我就跟哪一个，俗话说得好，有奶才能做我的娘嘛。

恰在此时，魏豹的岳母魏媪请了一个名叫许负的相士到魏王府给自己的女儿薄姬算卦相面。许负说薄姬相貌大贵，将来生下的孩子一定能当天子。

魏豹认为天子不可能从天上掉下来，要想未来的儿子成为天子，自己得有所作为，于是他决心叛汉。他派使者联络项羽，请来楚将项他帮他的大将柏植、冯敬率大军修城，他自己固守安邑都城。

得知消息的刘邦急了——楚魏联手，那还得了？于是刘邦命韩信、曹参诸将带来十万大军，将安邑围得铁桶一般，魏豹只好投降，全家都做了刘邦的俘虏。

刘邦没杀魏豹，还让他和御史大夫周苛一起守荥阳。公元前203年，项羽的军队包围了荥阳，周苛以"反国之臣，难与共守"为由把魏豹杀了。

魏豹被杀后，按照"惯例"，薄姬被纳入刘邦的后宫，成了刘邦的嫔妃。但是过了一年多，刘邦也没有临幸她。

03

薄姬年轻的时候与管夫人、赵子儿的关系不错，她们像陈胜与人约定"苟富贵，勿相忘"那样，约定今后无论谁发达了，都不要忘记其他二位。后来，管夫人和赵子儿真的发达了，得到刘邦的宠幸。

公元前203年，刘邦在成皋台上看风景，由管夫人和赵子儿两位美人相伴。这二位记性还不错，闲谈中提到当年与薄姬的约定，还边说边笑。

刘邦听到后问她们笑什么，管赵二人便将实情全部告诉了刘邦，刘邦当晚就把薄姬召了来。这一次同房，薄姬就怀上了，生下儿子刘恒。

公元前196年（汉高祖十一年），八岁的刘恒被立为代王。不过，刘邦后来却似乎再也没召幸过薄姬。

刘恒被封为代王的第十七年，即公元前180年，以残暴著称的吕后去世。大臣们商议拥立继位皇帝，他们恨外戚吕氏势力强盛，都称赞薄氏仁慈善良，所以迎回代王刘恒，立为皇帝，是为汉文帝。薄姬由王太后改称为皇太后。同年三月，大臣们请求封立皇后，薄姬说诸侯王都是同母所生，就立太子刘启的母亲窦漪房为皇后，即后来的窦太后。

公元前157年（文帝后元七年），汉文帝去世，薄姬的孙子、汉文帝之子汉景帝刘启即位。

04

汉文帝刘恒以俭约节欲自持，是个谦逊克己的君主。他好"黄老之学"，在位二十三年，对稳定汉初封建统治秩序、恢复经济发展起了重要作用。他十分重视农业，鼓励生产，注重减轻人民负担，常颁布减省租赋诏令。他还对秦代的苛刑峻法做了重大改革，对周边少数民族采取安抚友好的政策，不轻易动兵，尽力维持相安的关系，这种做法既起到了"御胡"的目的，又起了开发边境的作用，为汉代屯田之先河。

汉景帝刘启在位时，也延续采用"黄老治术"，实行无为而治，节俭爱民，克制自己的欲望，引导人民走向善良……

汉初至汉武帝即位的七十年间，文、景二帝仁慈恭俭，笃信黄老，以清静不扰民为基本政策，海内富庶，国力强盛，史称"文景之治"，为汉武帝的文治武功打下了坚实的基础。

然而，如果当初管夫人、赵子儿都没记起和薄姬的约定，那这一切都不会发生。历史的美妙之处，就在于它总是充满了偶然性，却也隐含了一定的必然性。

从船夫逆袭为首富，只凭皇帝一个梦

01

假如你的老板做了一个梦，梦见你帮了他，结果会怎样？让西汉的邓通告诉你吧。

据《史记·佞幸列传》记载，邓通是蜀郡南安人，也就是今天的四川乐山人，和举世闻名的乐山大佛是"老乡"。这人本来是个船夫，处于社会的最底层，却因皇帝一个梦而一步登天，真可谓"人在家中坐，富贵天上来"。

那时候，像邓通这样的船夫也叫"黄头郎"，因为他们着装统一，头上都包个黄帕子之类的头巾，就像我们今天的工作服一样。邓通就穿着这样的工作服进入了皇帝的梦中。

这个皇帝，就是汉文帝刘恒。刘恒工作之余有一个爱好，就是喜欢做梦，而且梦的主题都是上天。可他显然没有上天的本事，却于某天晚上在梦中上天了，原因是一个"黄头郎"帮了他，托着他的屁股，把他"托"上了天。

哪怕是在梦中上了天，也算上了天啊，汉文帝高兴得不行，发誓要报答那个帮了他一把的人。

汉文帝没想到，这个帮了他的人，就在他的皇宫里，是专职掌管行船的。

怪不得这些船工有统一的工作服，原来他们并不是在江河湖泊里讨生活的个体户。

尤其让汉文帝没想到的是，他想报答的这个人很快就和他见面了。梦醒后，汉文帝来到未央宫沧池边的渐台（临水之台）上，看到一个船工很"面熟"，仔细一看，发现那人与在梦中帮他上天的那个黄头郎酷似，他高兴得一拍大腿："踏破铁鞋无觅处，得来全不费工夫！请问你叫啥名字？"

这个黄头郎，正是邓通。

02

从此以后，邓通成了汉文帝的宠臣。邓通自然明白，这辈子要想享受荣华富贵，必须牢牢抱住皇帝的大腿，任何时候都不能辜负他的宠幸。

所以邓通天天陪在汉文帝身边，除了上厕所，基本上不离汉文帝一步，有人想约他吃个饭啥的都很难——去去去，哪儿凉快哪儿待着去，我要陪皇上。

于是汉文帝更加宠爱他了，又是赏赐财物又是赏赐官职，财物一赐就是亿万，官职一赐就是上大夫。至于邓通有无做官的资质、会不会做官，都不是问题，只要皇帝高兴，别说上大夫，即便和他平分刘家江山，可能也不会是问题。

不管高不高兴，汉文帝都喜欢到邓通家里去和他玩各种游戏。

据史料记载，汉朝皇帝有同性恋倾向，比例甚至高达40%，还有人经过统计得出结论，说汉朝有五大同性恋，分别是汉文帝和邓通、汉武帝和韩嫣、汉武帝和李延年、汉成帝和张放、汉哀帝和董贤。

汉文帝和邓通的关系，也许只有他们自己心里最清楚，外人毕竟没有亲眼见过。但汉文帝对邓通的感情非同一般是确凿无疑的。

俗话说，看一个人对另一个人好不好，关键看行动。汉文帝也是这样，赐给邓通那么多的钱和那么大的官职，他觉得仍然不够，又把邓通家乡附近的大小铜山（今四川荥经县境内的严道山）都赏赐给他，准许他铸钱。

邓通不辜负皇上的厚爱，吩咐铸钱的工人，每一个钱都要精工细作，不得掺假，所以他铸的钱"光泽亮，分量足，厚薄匀，质地纯"，人人都喜欢，很快就形成了"邓通钱，布天下"的局面。邓通自己也很快富可敌国，成为当时的首富。

需要说明的是，汉文帝赐铜山给邓通并让他铸钱，是和一个相士赌气的结果。

有一次，汉文帝让一个相士给邓通看相。那时的邓通已经在皇帝的赏赐下富得流油了，那个相士却说他今后会因贫困而饿死。

汉文帝一赌气，就把邓通老家附近的铜山赐给他，让他铸钱。作为当时最大的银行家，邓通若是会因贫困而死，那真是天大的笑话。

03

邓通是个知恩图报的人。他报答汉文帝的方式，足以让人大跌眼镜。

有一天，汉文帝的脓疮发作了，又红又肿，还溃烂了，汉文帝痛得要死，不停地号叫,御医开的药吃了一点也不见效,最后居然痛晕了。

邓通急得要死,皇上您千万不能死啊,您若是死了,我就没机会报答您老人家的大恩大德了。不行,我得想个办法,我得做点什么!

于是,他毫不犹豫地用嘴为他吮吸脓血。对邓通来说,他吮吸的不是污秽,也不是令人恶心的腥臭,而是甘露。

奇迹发生了,邓通没吮几口,汉文帝就不那么疼了,处于昏迷状态的他有了反应,慢慢醒了过来。邓通的举动令汉文帝非常感动。

后来,汉文帝问了邓通这样一个问题:"你说天下那么多人,哪个最爱我?"汉文帝以为邓通会说他最爱他,谁知邓通说当然是太子最爱他。

巧的是,邓通话音刚落,太子就进来问安。汉文帝心想,刚才邓通说太子最爱我,我得试试。于是,他叫太子给他吸脓疮。

太子先是大吃一惊,然后无可奈何地跪在榻前,颤抖着嘴巴朝父亲的脓疮凑上去,还没接触到,肚子里就一阵翻江倒海,哇的一声吐了出来。

看来太子不是最爱我的人。汉文帝不高兴地挥挥手,让太子出去了。

太子刘启无缘无故被父亲叫去舔脓疮,你说他郁不郁闷?后来他才知道,父亲叫他去舔脓疮是有起因的,并非无缘无故,都是邓通那小子惹的祸!

从那天起,"邓通"这个名字就深深地在刘启的脑子里扎下了根。

几年后,汉文帝驾崩,太子刘启即位,即汉景帝。

邓通给他留下的心理阴影不仅没有消除,反而变得更大。所以汉景帝即位后做的第一件事就是革邓通的职,然后追夺铜山,再把邓通所有家产都没收了。

邓通最后的结局,果然是饿死在四川雅安。

相士的话虽然大多不靠谱,但有时候好像也很准。其实具体到邓通这件事上,不外乎四个字:物极必反。

割鼻子砍脚这种残忍的肉刑是如何废除的？

01

如果你生活在汉文帝时期之前的某个时间段，那么你要言行万分谨慎，否则稍不注意就有可能丢鼻子丢脚。这是因为古时候实行严刑峻法，动不动就给人定罪用刑，而且是在现代人看来惨无人道的肉刑，比如在脸上刺字并涂黑、割鼻子、砍脚等。

在电视剧《大秦帝国》里，秦献公庶子、秦孝公大哥嬴虔被商鞅处以劓刑，就是将鼻子割掉。没有鼻子的人当然很丑，嬴虔就整天戴个面具，闭门不出，心理遭受了严重打击。而他之所以被处劓刑，是因为太子犯了法，由于太子身份特殊，不能受刑，就让其师也就是嬴虔"代刑"，太子的另一个老师公孙贾则代受了黥刑。

官员尚且如此，受肉刑惩罚的老百姓就更多了，尤其是剕刑（砍脚），不仅给受刑者带来了终身难以平复的痛苦，也给其家庭带来了一辈子都无法摆脱的沉重负担，给社会生产力造成了严重的伤害。

由于毫无人性，且导致受刑者尊严尽失、肢体残损，肉刑历来为人所诟病，废除之呼声不绝于耳，但是直到汉文帝刘恒执政期间，肉刑才被废除，改用笞刑，也就是用打竹板代替肉刑，明朝动不动就在朝堂上脱掉大臣的裤子打屁股，就是这种改革的结果。

02

汉文帝废除肉刑的意义非常重大，有学者表示，此举是中国社会从奴隶制过渡到封建制以后，在法律制度方面进行的一次重要变革，是刑罚制度发展过程中的一个重大历史进步。

作为奴隶制刑罚制度核心内容的肉刑，是一种残害人的肢体，破坏人的生理机能，使人终身残疾的野蛮残酷的刑罚。

它对劳动力的人身伤害，严重破坏了社会生产力的健康发展，阻碍了社会经济活动的正常进行。这已经不能适应封建个体小农阶层已成长为广泛的社会基础、封建个体小农经济已构成主要经济成分的封建时代的社会要求，不能满足统治阶级日益增长的对劳动力的剥削需要。

因此，汉文帝废除肉刑的改革，不仅扩大了剥削对象，增加了创造物质财富的社会来源，客观上有利于生产的发展与经济的恢复，促进了人类社会的进步，而且已使刑罚制度由极端野蛮残酷向相对宽松人道逐渐过渡，从而消除了奴隶制残余在法律制度方面的消极影响，推动了封建法律制度深入发展。

值得说明的是，与肉刑一同被废除的还有秦朝的"连坐罪"，这在中国乃至世界法制史上同样具有里程碑意义。

实际上，汉文帝刘恒虽然是历史上少有的宅心仁厚的皇帝，但其认识也是有局限性的，并没有自觉地想要废除这种残酷野蛮的刑罚。那么，是什么促使他进行了这个重要变革呢？

03

事情还得从当时一个著名的医学家说起，这个医学家名叫淳于意。

《史记》说他曾任太仓令，虽然是个管理粮仓的小官，他却"精医道，辨证审脉，治病多验"，为使自己能够专志医术，他辞去官职，"不营家产"，长期行至民间，对封建王侯却不肯趋承，赵王、胶西王、济南王、吴王都曾召他做宫廷医生，都被他一一谢绝。

他因经常拒绝去朱门高第出诊行医，被权贵富豪罗织罪名。朝廷根据刑律，判定淳于意应处以肉刑，当时的肉刑有脸上刺字、割去鼻子、砍去左足或右足等。

按西汉初年的律令，凡做过官的人受肉刑必须到京城长安执行。因此，淳于意被用传车（驿站的专用车辆）押送到长安受刑。

就因为不给有钱有势的人看病，就被罗织罪名而要遭受肉刑，还有没有天理？没有！不仅现在的我们这么认为，当时他的女儿也是这么认为。

这个名叫淳于缇萦的小姑娘是淳于意最小的女儿。淳于意没有儿子，只有五个女儿。他被押送长安的时候，五个女儿都跟在车后边走边哭。

淳于意怒骂道（也不知是在骂朝廷还是在骂自己）："家里没有男娃娃，关键时刻就没有可用的人！"

这话实际上挺让人费解的，有了男娃娃又能怎么样呢？难道就可以免受肉刑？或者把来押送他的人杀了？不过他的小女儿淳于缇萦肯定是明白了，不然就不会毅然跟随父亲来到长安。

04

来到长安后，这个弱女子的确做了一件一般的男娃娃也做不到或者说不敢做的事情，那就是给朝廷上书："我父亲是朝廷的官吏，是个好官、清官，齐国人民都称赞他廉洁奉公，可是他现在却被判刑了。这使我很痛心，我痛心的是人死不能复生，受刑致残不能复原，即使想改过自新也没有机会了。我情愿在官府做奴婢替父赎罪，使父亲有改过自新的机会……"

这个小女子的运气不错，她的上书居然被汉文帝看到了。如果是别人，看到这个上书后也许会大发雷霆，然后给上书者定个"大逆不道"之类的罪名。

可是看到的人是汉文帝刘恒，历史上有名的有作为、心肠好的皇帝，"文景之治"的开创者，他不仅丝毫没有怪罪这个冒着杀头危险为父求情的孝女，还赦免了她的父亲，并于第二年下诏废除肉刑。

汉文帝的诏书是这样写的：《诗》曰：恺悌君子，民之父母。今人有过，教未施而刑已加焉，或欲改行为善，而道无繇至，朕甚怜之！夫刑至断肢体，刻肌肤，终身不息，何其刑之痛而不德也！岂为民父母之意哉？其除肉刑，有以易之！"大意是肉刑不好，毫无人道，得用其他刑罚来代替。

不久，丞相张苍等人根据这个诏书，废除了肉刑，颁布了新刑法。

小女子缇萦对中国法制的贡献无疑是巨大的，不然，史学家班固不可能写诗赞她"一百个男人也不如这一个女子"：

三王德弥薄，唯后用肉刑。
太仓令有罪，就逮长安城。
自恨身无子，困急独茕茕。
小女痛父言，死者不可生。
上书诣北阙，阙下歌《鸡鸣》。
忧心摧折裂，《晨风》扬激声。

圣汉孝文帝，恻然感至诚。
百男何愦愦，不如一缇萦。

05

当然，虽说汉文帝废除了肉刑，但这并未使肉刑彻底消失。

比如《史记》的作者司马迁，是汉武帝时期的人，但这个在历史上赫赫有名的人也曾受过宫刑。司马迁之所以受此酷刑，仅仅是因为公元前99年（天汉二年）李陵抗击匈奴时兵败投降，朝廷震惊，司马迁认为李陵投降是出于一时无奈，必将寻机报答汉朝。正好汉武帝问他对此事的看法，他就把自己这个想法说了，汉武帝大怒，以为他在替李陵"游说"并借以打击贰师将军李广利，司马迁就这样获了罪，被逮入狱，受了宫刑。

不止在汉朝肉刑没有消失，甚至在宋代还有这样的刑罚。读过《水浒传》的人都知道，及时雨宋江也受过这样的肉刑，"刺配江州"，就是在脸上刺字，然后发配江州，宋江的脸上刺的是"迭配江州"四个字。

但不管怎样，汉文帝此次废除肉刑，确实拯救了不少人，至少不会再出现大范围的肉刑受害者了。

晁错之错：本想借刀杀人，却杀了自己

01

刘邦称帝后开启了消除异姓王的战争，从公元前202年十月至公元前196年十月，先后解决了燕王臧荼、楚王韩信、赵王张敖、代相国阳夏侯陈狶、梁王彭越、淮南王英布。异姓王中，唯有长沙王吴芮因势小不对朝廷构成威胁而得以保存。

与此同时，刘邦又大封自己的子弟为王，认为天下同姓一家，可以"屏藩朝廷"。汉文帝继位后，为加强自己的地位，采用贾谊"众建诸侯而少其力"的策略，把一些举足轻重的大诸侯国肢解为几个小国，削弱了诸侯王的势力，但是诸侯王对中央的威胁并没有得到彻底解决。

汉景帝继位后，王侯拥兵自重、专制一方、骄横奢侈、悖乱不轨的现象依旧，甚至愈演愈烈，中央专制皇权与地方王国势力的矛盾日益激化。

怎么办？削藩！

这个主意是御史大夫晁错提出来的。他向汉景帝上书建议削夺诸王的封土："昔高帝初定天下，昆弟少，诸子弱，大封同姓，故王孽子悼惠王王齐七十余城，庶弟元王王楚四十余城，兄子濞王吴五十余城：封三庶孽，分天下半。"一个诸侯王少则四十多座城，多则七十多座城，这些王的封地就占了半个国家，那还得了！

尤其是吴王刘濞，此人对朝廷早已不敬，曾有反心，这个隐患不除，后果很严重："乃益骄溢，即山铸钱，煮海水为盐，诱天下亡人，谋作乱。今削之亦反，不削之亦反。削之，其反亟，祸小；不削，反迟，祸大。"意思是刘濞冶铜、铸钱、煮盐，积聚了大量财富，招募亡命之徒，收容逃亡罪犯，想造反。如今削夺他的封地他会反叛，不削夺他的封地他也要反叛，不如削夺他的封地！

晁错一番话，说得汉景帝直冒冷汗：爱卿说得对，看来削藩这事耽误不得，越快

越好！于是他削减了楚王的东海郡，吴王的豫章郡、会稽郡，赵王的河间郡，胶西王的六个县。

02

诸侯王没想到皇帝会来这一手。当他们得知这主意是晁错出的，都笑了——当然是冷笑。尤其是早有谋反之心的吴王刘濞，虽然表面上恨晁错恨得牙痒痒，心里却是千恩万谢——这哥们儿够意思，我正愁没借口造反呢，这下好了，正瞌睡呢你送来个枕头。多谢多谢，到时候一定请你喝庆功酒！

于是，削减吴国豫章郡、会稽郡的文书一发到吴国，刘濞就以"诛晁错，清君侧"为名首先起兵。

刘濞知道胶西王勇壮，喜欢逞势斗胜，几个齐地的诸侯王都怕他，便与他密谋：哥们儿，咱们以讨伐晁错为借口，反了吧！把天下占了，你我二一添作五。胶西王说既然不反白不反，反了不白反，那就反吧！

既然要反，当然是人越多越热闹，于是刘濞又约了赵王、淄川王、胶东王、济南王、楚王共同起兵。赵王刘遂甚至暗中派使者到匈奴，商议联合作战，这完全是引狼入室的举动。

公元前154年（景帝前元三年）正月，吴王向诸王发出兴兵檄文："以汉有贼臣，无功天下，侵夺诸侯地，使吏劾系讯治，以僇辱之为故，不以诸侯人君礼遇刘氏骨肉，绝先帝功臣，进任奸宄，诖乱天下，欲危社稷。陛下多病志失，不能省察。欲举兵诛之，谨闻教。"大意是朝中出了奸贼，想危害社稷，皇帝病得神志不清了，不能省察，杀奸贼的重任只能我们来承担了。

吴王随后从广陵起兵，向西渡过淮河，和楚军会合。胶西王杀死朝廷派来的两千石以上的官员，胶东王、淄川王、济南王、楚王、赵王也都如此，向西进兵。

"七国之乱"正式爆发。

03

实际上，朝中早有人认识到了势力愈来愈强大的诸侯王对朝廷的威胁，早在汉文帝时期，就有人提出削藩，但因时机不成熟，削藩之事就一直被搁置。

之前时机不成熟，现在时机成熟了吗？同样不成熟。"逼反"吴王刘濞，其他六王跟着反，就是明证。

在这件事上，为什么说晁错错了呢？他错在哪里？错在急于求成，错在事先没有周密规划，没有做好预案。矛头直指势力最大的吴王刘濞时他很清楚，这样做逼反刘濞的可能性非常大，但那正是他要的结果：只有逼反他，才有机会或借口彻底解决他。

可他万万没想到，刘濞居然找了帮手，而且一找就是六个，因为他也明白，单枪匹马与朝廷作对，那就是找死！

如果仅刘濞一个人反，倒也没多大事，他再牛也牛不过朝廷。如今七王一起反，就不是小事了，汉景帝立马紧张起来。

紧接着，晁错又犯了一个错误：借刀杀人。

借什么刀？当然是借"七国之乱"这把刀。杀什么人？杀死对头袁盎。

04

晁错虽然为人正直，但性格有缺陷，得罪了很多人，其中就包括同朝为官的袁盎。袁盎讨厌晁错到了极点，以至于只要有晁错在的地方，他非离开不可，仿佛晁错身上有病毒，沾上就会死。晁错也是这样，凡是有袁盎在的地方，他就唯恐避之不及。

晁错当上御史大夫后，立马派人去查核袁盎接受刘濞财物的事，要给袁盎定罪。汉景帝赦免了袁盎，将其贬为平民。人家都落到这步田地了，晁错还不想放过他，想趁此机会把他除掉。于是他说："那个叫啥袁盎的，不是说吴王不会反吗？如今吴王反了，他也该杀！"

袁盎曾任吴国丞相，的确说过这话，得到消息的他吓坏了。晁错是谁呀？御史大夫啊，说话是有分量的。御史大夫想要他死，那就真有可能把他搞死！

不行，我不想死，我不能死，我得自保！可是我如今是个平民，见不到皇上怎么办？见不到皇上，魏其侯窦婴我见得到啊！于是袁盎连夜去找好朋友窦婴——你去跟皇上说，我有退兵妙计，让他召见我。

窦婴在"七国之乱"爆发后被任命为大将军，即将带兵去平乱。他也与晁错有矛盾，因此乐于为袁盎与皇帝见面搭桥。汉景帝听说袁盎有退兵良策，很快召见了他。

袁盎的"退兵良策"很简单：七王是被晁错逼反的，他们恨的是晁错，只要杀了晁错，事情自然就会平息。"他们不是要'诛晁错，清君侧'吗？只要答应他们的要求，杀了晁错，免了他们起兵之罪，恢复他们的领地，他们自然会退兵……杀晁错最好腰斩。"

一天，中尉来到晁错家，传达皇帝要他上朝议事的命令，晁错立刻穿上朝服跟着中尉上车走了。

车马经过长安东市，中尉忽然拿出诏书，要晁错下车听诏。晁错下车，中尉宣读皇上的命令，后面的武士们一拥而上绑了晁错。晁错被腰斩。

至于汉景帝后来认为晁错是错杀，后悔莫及，那是后话，暂且不提。

单说晁错，如无小人之心，怎会搬起石头砸自己的脚？正直如晁错之流，也有小人之心，实在令人唏嘘。

中国"第一位"皇太弟失宠记

01

公元前154年，汉景帝刘启继位刚三年，大汉王朝就发生了一件惊天动地的大事，史称"七国之乱"。

"七国之乱"的起因很简单：诸侯王的势力越来越大，对皇权构成了威胁，为了解除这种威胁，汉景帝采纳御史大夫晁错的建议，开始削藩。

来朝的楚王刘戊成了倒霉蛋，晁错以其在薄太后服丧期间偷偷淫乱为由，请求汉景帝杀了他。

一场双簧开始上演，汉景帝赦免了楚王的死罪，改为削减他的封地，作为对他的惩罚。

事实上，削藩两年前就拉开了序幕，最先倒霉的是赵王刘遂，其封地被削去一个河间郡。接着是胶西王刘印，封地被削掉六个县。

最不好对付的是吴王刘濞，因为诸王中他最厉害。当初刘邦就因为害怕江东人士不服他的统治，才封这个厉害的侄儿为吴王的。刘濞一去，果然把那儿的人管得服服帖帖。

吴王刘濞野心也最大，他早就开始在封国大量铸钱、煮盐，招纳工商，"任侠奸人"，扩大势力，阴谋篡夺帝位。所以诸侯王中，他的实力也最强。

对付这样一个棘手的对手，当然得慎之又慎，得拿出一个稳妥的办法，汉景帝便和大臣们商议。

但还没商议好，刘濞就动手了。他可不想坐以待毙，先下手为强才是上策。

02

公元前 154 年，刘濞联合楚王刘戊、赵王刘遂、济南王刘辟光、淄川王刘贤、胶西王刘印、胶东王刘雄渠，以"诛晁错，清君侧"为名发动叛乱。

当时的刘姓宗室诸侯王（所谓同姓诸侯王）共有八个，还有一个梁王刘武。

那么问题来了：其他七个都动起来了，为何唯独梁王未参与呢？

这是因为不久之前那场对话，起了关键作用。

据《史记·梁孝王世家》记载，那场对话发生在七王初动之时，汉景帝召梁王入朝，当时的汉景帝虽已继位三年，但尚未立太子。汉景帝头脑一发热，就给梁王画了一个大大的葱油饼："我去世后，就把位子传给你。"

也就是说，按照汉景帝的许诺，他将成为"皇太弟"，大汉江山今后就是他梁王的，他怎么可能造自己江山的反？

他不但不能反，还要竭尽全力帮汉景帝守住这个江山，不然那边若造反成功，瓜分了这个饼，就没他的戏了。

巧的是，他所在的梁国是拥有四十余城的大国，在地理上，正好处于牵制东方诸国、屏蔽朝廷的关键位置，是抗击吴楚联军的咽喉部位。这个咽喉一旦被攻破，叛军就会长驱直入抵达长安。

作为咽喉的咽喉，睢阳城成了双方争夺的焦点，作为叛军主力的吴楚联军必须拿下，否则就到不了洛阳，更到不了长安，而梁王必须守住，否则后果不堪设想。

拼死抵抗，成了梁王唯一的选择。

03

三十万叛军集中在睢阳城下，轮番疯狂攻城，梁王损失惨重，眼看就要城破人亡，只得向汉军主帅周亚夫告急，请求支援。

十万火急的战报，接二连三送到周亚夫手中，周亚夫却按兵不动，拒绝救援。

梁王气得吐血，好你个姓周的，你好歹也是个名将，难道不知道睢阳的重要性？你坐视不理，难道是想等我与叛军互相残杀，两败俱伤，然后你来捡便宜？

他甚至怀疑，周亚夫与叛军是一伙的。

愤怒至极的刘武，把状告到了窦太后那里。他是窦太后的小儿子，也是她最喜欢的儿子，他的处境如此危急，再这样下去肯定得玩儿完，老太太不可能无动于衷。

窦太后也急了，她甚至怀疑这是刘启与周亚夫串通好的，目的是一石二鸟，借此机会同时削弱叛军和梁王的实力。

老太太立即去找刘启：你这是打算把你弟弟害死吗？那可是你的亲弟弟啊，你若还想要这个弟弟，还认我这个妈，就立马给我换帅，换掉周亚夫那个匹夫！

刘启当然没想过要害这个弟弟，然而他也不明白周亚夫葫芦里卖的什么药，但他相信周亚夫，因为父亲临终前对他说过：即有缓急，周亚夫真可任将兵。

何况临阵换帅，历来是兵家大忌。但是他的态度不得不表明，再说梁王确实很危险，于是他命令周亚夫派兵救援睢阳，周亚夫的回复是：将在外，君命有所不受。

04

没有救兵，梁王只好死守。

好在多年经营，睢阳城高池深，兵多马壮，固守一年半载没问题。

他们不知道，那时周亚夫正在设下一个奇计，趁梁王拖住叛军主力的机会，轻兵南下，夺了泗水的入淮口，断了叛军的粮道。

粮道被断，士兵没饭吃，饿着肚子没法打仗，退兵又不甘心，叛军便铤而走险夜袭周亚夫军营，妄图一举拿下，被早有准备的周亚夫打得屁滚尿流，周亚夫亲自率军猛追，大破吴楚联军。

三个月后，叛乱被平定。

梁王虽然损失惨重，但因拼死挡住了叛军的前进之路，拱卫了首都长安，为周亚夫消灭叛军赢得了宝贵的时间，加上战后计算功劳，他所消灭的叛军数量和朝廷军队消灭的差不多，所以功劳第一。

第二年，汉景帝的庶长子刘荣被立为太子，这意味着汉景帝"忘记"了当初对梁王的承诺，意味着梁王没戏了。梁王感到自己被耍了，但他除了隐忍，还能怎么办呢，总不能明目张胆去抢太子之位吧！

公元前 150 年（景帝前元七年）正月，刘荣的生母栗姬失宠，连累了儿子刘荣，刘荣被废为临江王。

这仿佛是上天给梁王的机会，是上天"逼"刘启履行当初的承诺，加上母亲窦太后的支持，继承人的位子仿佛真的非他莫属了。

然而，窦太后想让梁王做继承人的想法却遭到许多大臣和太常袁盎的反对，汉景帝便将目光越过梁王，立胶东王刘彻（汉景帝中子，即后来的汉武帝）为太子。

05

  这一次，梁王不再隐忍，他恨死了袁盎和那些反对他的大臣。于是他叫来公孙诡、羊胜等幕僚积极帮他谋划，还派人暗杀了袁盎等十多个朝廷大臣。

  他们自以为事情做得很隐秘，却忘了汉景帝不是傻瓜，后者自然会怀疑到梁王头上。

  而证据很快就到达汉景帝的案头——抓到的凶手经不起拷打，一五一十做了交代，就是梁王指使的。

  虽然证据确凿，但看在一母同胞和他曾立有大功的分上，汉景帝并未立即动手，只是不停地将使者派往梁国，反复查验，又对梁国两千石官员一一责问，目的是给他一个赎罪的机会。

  梁王却稳坐钓鱼台，拒绝交出公孙诡、羊胜两大帮凶。

  你真想自取灭亡吗？他的"淡定"连梁国的丞相轩丘豹和内史韩安国都看不下去了，他们力劝梁王识时务者为俊杰，再扛下去后果不堪设想，不但梁国不保，他梁王的性命恐怕也保不住。梁王这才令公孙诡、羊胜自杀，然后把他们的尸体交给朝廷使者。

  之前那么英雄，这时又怕得要命。种种迹象表明，皇帝哥哥对他的怨恨到了即将六亲不认的程度。

  怎么办？

  除了"识时务者为俊杰"，他还能怎么办！他立即派韩安国去找长公主刘嫖，通过刘嫖向窦太后认罪，请求原谅。

  汉景帝虽然心中仍有个大疙瘩，但梁王背后站着个太后，他除了宽恕，又能怎么样呢？

06

  过了一段时间，估计汉景帝的气消得差不多了，梁王便上书求见，有当面道歉的意思，以便彻底消除哥哥的怨恨。

  得到准许后，梁王便立即动身，启程赶往朝廷。

  没想到刚到函谷关，他竟然听从一个叫茅兰的家伙的劝告，带两个骑马的随从乘表示降服的布幔车子入京，躲藏在长公主的花园里。

对这个弟弟，汉景帝还是很够意思的，特派使者去接他。但当使者来到函谷关，却只看到他的随从和车马，而梁王已不知去向。

那个叫茅兰的，为何要出这样一个馊主意？估计是想通过窦太后对汉景帝施压。

如果是这样，那么他们的目的达到了。窦太后找不到刘武，果然以为他被汉景帝杀了，哭着闹着去找汉景帝"算账"，还大叫"皇帝杀了我儿"。

汉景帝果然吓出一身冷汗，以为梁王真的出事了，不知如何向母亲交代。

刘武知道后，终于意识到自己的行为实在太不明智，还有可能连累深爱他的母亲。再说他对皇帝哥哥并无深仇大恨，也明白人家是有子嗣的人，怎么可能把皇位传给他，若执迷不悟，实在是比癞蛤蟆想吃天鹅肉还愚蠢。于是他赶紧现身，背着刑具趴在宫门下，请哥哥处罚。

你没事就好了，至于处罚嘛，不值得与这种人计较。

汉景帝虽然未与这个弟弟计较，但从此以后对他也不再那么亲了，甚至再也不和他同坐一辆车。

被其他人疏远也许无关紧要，但疏远他的人可不仅仅是他哥哥那么简单，那可是皇帝！

后来，刘武再次入京朝见汉景帝，请求留在京师，却被断然拒绝，他只好灰溜溜回到封国。

刘武感到皇帝哥哥对他的冷淡和无情，比直接要了他的命还难受，从此他闷闷不乐，神思恍惚，最终郁郁而终。

正所谓，不是你的，争也没用。

周亚夫竟然死于拖欠雇工工钱？

01 请人看相

盘点历史上的著名军事家，西汉的周亚夫应该算是能排上号的一位。

周亚夫是名将之后，父亲是西汉的开国功臣周勃，后被封为绛侯。汉文帝时，周亚夫承袭了父亲的爵位。

按照当时的规矩，周亚夫是没有资格继承父亲侯爵位的，因为他还有个哥哥，要袭父爵还轮不到他，除非他哥哥死了或者发生了重大问题。但是西汉著名相士许负对他说：三年以后你将封侯，再过八年会当丞相，再过九年会饿死。

那时的周亚夫是河内郡（在今河南）郡守，听说一个叫许负的相士很会看相，便请她来给自己看看，谁知她看后竟然说出了上面那番话。

许负的话把周亚夫逗笑了："我说大娘，你在开玩笑吧？我是不会被封侯的，除非继承父亲的爵位，可是我哥哥已经代父为侯了，就没我啥事了。你说我今后会饿死，就更不可能，因为按照你的说法，那时候我已经非常显贵，高官厚禄享用不尽，怎么会饿死呢？撑死还差不多。"

谁也没想到，许负的话后来竟都一一应验了：三年后，周亚夫的哥哥周胜犯罪被夺侯爵位，周亚夫袭了爵位；再过八年，周亚夫果然做了丞相；再过九年，他果然因"造反"而被捕入狱，饿死狱中。

02 文帝称赞

周亚夫前后为两代君主效力，即开创"文景之治"的汉文帝和汉景帝。这两个皇帝对待周亚夫的态度还是有所差别的，简单点说就是一个一直对他好，一个开始对他好后来对他不太好。

一直对他好的，当然是汉文帝。

实际上，周亚夫对汉文帝并没有做过多大贡献，他之所以得到汉文帝赏识，是因为公元前158年（汉文帝后元六年）发生的一件事。那一年，匈奴又打来了，汉文帝急忙调兵遣将，时为河内郡守的周亚夫被派去守卫一个叫细柳的地方。

布置妥当之后，汉文帝自然要到军营视察一番，说几句鼓舞士气的话。其他军营见皇帝的车马来了，都赶紧放行，主将迎驾时慌里慌张，给汉文帝留下了很不好的印象。

可是，汉文帝来到周亚夫的军营所受到的"待遇"却与前者大相径庭，守卫军门的都尉不仅把开道人员拦在门外，还对他们说："将军早就传下令来，军中只听将军的，其他人的一概不听，就是天子也不行。"不仅如此，之前周亚夫还下了一道命令：军营中不许车马疾驰。皇帝的车夫只好放慢车速。

好不容易到了军中大帐，见到了出来接驾的周亚夫，这人眼里军规第一，在军规面前，天王老子都得靠边站，所以他只向汉文帝行了个拱手礼，而且手里还拿着剑，说："介胄之士不拜，我只能给您行个军礼，请陛下莫怪。"

汉文帝不但不怪，还非常感动，对惊讶不已的群臣说："周亚夫才是真将军。其他几个军营，一点规矩也没有，假如遭到偷袭，后果不堪设想！"

毫无疑问，周亚夫给汉文帝留下的印象是深刻的，那以后很长一段时间，汉文帝每每想到周亚夫仍大加赞叹，在他看来，周亚夫这种治军严明、军令如山的人才是国家的可靠之才，他带的军队是永远不会被敌人偷袭的。

匈奴退兵后，汉文帝立即把京师的兵权交给周亚夫。

公元前157年，汉文帝驾崩。临死前，他特意嘱咐太子刘启："除了周亚夫，朕看没有其他将军可以放心使用，关键时刻一定要用他。"

刘启登基，成为后来的汉景帝。

03 立下大功

汉景帝记着父亲的话，关键时刻果然用了周亚夫，周亚夫果然也没让他失望。这个关键时刻就是"七国之乱"。

公元前154年（景帝前元三年），汉景帝采纳晁错的削藩建议，引发了以吴王刘濞为首的七个刘姓王的叛乱。汉景帝立即将周亚夫升为太尉，命他领兵平叛。仅用了短短三个月，来势汹汹的"七国之乱"就被周亚夫平定。

叛乱倒是平息了，周亚夫却得罪了梁王刘武。起因是叛军猛攻梁国（今河南商丘市）时，周亚夫没有直接带兵救援，还对梁王的再三求援置之不理，即使是梁王告到皇帝那里，皇帝命他救援梁王，他也不为所动。

他的计划是绕道霸上，走蓝田出武关，从背后阻断叛军的粮道。

后来的事实证明，周亚夫的选择是正确的。

周亚夫这一招实际上是"引火烧身"之举。粮道被他切断后，他立即就成了众矢之的，叛军集中兵力攻打他，试图重新打通粮道，却不是周亚夫的对手。

战争结束后，人们才知道周亚夫用兵的高明，对他佩服得五体投地。心胸狭窄的梁王却对周亚夫恨之入骨，每逢进京与窦太后相聚都要说周亚夫的坏话，这些坏话经过添油加醋，传到汉景帝的耳朵里时，就不仅仅是坏话了。

由重用到讨厌，汉景帝对周亚夫的态度开始发生变化。

04　坚持原则

这个变化与周亚夫耿直的性格也不无关系。比如刘启想废掉太子刘荣，另立三皇后的儿子为太子，去征求已是丞相的周亚夫的意见时，周亚夫就坚决反对，理由是太子并无过错，随意废立一定会引起混乱。禀性直爽的周亚夫说话直来直去，让刘启听了很是不爽，还和他发生了争执。

敢和皇帝吵架的人，整个中国上下五千年也没几个。

还有一件事也惹得汉景帝很不高兴。窦太后想封王皇后的哥哥王信为侯，汉景帝和周亚夫商量，周亚夫同样一口否决，理由是不合规矩："高祖有交代，不是姓刘的不能封侯，没有功劳的也不能封侯。王信既不姓刘也没功劳，不配封侯，否则就是违背祖制。"

汉景帝虽然很恼火，但在祖制面前他一点脾气都没有，只能"默然而止"。

周亚夫是正确的，但他又是错误的，他错在太坚持原则，错在"太正确"。

不久，京城来了五个前来投降的匈奴人，把汉景帝高兴坏了，一定要给他们封侯。周亚夫依然站出来反对，说这些人的先人本是汉朝人，后来背叛汉朝投降匈奴，现在又背叛匈奴投降汉朝，是反复无常的小人，千万不能封侯，否则今后如果有臣子不忠于陛下您，您就不能怪他们了。

这一次汉景帝坚决不妥协，将五个"反复无常的小人"全部封侯。周亚夫也妥协了一回，没有再坚持他的"正确主张"。但他也不想再侍奉汉景帝了，以生病为由上书辞职。汉景帝巴不得他赶紧从自己眼前消失，立马批准。

周亚夫辞官后，实事求是地说，汉景帝还是忘不了这个前丞相的，如果他的脾气不那么倔，稍微懂点变通，还是可用的，但又不好把这个意思直接告诉他。汉景帝就想了个办法，特意请他到宫里来吃饭，却故意不给他筷子。周亚夫哪里知道这是皇帝在试探他呢，很不高兴地向管事要筷子。汉景帝说："此不足君所乎？"这些不能满足你的需要吗？

周亚夫听出了汉景帝话中的不满，虽然跪下谢罪，却很不情愿。皇帝刚说了个"起"字，他马上就站起来，绷着脸快速地走了。

汉景帝本来打算让周亚夫辅佐少主，见他这个样子，也只能一声叹息了事。

也许汉景帝对周亚夫彻底不信任，就是从那个时候开始的。

05　绝食而死

雪上加霜的是，没过多久，周亚夫又被自己的儿子坑了一把。这一把坑得够厉害，直接要了他的命！

原来周亚夫的儿子认为父亲年事已高，没几天活头了，就偷偷准备丧葬用品。周亚夫这种大人物的丧事，自然是不能马虎的，是要隆重举办的。所以在准备的丧葬用品里，还办了五百副甲盾，准备将来陪葬用。

周亚夫一生戎马，死后弄点甲盾陪葬本无可厚非。但坏就坏在他的儿子太小气，拖欠搬运这些东西的雇工工钱，雇工们一气之下，告这家人私藏兵器。

私藏兵器，这不是想谋反吗？查，给我彻查！汉景帝派去调查的人把周亚夫叫来，周亚夫一问三不知，因为他真不知道儿子干了些啥，如何回答？

这可把调查的人惹火了，于是添油加醋地报告给了汉景帝，汉景帝一生气，后果很严重——不调查了，直接把周亚夫交廷尉审理。

廷尉、狱吏和周亚夫的对话，很有意思：

廷尉："先生干吗要谋反呢？"

周亚夫："我没有谋反，那些甲盾是丧葬用品。"

狱吏："这么说，你是想到地下去谋反了？"

周亚夫算是明白了：这是皇帝要他死啊。既然如此，我就成全他吧。于是周亚夫绝食五天后死了。

这算不算是饿死的呢？应该算吧。

周亚夫无疑是个牛人,但正因为太牛了,所以脾气禀性也牛得不得了,这可以说是所有牛人的通病。这一点,司马迁看得清清楚楚,在《史记》里对他既有称赞也有惋惜,当然也有批评——你再牛,也不能对皇帝没礼貌啊!

是谁开了公主养男宠的先河？

01

"嫖"在汉朝一定是个寓意很好的字，不然堂堂一个公主也不会起这个名字了。

这个公主，就是汉朝第一个长公主刘嫖，汉文帝刘恒的女儿。她既是汉武帝的姑妈，也是汉武帝的丈母娘，还是汉武帝妹妹的婆婆。

有人说，刘嫖是史上最幸福的公主，这不但因为她是景帝朝唯一的长公主，还是汉武帝朝唯一的大长公主，一人之下万人之上，地位比诸侯王还高，享尽了荣华富贵；更因为她五十多岁时公然养了个十八岁的面首，汉武帝不但不加惩戒，反而称其面首为"主人翁"。

这个刘嫖，也正如东方朔指出的那样，开了公主养男宠的先河。

02

据《史记》记载，刘嫖的封地在河北馆陶县，所以人们又叫她馆陶公主。她的丈夫是堂邑侯陈午，两人育有两子一女，女儿就是著名的"金屋藏娇"的女主角陈阿娇。

刘嫖的母亲是窦太后，梁王刘武是她弟弟，按照当时的规定，刘武必须去封国居住，早年失明的窦太后，身边最亲近的人便只剩下刘嫖了，所以对她极其宠爱。

光有母亲的宠爱还不行，从小就很有心机的刘嫖认为将来要过上好日子，还必须与弟弟汉景帝搞好关系，所以她投其所好，时不时给汉景帝献个美女。

汉景帝对姐姐的这种"投喂"总是来者不拒，对待这个姐姐自然也好得不得了，宫闱任其随便出入。

有太后和皇帝弟弟的宠爱与纵容，刘嫖在为自己谋取利益的道路上走得越来越顺。

为了获得更多政治筹码，女儿陈阿娇成了她做交易的商品，她先是想将阿娇许配给太子刘荣，却未得逞。想想也是，太子的母亲，汉景帝的栗姬正在恨她给自己的丈夫进献女人呢，怎么可能与她做亲家？

没关系，屡败屡战的精神刘嫖有的是。在被栗姬拒绝后，她又去找了王夫人，提出和她做亲家。王夫人不假思索地同意了，答应自己的儿子刘彻一定娶陈阿娇。

随后，刘嫖对不给他面子的栗姬展开报复，与王夫人联手，导致栗姬失宠，太子刘荣被废为临江王。

不知栗姬当初是否想过得罪长公主的下场，反正她郁闷死了。这可一点也不是夸张，据《史记》记载，栗姬真是因自己失宠、儿子被废郁郁而终的。

03

立谁为新太子呢？刘嫖有本事把刘荣弄下去，就有本事把刘彻弄上去。反正，她女儿嫁给谁，谁就必须成为太子，将来必须成为皇帝。

果然，废掉刘荣后，汉景帝立刘彻为太子。

刘彻，也就是后来的汉武帝，估计他做梦也没想到，女人们宫斗的结果却使他成了最大的赢家。而原本按照规矩，他是不可能成为皇位继承人的。

更何况，陈阿娇本来就是他的心仪之人，想当初他还很小的时候，这个姑妈就问他长大后讨不讨媳妇，他说当然要。姑妈指着两百多个宫女问他想要哪一个，他说都不想要，他就想要陈阿娇，还说将来一定要造一座金屋给阿娇住。"金屋藏娇"这个典故就是这么来的。

爱情事业双丰收，一个男人最重要的两样东西，刘彻就这样不费吹灰之力就得到了。史上最幸运的男人，莫过于此！

刘彻登基后，对刘嫖这个双重恩人毫无意外地投桃报李，不但给她加了封号，跟从窦太后的姓尊称她为窦太主，还对她养面首这种伤风败俗之事加以默认甚至支持。

04

刘嫖公然养面首是在她丈夫陈午去世后开始的，那时她已五十多岁，养的面首名叫董偃，年仅十八岁。

实际上，刘嫖与董偃之间的关系从她丈夫陈午还在世时就开始了。

据《史记》记载，董偃本是商人之子，母亲是卖珠宝的，刘嫖经常买他家的珠宝。他的母亲也经常出入刘嫖家，而且每次来都要把儿子带上。

董偃长得十分俊美，刘嫖第一次看到他的时候，他虽然才十三岁，但已足以令她怦然心动，便对其母说，干脆你这个儿子别叫他回去了，就叫他留在这里，我来养他。

董偃的母亲求之不得，再说，长公主想要的人，不答应行吗？

从此以后，董偃便留在宫里，成了刘嫖的"养子"，刘嫖还供他读书。十八岁那年，董偃正式成为"刘嫖的人"，在外做她的随从，回府后做她的面首。

而那时，刘嫖的丈夫陈午还活蹦乱跳的呢。

董偃喜欢戴绿色的头巾，每次他去与刘嫖约会，人们都说，陈午又戴绿帽子了。据传这就是典故"戴绿帽"的来历。

05

因为与长公主的关系，董偃便成了贵族和王公大臣竞相巴结的对象，人们还亲切地尊称他为"董君"。

只有一个叫袁叔的人意识到了这种关系的危险，在他看来，这简直是羊与狼通奸，一不小心，说丢命就丢命。

袁叔是安陵人，也是董偃的朋友。他对董偃说，私下侍奉长公主是有罪的，皇帝若要怪罪，你就死定了，你还年轻，难道不想活了吗？

实际上，董偃也一直很怕，整天提心吊胆，生怕哪一天脑袋忽然就不属于自己了。

可他也不知道该怎么办，不知怎样才能做到既能和长公主维持这种关系，又能平安无事。

俗话说，知己知彼，百战百胜。董偃之所以没有找到解决的办法，是因为他不了解汉武帝想要什么。袁叔则不一样，他知道汉武帝早就想得到刘嫖的私家园林长门园。

袁叔便给董偃出主意说：既然皇上想要长门园，你为何不叫窦太主献给他呢？你这样做了，皇上知道是你的主意，就会对你感激不尽，就不会处罚你了。

董偃一拍大腿，对呀，我怎么没想到这个呢，只是不晓得刘嫖愿不愿意。

既然能保董偃平安无事，刘嫖哪有不愿意的，一座庄园不过身外之物，有啥舍不得的。所以董偃一说，刘嫖就满口答应了。

得到长门园后，汉武帝非常高兴，马上将其改名长门宫，并作为祭祀之地。只不过后来，皇后陈阿娇因与卫子夫争风吃醋而失宠，汉武帝把她赶到长门宫，长门宫从此又成了冷宫的象征，这是后话了。

汉武帝知道是董偃的主意后，亲自到刘嫖府中去看他，管他叫"主人翁"，还在刘嫖的府中与这个姑妈兼丈母娘的情人好好享受了一场宴会。

此次私宴过后，董偃的贵宠之名，天下尽知。

06

事情就是那么吊诡，天堂往往又是地狱的开始。那以后不久，董偃就从人生最高峰跌入了最低谷。

造成这种局面的，是东方朔。

其实从根子上来说，也怪不着东方朔，是汉武帝太宠刘嫖和董偃了，给了东方朔"主持正义"的机会。因为汉武帝居然想在宣室设宴款待他们！

宣室是什么地方？是先王的正殿，是讨论国事的地方，在那里设宴招待那对男女，简直是对先王的亵渎！

但没人敢说出来，更没人敢阻拦，除了东方朔。

当他们即将进入宣室，持戟在殿阶下守卫的东方朔伸手一拦，不让他们进去。

汉武帝一惊，问他想干啥。东方朔说，董偃有"三可杀"，一是以臣下的身份私侍公主；二是有伤风化，扰乱婚姻大礼，破坏先王制度；三是行邪枉之道，径淫辟之路。有此三罪，实乃国家大贼，社会大害，死有余辜！

别看汉武帝表面上对董偃很宠信，实际上东方朔说的每一条他都认为很在理，所以他并不生气，只是说，这次已经定了，酒宴也已摆好，下次再换地方吧。

东方朔坚决不让步，希望汉武帝吸取竖刁教齐桓公淫乱、后来和易牙作乱害死了齐桓公的历史教训。汉武帝默然许久，终于对东方朔说，你说得对，并下令把宴会地点改在北宫。

从此以后，东方朔的话总是在汉武帝耳边回响，他觉得如果继续这样宠下去，董偃那家伙早晚也会变成竖刁那种货色，他早晚也会变成被饿死在床、身上长蛆也没人理的齐桓公。

董偃不是笨蛋，感觉到了汉武帝对他的宠爱日益衰减，勉强活到三十岁便郁郁而终。几年后，刘嫖也死了，与董偃合葬于霸陵。

"公主贵人多逾礼制，自董偃始"，这对男女被东方朔认为是公主和贵人"越礼"之始。

汉武大帝的时代：
千古一帝御下的大汉风采

灭了他！灭了他！灭了他！

汉朝被公认为中国历史上最强大的时代，可以用一系列好听的词儿来形容这种强大：国家统一，文化昌明，武功强盛，国威远播。

可是，在汉武帝之前，这个与唐朝并称"汉唐盛世"的"盛世"却过了几十年窝囊日子，窝囊到要用女人换和平的地步。公主们的眼泪记录的不是汉匈"友好关系"的华丽乐章，而是弱者向强者卑躬屈膝以求平安的屈辱历史。

更有甚者，堂堂大汉皇太后、史上著名女强人吕雉也不得不忍受冒顿单于的公然调戏："两主不乐，无以自虞，愿以所有，易其所无。"吕后想收拾他，却有心无力，只能忍气吞声。

直到汉武帝刘彻出现。

01

公元前 133 年（元光二年），不想当窝囊废的汉武帝毅然发动了反击匈奴的战争。

汉武帝发动的这场大规模反击战，始于公元前 133 年的马邑之战，结束于公元前 119 年（元狩四年）的漠北之战。

马邑之战一无所获，汉武帝精心设计的这个诱敌深入之局被匈奴人识破，三十万大军无功而返。志在"赶尽杀绝"、不想再听到"匈奴人"三个字的汉武帝异常愤怒。

公元前 127 年（元朔二年），车骑将军卫青出马，在河南之战中取得大胜，匈奴白羊王、楼烦王落荒而逃，汉军完全控制了河套地区，设朔方郡。

紧接着河南大捷之后的，是六年后——公元前 121 年（元狩二年）由少年军事奇才霍去病取得的河西大捷。

这年，年仅十九岁的霍去病被汉武帝任命为骠骑将军，奉命率军出击河西（今河西走廊及湟水流域），打得匈奴浑邪王、休屠王满地找牙。霍去病率领一万骑兵，以损失十分之三的代价取得了如下辉煌战果：歼敌四万多人；俘虏五个匈奴王；俘虏匈奴王母、单于阏氏、王子、相国、将军等一百二十余人；单桓王、酋涂王及相国、都尉等两千五百人投降。匈奴单于气得吐血，差点杀了浑邪王和休屠王，浑邪王率四万多人降汉，整个匈奴飘荡着这样的悲歌："亡我祁连山，使我六畜不蕃息；失我焉支山，使我妇女无颜色。"

匈奴的悲惨遭遇丝毫未让汉武帝收手，因为他的目的是"灭了他"，除此之外的任何大胜都毫无意义。于是公元前119年，汉武帝再命卫青、霍去病出击。两人各领兵五万深入漠北寻找匈奴主力，找到就往死里打。

这一战的胜利果实更大，仅霍去病歼灭的敌人就达七万余人，俘虏匈奴屯头王、韩王等人及将军、相国、当户、都尉等八十三人，在狼居胥山（今蒙古肯特山）举行了祭天封礼，这就是历史上著名的"封狼居胥"。

除此之外，霍去病还在姑衍山（今蒙古肯特山以北）举行了祭地礼，并且一直打到贝加尔湖。

志在将匈奴人赶尽杀绝的汉武帝虽然未能完全达到目的，但他发动的反击战彻底肃清了漠南之敌，长久地保障了西汉北方长城一带，也就是漠南地区的边境安全。

02

匈奴未能尽灭，单于得以逃往漠北，那是他运气好。相比之下，南越国的运气就没这么好了。

赵佗本是大秦帝国的高级将领。秦始皇灭掉六国建立秦朝后，赵佗等人被派到岭南讨伐百越各部落，五十万大军仅用四年就平定了岭南。

秦朝灭亡后，山高皇帝远的岭南成了赵佗的天下，他于公元前204年建立了南越国，自号"南越武王"。

后来刘邦夺了天下，虽然对南边那个割据政权很不爽，但还是承认了它的存在，承认的条件是它必须接受大汉的册封。南越国也没意见，就这样成了汉朝的藩属国。

两家一直相安无事，没出什么问题。到了公元前113年，南越国丞相吕嘉搞了一次宫廷政变，杀掉刚登基的新君赵兴和南越国太后樛氏，另立赵婴齐（南越文王之子，南越国第三任君主）前妻所生的儿子赵建德为王。

如果仅仅是他们自家闹内讧，汉武帝也许会以"关我屁事"为由睁一只眼闭一只眼，可是这个吕嘉太胆大妄为了，居然把朝廷派去的使者和随从两千多人杀得干干净净。

"灭了他！"汉武帝一声令下，十万大军浩浩荡荡，兵分五路杀入南越，以路博德为伏波将军的第一路，从长沙国桂阳（今湖南境内）直下湟水；以主爵都尉杨仆为楼船将军的第二路，走豫章郡（今江西境内）直下横浦（今广东北江翁源浈水）；第三路和第四路的总指挥是两个归降的南越人，他们率兵从零陵（今湖南境内）一路直下漓水（今广西漓江），直抵苍梧（今广西境内）；第五路以驰义侯利用巴蜀被赦的罪人，调动夜郎国的军队直下牂柯江（又叫作北盘江，主要指北盘江上游一带）。

这场异常激烈的战争持续了整整一年，汉军才攻到南越国都城番禺，赵建德和吕嘉固守城中，企图负隅顽抗，天黑后被楼船将军杨仆率军攻进城内，放火烧城。黎明时分，城内的南越守军大部分向伏波将军路博德投降。

不等天亮，惊慌失措的赵建德和吕嘉就率几百部下乘船沿海西逃，最终未能逃脱先后被擒获的命运，南越国所属各郡县皆不战而下，纷纷投降。

公元前111年，存在了九十三年的南越国灭亡，像水滴融入大海一样，成了大汉王朝的一部分。

03

不知是当时信息闭塞，还是有人也想尝尝大汉铁拳的滋味，南越国被搞定后，位于东北的卫满朝鲜也开始躁动不安。

这个卫满朝鲜也是汉朝的藩属国，由西汉初年移民到朝鲜半岛的燕人卫满，灭了已经衰落的箕氏王朝建立的。

卫满王朝建立后，虽然不断开疆拓土，但对汉王朝还算老实，并严格履约："卫满为汉朝藩属外臣，为汉朝保卫塞外，不使汉朝边境受到侵犯；塞外各族首领朝见汉朝天子，以及各国与汉朝通商，不许从中阻扰。"

汉朝的回报是兵力和物资上的支援。卫满王朝利用这些支援，不断吞并周边小邦，领土逐渐扩大，达方圆几千里。

卫满的孙子右渠更加贪婪，成为朝鲜王之后加倍扩充实力。感觉翅膀越来越硬之后，不自量力的右渠觉得有了与汉朝抗衡的资本，不但自己再也不肯向汉朝朝贡，也不准邻近小国向汉朝朝贡。

汉武帝产生"灭了他"这个念头是在公元前128年（元朔元年）。这一年发生了一件不小的事情：由于受不了右渠的欺压，朝鲜半岛的小番君南宫等人率众二十八万归降汉朝，其地被汉武帝设为苍海郡。

这个事件的发生，使汉武帝觉得有必要敲打敲打右渠，清醒清醒他发热的头脑，提醒提醒他别忘了自己姓啥。于是便派一个名叫涉何的使节前往半岛，警告右渠王不要乱来，并立即改变对汉朝不友好的政策。

然而，不知天高地厚的右渠王说，你们骑在我们脖子上作威作福的日子，从今天起一去不复返了。涉何强压怒火：请阁下三思，和谐局面还是不要轻易打破，对大家都有好处，否则后果很严重！

骄横的右渠王说，打破了又怎么样？有本事来打我啊！涉何实在气不过，就在回国途中杀了护送他出境的朝鲜裨王长。汉武帝不但不怪罪，反而夸他杀得好，然后命他担任辽东郡东部都尉，以防右渠王乱来。

汉武帝的预感不幸变成了现实，右渠王发兵突袭辽东，杀了涉何。

这不是活得不耐烦了吗？灭了他！

当年秋天，右渠王就为他的狂妄付出了代价，汉武帝发兵五万，由楼船将军杨仆和左将军荀彘各率一支，水陆并进，直奔半岛而去。

右渠王还真有点较劲的资本，居然让没等到荀彘率领的陆军而单独率领水军进攻王险城（在今朝鲜平壤市大同江南岸）的杨仆吃了败仗，荀彘的陆军也遇到了劲敌，右渠王的西部大军倾巢而出，让荀彘久战不胜。

既然暂时拿不下，那就先把你围起来，看你能坚持多久！最终，受不了长期被包围的卫朝内部发生分歧，右渠王被主和的臣属杀掉，两路大军攻陷王险城，达成了汉武帝"灭了他"的心愿。

卫满朝鲜的国土，成了大汉王朝的"汉四郡"——乐浪郡、玄菟郡、真番郡、临屯郡。"汉四郡"的设立，意味着朝鲜半岛北部被纳入了大汉王朝的统治版图。

一个人如果失了霸气，那就是软骨头，最终只有受欺压的份儿。一个君王如果失了霸气，受欺压的就不仅仅是他个人，而是整个王朝。

当然了，霸气也是讲条件的，比如汉武帝，如果没有近七十年的休养生息、国力大增，对匈奴的战略防御就无法转为战略进攻，他那一声声"灭了他"的怒吼恐怕是喊不出口的。

大将军卫青：如果没人整他，他可能一辈子都是个小侍卫

西汉武帝时期有个名叫卫青的军事奇才，他首次出征，就打破了匈奴不可战胜的神话，七战七胜，无一败绩，还以武钢车阵大破伊稚斜单于主力。

卫青善于以战养战，用兵敢于深入，"奇正兼善"，阳谋阴谋都玩得来，其实就是用兵灵活。他为将号令严明，与士卒同甘苦，威信很高，位极人臣，但从不养士。

卫青是西汉时期能征惯战，为汉朝北部疆域的开拓做过重大贡献的将领，也是中国历史上为人熟知的常胜将军，后来官拜大司马、大将军。对了，汉武帝刘彻和他还互为对方的姐夫。

01

卫青是奴隶出身，而且还是个私生子，其母是汉武帝姐姐平阳公主家的女佣，因丈夫姓卫而被称为卫媪。其夫死后，卫媪仍在平阳公主家中做用人，与同在平阳公主家中做事的县吏郑季私通，生了卫青。

卫家生活艰苦，卫青就被送到生父郑季家，郑季却让这个年幼的私生子放羊，郑家的几个儿子也不把卫青看成兄弟，经常欺负他。卫青稍大一点后，不愿再受气，就回到母亲身边做了平阳公主的骑奴，就是骑马随从的奴仆。

那时的平阳公主，也就是汉武帝的姐姐万万没想到，这个骑奴后来会成为她的丈夫。她甚至没想到，自己虽然贵为公主，命却不怎么好。和第一个丈夫、开国功臣曹参的曾孙平阳侯曹寿的好日子没过多久，丈夫就归了西，害得她成了寡妇。

好在一般情况下寡妇都不愁嫁，何况是她这样身份尊贵的寡妇，于是她很快就又嫁人了，而且嫁的又是开国功臣的后代——夏侯婴的曾孙汝阴侯夏侯颇。谁知这个丈夫很混账，与他父亲前任汝阴侯夏侯赐的妾通奸，事情败露后畏罪自杀，封国也被撤销，不幸的平阳公主再度守寡。

直到嫁给卫青，她的苦日子才算熬到了头。

平阳公主嫁给卫青，跟卫青的姐姐卫子夫有很大关系。卫子夫原为平阳侯曹寿府中的歌女，服侍的正是平阳公主。

为什么说平阳公主嫁给卫青与卫青的姐姐有很大关系呢？原来汉武帝看上了卫青的姐姐卫子夫，在一系列机缘巧合下，卫青从默默无闻得到汉武帝重用，并且靠惊世才华建功立业，让自己的人生达到光辉的顶点，再也不是配不上公主的那个奴隶了。

02

那么问题来了，堂堂一国之君汉武帝，是如何与一个地位低得不能再低的歌女卫子夫结缘的呢？

事情是这样的，汉武帝的皇后陈阿娇迟迟不生育，汉武帝急不急咱不知道，反正他姐姐平阳公主急了。于是平阳公主把附近大户人家的女子买来养在家里，准备让皇帝弟弟选妃。

有一天，汉武帝在霸上祭扫后来到平阳侯家里，他姐姐就把养的那些美女叫出来让他挑选，但汉武帝都不满意。

平阳公主心想你这口味也太刁了吧，这些可都是美女啊，美女你不要，到底要啥呢？也许是太累了不想要，那就让歌女们给你唱歌解闷吧。

事情就有那么怪，汉武帝没看上他姐姐为他养的美女，却看上了一个歌女，那个人就是卫青的姐姐卫子夫。

被皇帝看上，结果不言而喻，汉武帝当晚就宠幸了她，并把她带入宫中。卫子夫以为皇帝会继续宠幸她，谁知那以后他好像把她忘了。总而言之，此后一年汉武帝都没有碰她。

一年后，汉武帝打算释放一批不中用的宫人，在挑选宫人的时候他再度见到卫子夫。一看，这不是去年那个歌女吗？于是他再度临幸了她。之后不久，卫子夫就有了身孕。

皇帝临幸一个宫女，是很平常的事。被临幸的宫女怀孕了，同样不值得大惊小怪，生下来就是了，又不是养不起。问题是有人不准生下来，这个人就是皇后陈阿娇的母亲，馆陶公主刘嫖。

刘嫖既是汉武帝的姑妈，又是他的岳母。也就是说，汉武帝既是她外甥，又是她女婿，她对卫子夫怀孕一事感到不爽，当然不是见不得别的女人怀孕那么简单，而是想保护自己的女儿——要是卫子夫生下个龙种，我女儿就惨了。而保护女儿的最好办法，就是逼卫子夫把肚子里的孩子打掉。

怎样才能让卫子夫流产呢？刘嫖想来想去，自以为想到一个好办法，于是她派人去绑架卫子夫的弟弟卫青，意思是你卫子夫若是不打掉肚子里的孩子，从此就没有这个弟弟了。

03

话说那时候的卫青还在建章宫里当侍卫，实际上是个地位低下的小保安，要绑架这样一个没有保安的小保安，还不是手到擒来的事。

可刘嫖万万没想到，一个名叫公孙敖的家伙坏了她的好事。公孙敖是卫青的好友，也在宫里当差，听说卫青被绑架，公孙敖带着一帮壮士冲进关押卫青的监狱，把这个好友救了出来。

刘嫖在天子脚下闹出这么大动静，皇帝想不知道都不行。汉武帝知道后，顿时勃然大怒，这也太不把我这个皇帝放在眼里了吧！

然而，搞事的毕竟是他姑妈兼岳母，背后又有皇后，他不好把她们怎么样。不过他也有他的办法，那就是升卫青的官，气死你们！

于是，卫青马上被提拔为建章监加侍中，赏千金。这样一来，卫青就成了汉武帝身边的随侍官员，天天跟皇帝在一起，他的才华也渐渐为汉武帝知晓。

后来，卫青被任命为中大夫，这可是一个很大的官了，与之前的侍卫相比，可谓天壤之别。至于那个幕后主使陈皇后，则偷鸡不成蚀把米，被打入冷宫，皇后的称号也被废了。

04

九年之后，也就是公元前 129 年（元光六年），汉武帝逐渐摆平了皇族之事，真正大权在握，想干一番事业，便对让大汉朝头痛了很久的匈奴发动了战争。卫青以车骑将军的身份，率领一万骑兵迎击匈奴。

从此，卫青开始了传奇的戎马生涯和辉煌人生，战功卓著，仅对匈战争就取得了七战七胜的战绩，最终官拜大司马、大将军，后来又成了汉武帝的姐夫。

可以说，如若不是刘嫖生事，卫青这个小小的侍卫估计一辈子也得不到汉武帝青睐的机会，靠正常升迁，要想混到大将军的位子，基本上是做梦。

人生就是如此充满戏剧性，给你最大帮助的，往往不是你的朋友，而是你的敌人。

匈奴诱敌深入，汉武帝将计就计

01 匈奴的诱敌深入之策

甘肃的河西地区历来都是中原通往西域的咽喉要道，原为大月氏部族的领地，后来落入匈奴之手。公元前121年（元狩二年），被任命为骠骑将军的霍去病接连发起两次河西战役，两战皆捷，匈奴浑邪王所部投降，河西地区回归汉朝。

得到河西地区，意味着汉王朝基本扫清了西部匈奴势力，也意味着将对匈奴的残余势力进行更大的打击，匈奴统治集团的恐惧可想而知。要想摆脱这种恐惧和"亡国灭种"的命运，最好的办法是消灭汉军的主力。

这是一个叛徒提出的观点，而且得到了匈奴单于的采纳。

这个叛徒名叫赵信，是在发生于公元前124年（元朔五年）的漠南战役中投降匈奴的。

赵信可不是一般的降将。投降匈奴后，单于把姐姐嫁给了他，可见对他多么器重。匈奴人对他的"尊重"也到了无以复加的地步，在他们心目中，如果单于是老大，他就是老二。所以他的话极有分量，他的建议基本上都会得到重视，何况是关系到生死存亡的建议。

赵信的建议是：汉朝人不是喜欢搞诱敌深入吗？咱们也会呀！咱们把大军撤到大漠以北，佯装败走，引诱汉军来攻打，等到他们疲惫不堪的时候，我军才出来攻击他，到时候他们肯定得完蛋。单于眼睛一亮：高，实在是高！

可是，怎样才能达到目的呢？只有激怒汉军，才能让他们上当。

公元前120年（元狩三年）秋，伊稚斜单于派出两路大军，每路各数万骑兵，分别袭击右北平郡（今内蒙古宁城县西南）和定襄郡（今内蒙古和林格尔西北），杀掠一千多汉朝吏民。

02 汉武帝将计就计

这点损失，对汉朝来说不算什么，如果是以前也许就忍了。但是这一回，汉朝明知是阴谋，也不想忍了。

他们明白，河西之战虽然使匈奴的右部势力土崩瓦解，来自西方的威胁也被消除，但东北方的匈奴左贤王和匈奴本部实力尚存，继续威胁着汉朝北部边境的安全。

关键是，上述势力的存在严重阻碍了汉王朝对北方的统一。为了早日实现这个目标，汉王朝决心干掉单于本部和东北部左、右贤王势力。

明知你设了个陷阱我也不怕，我给你来个将计就计，闯闯你的龙潭虎穴。

汉武帝做出这个战略决策并非头脑发热，他有足够的自信，经过以往多次实战锻炼，汉军已具备大规模骑兵集团长途奔袭作战的经验。

开会讨论时，汉武帝认为："赵信为单于画计，常以为汉兵不能度幕（漠）轻留，今大发士卒，其势必得所欲。"这叫出其不意，攻其不备。他的观点得到臣下的普遍支持。

光有经验和自信当然不够，准备工作必不可少。为了筹集战争必需的物力财力，汉武帝下诏立即进行币值改革，同时采取盐铁专卖等一系列"敛财"措施。

在"集中兵力，深入漠北，寻歼匈奴主力"的作战方针指导下，准备工作进行了两年后的公元前119年（元狩四年）春，卫青和霍去病率领汉武帝调集的十万骑兵（各领五万）、十四万匹随军战马、十万步兵和转运夫，分东西两路开往漠北。

03 长途奔袭大获全胜

首先与匈奴接战的是卫青。他率领所部人马行军一千多里穿过大漠时，等待他的正是单于本部。卫青在大风骤起、飞沙走石之时将对方包围。

单于还算识时务，估计绝对打不过兵强马壮的汉军，突围后带领几百人逃向西北，其他匈奴兵溃逃。卫青率军追至寘颜山（今蒙古国杭爱山南面的一支）赵信城，除歼灭对方近两万人之外，还获得大量粮食补给，然后"尽焚其城及剩余军资而还"。

汉军的损失也不小——主要损失了一个李广。

从东路出击的前将军李广和右将军赵食其迷路了，与卫青在漠北会合的计划未能实现，卫青打了胜仗返回时他们才相遇。问明情况后，卫青打算上报皇帝，没想到李广却自杀了，得知消息的老百姓都哭了——无老壮皆为垂涕。

赵食其虽然花钱买了一条命，但将军是不能当了，甚至兵都不能当了，成了一个平民。

霍去病率领的另一路，战果更大。

他们从代郡出发，向北挺进两千多里，克服巨大困难，越过大沙漠。找到匈奴左、右贤王后，立即发动猛烈进攻，大获全胜。匈奴屯头王、韩王等三人，将军、相国、当户、都尉等八十三人做了俘虏，汉匈两军的战损比是1：7，汉军损失近万人，匈奴兵被歼人数是七万余人，左、右贤王精锐基本上不存在了。

漠北大战，双方都使出了全力，汉军虽然伤亡数万人，损失马匹十多万，导致后备空虚，但歼敌近十万，使匈奴元气大伤，"远遁"。

"远遁"虽然只有两个字，但信息量不小：匈奴远遁的结果是失去南部大量肥沃的草原，不得不惨兮兮地迁至北部戈壁沙漠和西伯利亚地区，这对靠草原为生的匈奴人意味着什么不言而喻。

所以，仅仅七年后，匈奴人就在蛮荒之地活不下去了，开始南下抢劫财物。但匈奴帝国昔日的辉煌始终未能恢复，之后又分裂为几个小部落，力量分散后，对汉朝的威胁就不大了。

此战汉朝虽然付出了巨大代价，但基本上消除了匈奴的威胁，中原到塔里木盆地及中亚的商路得以打通，"丝绸之路"畅通无阻，汉王朝的外交使节和商人往来不绝。

汉武帝不愧为具有雄才大略的一代君王，他"明知山有虎，偏向虎山行"的气概，是取得此次空前胜利的关键因素。

东郭先生与卫青的故事

01

公元前127年（元朔二年），上谷、渔阳遭匈奴左贤王进犯，材官将军韩安国手中仅有七百人，但仍然毫不畏惧地出战，战败退回壁垒，他自己也负了伤。

汉武帝很生气，令车骑将军卫青和将军李息突袭匈奴防守薄弱的河南（河套以南）地，结果大获全胜，一举击溃匈奴白羊王和楼烦王，歼敌数千，仅俘虏的伏听者（疑似侦察兵）就达三千多人，并收复了河套以南全部失地，而卫青率领的汉军损失却微乎其微，"全甲兵而还"。

在河南之战中吃了亏，匈奴不甘心，想把本捞回来，最好再赚点，便继续挑衅，而且是同时在代郡、雁门、定襄、上郡等多地一起挑衅。尤其是右贤王，多次率领骑兵攻打汉朝边郡，并再次侵入河南，到朔方郡烧杀抢掠。

汉武帝决定反击，发动了规模更大的漠南之战，汉军主帅仍是卫青。战役的第一阶段，仅卫青一路就抓了一万五千多俘虏和数十万头牲畜，毫无防备、遭到夜袭的右贤王仅率数百骑逃走。

公元前122年（元狩元年），卫青又率军两出定襄，歼敌近两万，但因未达到歼灭伊稚斜单于本部的预期目的，汉武帝认为军功不大，仅赏了主帅卫青黄金千两，未再增加封邑。

这么多黄金该怎么花呢？不用他操心，另外一个人已经替他想好了。

02

据《史记·滑稽列传》记载，当大将军卫青上完朝从宫门出来，早就有个人在外面等着他了。

等卫青的那个人，司马迁说他叫东郭先生，齐地人，是个方士——将军出宫门，齐人东郭先生以方士待诏公车，当道遮卫将军车。

一个方士，除了会装神弄鬼、坑蒙拐骗，别的本事估计就不多了，卫青怎么会和这种人来往呢？

原来汉武帝非常痴迷神仙方士，下诏征召各地方士，这个东郭先生就是入都待诏的方士。

人倒是应召来了，却多日得不到召见，又没人管吃管住，东郭先生的盘缠花光了，而且衣履不全，估计把好点的衣服都当掉来买饭了。他正在发愁明天的早餐在哪里，忽然想到刚打了胜仗回朝的大将军卫青，便在宫门外等候。

东郭先生的消息倒很灵通，卫青确实有钱，而且刚得了那么多赏金。但他等候卫青的目的却不是借钱。

当他大胆地拦住卫青的车驾，向来平易近人的卫青并不以他的衣冠不整为忤，问他何事拦车。东郭先生神秘兮兮地说，我要跟你讲的是一件非常要紧的事情，必须密谈。卫青便把他请进府中。

屏去左右之后，东郭先生才严肃地问他："大将军食邑万户，三个儿子都封了侯，位极人臣，一人之下万人之上。但俗话说得好，物极必反，高且益危，不知大将军想过这些吗？"

03

东郭先生还有一点没提，那就是卫青的姐姐卫子夫是皇后。当时长安人都很艳羡卫青的显贵，以为他之所以能得到皇上如此恩宠，全仗姐姐一人，还编了一首歌谣来唱："生男无喜，生女无怒，独不见卫子夫，霸天下！"

而且这首歌谣，卫青也有耳闻，只是他度量大，从来没放在心上，也就从未追究。经东郭先生这一提醒，才觉得有些事情确实不容忽视了。

东郭先生的提醒使卫青意识到，已生了一男三女、人到中年的姐姐容貌衰老，而且满头乌发已脱落过半，皇上对她的宠爱一天不如一天，转而宠爱王夫人。他们卫氏一门的"后盾"，难道真的要倒了？如果真如东郭先生替他担心的那样，今后怎么办？

卫青皱了皱眉说："先生提醒得对，其实我平时也不是没考虑过这个问题，问题是该来的总归要来，谁也挡不住，先生如有高见，请不吝赐教。"

东郭先生见他很诚恳，便把他的想法毫无保留地和盘托出——大将军有今天的地位和尊荣，并非全靠战功，而是与皇后受宠有很大关系。但皇上并不专情，这个谁都知道，见异思迁是他老人家的本性，而且如今他已把宠爱转移到了王夫人身上（王夫人已大见幸），这个也早已不是秘密。据在下所知，王夫人虽获皇上宠爱，父母却未获封赏，大将军既然得了这么多赏金，您也不缺钱花，何不拿出一半赠给王夫人父母呢？大将军如果这么做，皇上一定很高兴，即便哪一天大将军惹得皇上不高兴，相信王夫人也会替您说话。多一个内援，就多一份保障，这相当于花钱买保险，今后就没有什么可忧虑的了。

卫青诚恳地向东郭先生表示感谢，当即取出五百金，派人送给王夫人的母亲。

04

王母将此事告诉了女儿王夫人，王夫人自然也不能瞒着，又告诉了汉武帝。汉武帝当即断言，卫青这小子一向憨厚老实，从来不会巴结权贵，突然做出此举，肯定不是他自己的主意，背后一定有人指点！

把卫青叫来一问，那小子果然老实，告诉他说，是候差的东郭先生给他出的主意，那人是个方士，从齐地来，已经等了很多天了。

卫青还告诉汉武帝，东郭先生对他说，王夫人父母尚未得到封赏，未免缺用，所以建议他送五百金，没有其他意思。

汉武帝似乎这才想起征召方士的事情，问那个方士现在哪里。卫青回答说在他府中，汉武帝于是立即召见，然后封东郭先生为东海都尉，东郭先生谢恩出朝，"佩印出都，居然高车驷马，一麾莅任去了"。

事情的最后结果竟然是这样，老实人卫青这才明白，原来素不相识的东郭先生给他出这样的主意，似乎不是为了他，而是为了他自己。这人很聪明，懂得"曲线救国"。

问题是，他怎么知道这一招管用呢？看来他很了解皇上，知道皇上吃这一套。

然而，东郭先生的举动却很为历史学家蔡东藩不屑甚至厌恶，他在《前汉演义》里讲完这个故事后，来了这样一句评论："不以大体规人，但从钻营着想，确是方士见识。"

但他似乎没有考虑过这个问题：如果上面的人不吃这一套，一个人再怎么会钻营，又有什么用呢？一个巴掌拍不响，历来如此。

主父偃：我就不给自己留后路，管得着吗！

01

俗话说朋友多了路好走，多个朋友多条路。但世上偏有把什么路都堵死，不给自己留后路的人，比如汉武帝时期的主父偃。

主父偃，今山东临淄人，早年学长短纵横之术，后来又学《易》《春秋》和百家之言。啥叫"长短纵横之术"？文雅的说法叫以辩才陈述利害、游说君主的方法，说白了就是耍嘴皮子。

别看这玩意儿不能吃不能穿也不能当钞票用，学好了可不得了。所谓"一人之辩，重于九鼎之宝；三寸之舌，强于百万之师"（《文心雕龙·论说》），战国时期的苏秦和张仪，就是靠这玩意儿吃饭的典型代表。

不知主父偃学得怎么样，只知道他一开始就把人际关系搞得非常不好，见谁怼谁，见谁得罪谁，而且都是往死里得罪。当年在老家齐地游学时，当地所有读书人都讨厌他，排挤他，其他人见了他也像见了臭狗屎，想借点钱买个馒都没人借，亲戚朋友也恨不得世上没有这个人。他没饭吃，兄弟不管；他没衣穿，兄弟也不管。

在老家待不下去了，就到其他地方去，比如燕国，比如赵国，比如中山国。但主父偃一路上除了遭人厌恶，就是遭人排挤。

02

公元前134年（元光元年），走投无路的主父偃脑子里灵光一闪，忽然冒出"最后一根救命稻草"——此处不理爷，自有理爷处，我去找卫青，卫青是陛下的小舅子，他若是为我在陛下面前说句话，还愁找不到事做吗！

卫青倒是个好人，明知主父偃为人很差劲，还是多次在汉武帝面前进言，不料汉武帝就像没听见一样。

这下主父偃是真的没有办法了，京城米贵，带的钱又很快花完了，眼看明天就要饿肚子。好在他还没饿昏，又来了个急中生智，铤而走险给汉武帝写了一道奏章。

《史记》提到过这道奏章，但记载不详，仅提到奏章一共有九章，关于法律方面的就有八章，另外一条是反对对匈奴作战的。

虽然对匈奴作战那条不合汉武帝的意，但其余八条，条条都说到汉武帝心坎上了。汉武帝马上召见了他，一见面就来了句肉麻的话："咱们真是相见恨晚啊！"

尝到上奏章的甜头后，主父偃没事就上一道。

也是奇了，主父偃上的每一道奏章，汉武帝看着都那么顺眼，所以他上一道汉武帝提拔他一次，上一道提拔他一次，一年之内居然提拔了四次，飞黄腾达速度之快，让人眼红得滴血！

03

要说主父偃为汉武帝做过什么贡献，除了"推恩令"，好像啥都没有了。

所谓"推恩令"，简单点说，就是让诸侯王把自己的封地分给自己的子弟。就像分蛋糕，在蛋糕不变的情况下，分的人越多，分到手的就越少，直到分完为止。

对诸侯王来说，这个计策可谓是一条"毒计"，但这正是汉武帝最需要的，因为这条"毒计"可以极大地削弱诸侯王的势力。

诸侯王势力的日益膨胀，是从文景两帝开始的。那时候的诸侯王，真是牛得不得了，有的诸侯王势力大到可以和中央分庭抗礼，甚至严重威胁到皇权。"汉定百年之间，亲属益疏，诸侯或骄奢，忕邪臣计谋为淫乱，大者叛逆，小者不轨于法，以危其命，殒身亡国"，汉景帝时期爆发"七国之乱"，就是因为诸侯王的势力太大。

这场差点颠覆汉朝政权的由诸侯王引起的动乱，后来的统治者想起来就要做噩梦。相信这种噩梦，汉武帝也做过，而且做梦都想削弱诸侯王的势力，巩固中央集权。

主父偃的到来，让汉武帝这个梦想，有了变成现实的可能。

据《史记·平津侯主父列传》，主父偃被汉武帝看上没多久，就摸准了汉武帝的心思，给他提了一个建议："古者诸侯不过百里，强弱之形易制。今诸侯或连城数十，地方千里，缓则骄奢易为淫乱，急则阻其强而合从以逆京师。今以法割削之，则逆节萌起，前日晁错是也。今诸侯子弟或十数，而适嗣代立，余虽骨肉，无尺寸之地封，则仁孝之道不宣。愿陛下令诸侯得推恩分子弟，以地侯之。彼人人喜得所愿，上以德施,实分其国,不削而稍弱矣。"于是"上从其计"。

这个计策的好处在于,既能巩固中央集权,又能避免激起诸侯王的反抗,比削藩高明多了。

汉景帝时期爆发的"七国之乱",就是晁错建议削藩引起的,所以有人说,主父偃还是相当有才华的。

04

为汉武帝立了一大功,被汉武帝连续破格提拔后,主父偃已经官至中大夫。但对他来说,这远远不够,他还要攀龙附凤。

故事,得从齐厉王刘次景讲起。

齐厉王刘次景,是诸侯国齐国的国君。当时的齐国是比较大的诸侯国,齐厉王的母亲纪太后也学当年吕后的做法,把儿子的表妹许配给了他。可齐厉王不喜欢表妹,纪太后就让女儿,也就是齐厉王的姐姐去处理这个问题——你到你弟弟后宫去,把你弟弟和宫女们隔绝开,让你弟弟和宫女见不了面,这样他身边就只有你表妹一个女人,他不喜欢也得喜欢。

谁也没想到,姐姐一去,齐厉王竟然喜欢上了自己的亲姐姐,然后就开始乱伦。

奇怪吗?一点也不奇怪,因为他们老刘家有这个传统,后面还会提到。

巧的是,汉武帝母亲王太后,也希望自己的外孙女嫁一个诸侯王,但一直没找到合适的。一个名叫徐甲,出生于齐国的宦官,一直伺候王太后,他对王太后说,我觉得齐厉王比较合适,也许您可以考虑考虑。

王太后恍然大悟,怎么把这茬给忘了呢,齐国是很大的诸侯国,齐厉王配我外孙女,正合适。那你就去办吧,办妥了给你封赏。

徐甲的目的就是这个,所以王太后一发话,他就准备动身去齐国。没想到保密工作没做好,被主父偃知道了。主父偃就对徐甲说,麻烦你顺便把我女儿也弄到齐国后宫里去吧,事成之后我也给你奖赏。徐甲心想,这不是顺手牵羊的事吗,不难不难,就答应了。

谁知这个自以为聪明的宦官,到了齐国不是直接去找齐厉王,而是先放了个口风,看齐国君臣是什么反应。结果导致纪太后勃然大怒,我儿子已经有王妃,也有其他嫔妃,还要那么多女人干什么?再说那个姓徐的,他有什么资格来提亲?一个穷光蛋,活不下去了才做了宦官,这种货色也配来提亲,真是笑死人!还有那个主父偃,凭什么要把他女儿塞到我儿子的宫里来？

徐甲把事情搞砸了，回去又不敢说实话，就向王太后撒谎说，齐厉王已经答应了，"但我担心再出现燕王那样的事"，王太后立马吩咐：这事儿到此为止，今后再也不许提。

05

为什么徐甲一提到燕王，王太后就是这反应呢？

原来燕王刘定国也是个乱伦的主，而且比齐厉王刘次景更厉害，刘次景只和亲姐姐通奸，燕王刘定国不但和庶母乱伦，还生了一个儿子；还和三个亲生女儿通奸，霸占了弟弟的妻子，被人告发后畏罪自杀了，燕国也被撤销了。

徐甲提到燕王，是在暗示齐厉王也有乱伦行为。王太后既不愿意外孙女嫁给这样的畜生，也不希望再发生燕王自杀那样的事情。

那么告发燕王乱伦的是谁呢？正是主父偃。

话再说回来，对王太后来说，外孙女嫁不了齐王没啥关系。主父偃却受不了了，因为他攀龙附凤的如意算盘泡了汤。

按理说，这事儿与齐厉王半毛钱关系都没有，是纪太后不准他儿子再找别的女人，主父偃却恨死了齐厉王。

他要报复。

他对汉武帝说，齐国那地方好啊，富有，人口多，仅每天收贸易税就不得了。在这种地方做诸侯王的，应该是陛下您的亲儿子或者亲兄弟，肥水不流外人田嘛。如今肥水流到外人田里了，可惜！这是其一。其二，齐国那地方，历来让人不省心，吕太后的时候就发生过叛乱。七国之乱时，齐孝王虽然没有参与，但并不意味着他不想参与，如今又传出齐厉王乱伦的事情，这事儿得查呀陛下。

汉武帝也希望齐王出点问题，以便像主父偃说的那样，把这块肥肉吃到自己嘴里。就说，好吧，任命你为齐国国相，去查这个案子。

主父偃一到齐国，刚开始查把齐厉王领到他姐姐那里的宦官，齐厉王就怕了。他年纪又小，经不起考验，干脆我也像燕王那样，死了算了，就喝药自杀了。

主父偃没想到会这样，这也不是他希望的。他再笨，也明白齐王不能死，因为齐王一死，他跳进黄河也洗不清，何况他并不笨。

果然，齐王一自杀，人们都认为是他逼死的。

06

一个大汉的堂堂诸侯王，居然被一个中大夫逼死，简直是匪夷所思。之前被他整过的人，终于找到了报复他的机会。

特别是赵王，他最恨主父偃，因为他家里也有乱伦现象——自己的亲儿子和他姐姐妹妹私通。所以赵王整天提心吊胆，常常半夜从噩梦中醒来，害怕被主父偃告发。

其他诸侯王对主父偃也是恨之入骨，因为他告死燕王逼死齐王后，人人自危，害怕也遭他的毒手。

之前他在朝中时，虽然很多人恨他，但都不敢拿他怎么样，因为他不但笔杆子厉害，嘴皮子也厉害，谁也不是对手，都不敢碰他，只好任他放肆。

所以他一离开朝廷到齐国，出了齐王自杀的事情后，赵王马上就行动了，告他受贿，告他逼死齐王。没想到居然马上奏效，汉武帝派人把主父偃抓了起来。

可是主父偃只承认受贿，不承认逼死齐王，因为他确实受过贿。刚当上中大夫时，许多大臣见他升官升得这么快，今后肯定不得了，所以为了巴结他，都不惜重金行贿，主父偃呢，当然来者不拒，收了无数银子。

他不承认逼死齐王，因为他确实没想逼死他。他还算是条汉子，做过的坦然承认，没做过的打死也不承认。

只要齐王不是他逼死的，那就没必要处死。至于受贿嘛，当时哪个当官的是清白的呢？汉武帝就想赦了他。

关键时刻，公孙弘说话了："齐王没有儿子，他自杀后，封国撤了，收归朝廷，改设郡县，这一切的罪魁祸首是主父偃，如果不杀他，无法向天下解释。"

公孙弘是什么人？是御史大夫，副丞相级别，关键他还是主管司法的最高官员。所以在司法方面，他才是权威，他一说话，汉武帝都不好再说什么，不然他就是干预司法，虽然他有这个权力，但是不能服人。于是汉武帝"公事公办"，不但杀了主父偃，还灭了他全族。

有人说公孙弘是个典型的阴险小人，平时一团和气，不与任何人争，节骨眼上才来个"恶毒一击"。

也许的确是这样，但如果你自己没问题，他又怎么能对你"恶毒一击"呢？何况像主父偃这样的人逮谁咬谁，留着对所有人都是祸害，包括对他公孙弘，说不定哪一天，对他公孙弘也来一口。除掉他，等于除掉一大隐患，睡觉也踏实些。

07

主父偃死后，连给他收尸的人都没有，而他死前，追随他的多达数千人。

都因为之前他得罪的人太多，树敌太多，从诸侯王到大臣，见谁告谁，见谁写谁的奏章。他从来不给自己留后路，想都没想过，甚至连自己的亲人，他都和他们绝交了。

当初他以相国的身份到齐国去查案，亲友们不远千里去迎接他，结果他把哥哥弟弟，以及之前的故交都召集拢来，对他们说，感谢你们不远千里来迎接我，说明我们还有点交情，我也不能没有一点表示，说着拿出五百两银子撒在地上。你们捡吧，捡完之后咱们谁也不认识谁，断交。这就是"散金断交"。

对于主父偃的遭遇，司马迁在《史记》里为他"叫屈"："主父偃当路，诸公皆誉之，及名败身诛，士争言其恶。悲夫！"大意是主父偃飞黄腾达的时候，好多人都来巴结他，等他一倒霉，都说他的坏话，可悲呀可悲。

他悲吗？不，他是罪有应得。人家搬起石头，充其量砸了自己的脚，他则搬起石头砸了自己的脑袋，砸得脑浆迸出，把自己砸死了。

为了一匹马,汉武帝出动了二十万大军!

01　张骞带回重要情报

位于中亚费尔干纳盆地(位于乌兹别克斯坦、塔吉克斯坦和吉尔吉斯斯坦三国交界地区)的大宛国与遥远的汉朝本无交集,若不是张骞出使西域,了解到那里出产一种出汗像出血的良马,这个万里之遥的小国恐怕也不会入汉武帝的法眼。

大宛,中亚著名古国,西汉时期西域三十六国之一,拥有大小属邑七十多个,人口几十万。该国地处东西方陆路交通要地,境内山清水秀,农业发达,出产葡萄酒。原始居民以塞种人为主,属于东伊朗人种。

公元前139年(建元二年),张骞奉汉武帝之命出使西域,目的是联合大月氏共击匈奴。不料,张骞还没到大月氏就被匈奴人抓住了,做了十年俘虏才伺机逃脱,一逃就逃到了大宛。

那时候,知道大宛的汉朝人还不多,但大宛人对汉朝似乎很了解,因为他们早就听说汉朝物产丰富经济发达,是个土豪,也早就想和这个土豪搭上关系,可惜一直没有机会。没想到这次汉朝使者不请自来,大宛王很高兴。知道张骞的来意后,表示可以帮他,然后派向导和翻译把张骞送到康居国,再从康居国到达大月氏。

张骞完成使命回国,向汉武帝汇报工作时特意提到了大宛一种抗疲劳、蹄坚硬的良马,出汗殷红如血,日行千里不在话下。

崇尚武功的汉武帝特别爱马,因为他有个雄心壮志,那就是干掉强大的匈奴。这就必须建立一支强大的骑兵,而没有良马,一切都是空谈。张骞的汇报,无异于为汉武帝提供了最有价值的情报。

02 使者被杀，财宝被抢

公元前110年（元封元年），汉武帝派出的使团出发了。

率领使团的使臣是中郎将韩不害，他们带着大量金银财宝和一匹金马，出敦煌，经楼兰，越过茫茫沙漠，艰苦跋涉半年后，终于来到万里之遥的大宛都城——贵山城。

大宛国王毋寡立即接见了汉朝使臣。韩不害也不啰唆，开门见山地告诉他，我们皇上很喜欢贵国的汗血宝马，希望您能卖给我们一些。

大宛王见了堆积如山的金银珠宝和那匹金马，口水都快流出来了。然而，汗血宝马是他们的国宝，而且产量不多，毋寡虽贵为国王，也不能擅自做主。他便让韩不害先在宾馆休息，他和大臣们商议一下。

商议了半夜，他们得出一个结论：汗血宝马是咱们的国宝，不能轻易给别人。

如果拒绝汉朝的请求，会不会惹祸呀？一些大臣说，汉朝离我们那么远，他们的使者到我们这里来要经过环境恶劣的盐泽，很多人还没到就死在半路上了；北边倒是没有盐泽，可是有匈奴袭扰，人身安全得不到保障；从南边来吧，南边的环境更恶劣，不但缺少水草，也没有多少城镇，不容易弄到吃的。这还是人数不多的使团，若是军队想来就更难了。所以呀，就算把汉朝得罪了，汉朝也不可能克服这么大的困难派军队来打我们。

大宛王毋寡也不愿意把宝马卖给汉朝，既然大臣们不同意，他就顺水推舟地说，既然大家都是这个意见，那么就听大家的。

既然不给宝马，那就没有理由留下人家的财宝。可是那些财宝实在让人眼馋，不留下实在可惜。大宛王决定强行留下财宝，把汉朝使者赶走。

那个时候，敢于不远万里到陌生国度去做使者的都是狠角色，韩不害也不例外，一怒之下，他操起铁锤砸烂金马，拂袖而去。

毋寡也怒了，你们这些汉朝人，马上给我滚出大宛！又暗中命东边的郁成国截杀汉朝使团，抢夺他们的财宝。郁成国是大宛的属国，自然不敢抗命，韩不害等汉朝使者就这样死于非命。

03 第一次讨伐失败

消息传到长安，满朝震动，汉武帝大怒。

这简直是奇耻大辱！

自从张骞通西域以来，汉朝使者所到之处，无论大国小国无不礼遇有加，即使是与匈奴打交道也从未被如此对待，做梦也没想到一个小小的大宛王，居然敢在老虎嘴里拔牙，一定是活腻了！

可是，名将霍去病、卫青都已去世，谁能担当讨伐大宛的重任呢？汉武帝把目光瞄向了国舅爷李广利，命他为贰师将军，率六千羽林军去讨伐大宛。

除了六千羽林军，李广利还带了两万亡命之徒，都是从各个郡国调集来的囚徒和恶少。

决心很大，准备工作却没做好，大军出发时虽然是秋收，却没能得到充足的补给，因为关东发生了严重的蝗灾，粮食歉收。

满以为可以沿途筹粮，不料西域各国并不都那么好说话，有乖乖听话的，也有拒绝交粮的，后者一律被视为同大宛穿一条裤子，结果就是"破其城，灭其族"。

这种情况下，行军速度不可能快，大军到达大宛边界时已是初冬，水土不服加上粮食不足，士兵饿死、渴死、病死的占了大半，剩下的个个像逃荒的灾民，马匹更不用说，几乎一匹没剩。

当在郁成国都城附近展开激战时，筋疲力尽的汉军居然占了上风，把郁成军打得屁滚尿流，逃回国都；大宛军也好不到哪里去，撤向贵山城。汉军所剩虽然不多，但毫不犹豫地包围了郁成国都城，连续两天发动猛攻，给郁成国造成重大损失，国王甚至想投降了。

眼看汉军就要赢了，不料大宛骑兵突然从侧面冲杀过来，疲惫不堪的汉军被杀得尸横遍野，逃回敦煌时仅剩下几百人。

04 轮台灭国

李广利这一败，给汉武帝的印象实在是太深刻了，因为他几十年没尝过失败的滋味了。当然了，与感受到的耻辱相比，这种深刻的印象实在算不了什么。

堂堂大汉帝国的军队，居然拿不下一个西域小国，实在是莫大的羞辱！

更要命的是，汉军失败后，比大宛更小的国家，比如轮台，也不再把汉朝放在眼里，驱逐、侮辱汉朝使节成了家常便饭，更过分一些的甚至还重新投入了匈奴的怀抱。

李广利虽然未被治罪，但汉武帝不准他回朝廷，命他在敦煌待命。其实即使他想回也回不去，因为在汉武帝的命令下，边境守军关闭了玉门关。守军还接到了如有军队胆敢进入玉门关就杀无赦的命令。

经此屈辱一败，那些原本反对劳民伤财讨伐大宛的大臣，终于意见空前一致：西域小国如此嚣张，受损的不仅仅是咱们大汉的威严，更严重的问题是，西域小国重新与匈奴沆瀣一气之后，咱们大汉几十年抗击匈奴的心血就会付诸东流。

大臣们的结论是：这事不能就这样算了，咱们大汉的威信必须赢回来，请皇上再次发兵。大臣们的一致支持，使汉武帝信心倍增。

这一回的准备工作比上次好多了。除了二十万大军，随军出发的还有运输物资的三万匹军马和十万头牛和无数驴、骆驼。

率领这支大军的，仍然是李广利——他得戴罪立功。

李广利这次没有走楼兰的老路，而是绕路经盐泽以北抵达轮台。先收拾了这个不知天高地厚的家伙再说！

从天而降的汉军将未采取任何防御措施的轮台打了个措手不及。不到两天工夫，轮台数万人口被屠戮殆尽，房屋化为灰烬，粮食等能带走的全成了汉军的战利品。轮台国从此成为历史。

05　搞定大宛

消息不胫而走，西域各国个个闻风丧胆，一些投靠了匈奴的国家立即赶走了匈奴使节，派队伍大老远去迎接汉军的到来，主动为汉军提供粮草和水。

汉军没想到，当他们到达郁成城时，郁成城已经空空荡荡，闻风丧胆的郁成王早就带着他的人民逃到大宛去了。汉军一把火烧掉郁成城，直奔大宛都城贵山城而去。

大宛国人比望风而逃的郁成国人英勇多了，因为他们明白，如果贵山城被攻破，等待他们的一定是郁成城相同的下场，所以除了拼死抵抗，他们别无选择。

空前惨烈的攻防战打响了。从早到晚，汉军的攻击从未停歇，壕沟里满是他们的尸体。大宛人更惨，男女老少全都上了战场。

僵持不下之际，汉军找到了大宛人的软肋。

大宛城内没有水井，吃水全靠从外面引进。他们自己也明白这一点，所以事先对引水的沟渠做了伪装。汉军仿佛有先见之明，征讨大军中夹杂着一些水利专家，此时派上了用场。他们识破了那些伪装，切断了流向大宛城的水道，另外挖了一条水道，使其改道。

首先扛不住的是大宛的王公贵族们。他们秘密派人联络李广利：你们别打了，我们把宝马给你们就是了。李广利要的却不仅仅是宝马，还有大宛王和郁成王的命。他的要求得到了满足，这两人第二天就被绑到了汉营。

处死大宛王和郁成王，立了亲近汉朝的大宛新国王后，李广利带着挑选出来的三千匹汗血宝马班师回朝。

06　大宛古国终消失

李广利这一仗，打出了几十年和平。那以后，西域诸国几十年不敢三心二意，"心甘情愿"做汉朝的小跟班，对汉朝的命令言听计从，以至于后来班超出使西域，几个人就可以降服一个国家，汉朝的使节甚至可以随时废立他们的国君。汉朝想打敌对国了，叫西域国家出兵，想要多少他们就出多少，没人敢说一个不。

自从被李广利征服，大宛与西汉的关系一直比较稳定。

但到了东汉时，逐渐强大起来的莎车国与汉朝的关系搞僵，莎车国王便拿汉朝罩着的西域诸国"出气"，强迫它们臣服，并课以重税，不肯臣服的就把它灭掉。

这些倒霉蛋当中就有大宛国。莎车王贤以大宛税缴少了为由，亲自带兵去打人家，大宛国不是对手，被迫投降，莎车国便以拘弥王桥塞提为大宛国王，取代了原来的国王延留。

不作死就不会死的闽越国

01

两千多年前,还是偏远之地的福建多毒蛇。蛇又叫长虫,人们敬畏蛇,就以虫为义,把福建地区称为"闽"。门里面那个"虫",就是蛇的意思。

福建被叫作"闽",是越人到来之后的事情。越人不是在浙江一带吗,怎么跑到福建去了?其实他们是打了败仗,逃到那里去的。

公元前334年,越国和楚国打了一仗,越国打败了,楚威王杀了越王无疆(越王勾践的七世孙),灭了越国。越国王族命大,逃掉了,一逃就逃到位于今福建长乐市的越迁山,把剩下的国民也迁了过去。这些越人与原住民逐渐融合,就成了闽越人,后来又建立了闽越国。

福建正式纳入中央版图,是秦始皇统一六国后。

统一六国后,秦始皇进军福建,并于公元前214年在闽越人比较集中的地方设置了闽中郡。当地虽然名义上归了中央,实际上仍是独立王国,因为闽中远离中原,山高路险,越人又很强悍,难以统治,所以秦王朝虽然把那里划为它的一个郡,却并未派相应的官员去治理,只是废去了闽越王的王位,改称"君上",让其继续当那里的首领。

据《史记》记载,闽越国看起来是个小国。其实不然,其疆域除了今天的福建和台湾,还包括浙江南部、赣东地区以及广东的潮梅地区,其军队骁勇善战,国势强盛,是福建历史上最早也是最强盛的诸侯国。

这个最强盛的诸侯国却仅仅存在了一百多年(从公元前214年算起)。闽越王国被消灭,真是应了那句俗语:不作死就不会死。

也就是说,闽越王国是自己作死的。当它企图背叛朝廷、分裂国土时,汉武帝就把它灭了。

02

实际上，闽越国起初和汉王朝的关系还是比较好的。早在秦朝末年，他们的首领无诸等人就率领闽越军参加了反抗秦王朝的队伍，为推翻秦朝的统治做出了一定贡献。

秦王朝灭亡后，楚汉战争爆发，闽越军不但来帮刘邦的忙，还表现得非常勇敢，为汉王朝的建立出了一把力。他们的功劳，刘邦牢记在心，当上皇帝后，刘邦封无诸为闽越王。

无诸在位期间，闽越国和汉王朝的关系一直很和睦，而且无诸积极吸收中原的科技文化，为闽越的经济文化发展服务。他主持修建的都城冶城，就是仿效中原地区的建筑样式建造的；对铁制工具的推广也是他"以汉王朝为师"的标志之一，使社会生产力得到了很大的提高。

闽越国这个汉王朝的"学生"，却在无诸死后开始不服管教，经常"举兵侵陵百越，并兼邻国"，还在今福州、邵武、建阳、武夷山、浦城等地建城，与朝廷分庭抗礼。

闽越之地不太平，是从汉文帝初年开始的，首先挑衅的是南海王织（闽越族的一支）。

这个名叫织的家伙，公元前195年被汉高祖册封为南海王，后来他起兵反叛朝廷。汉王朝派淮南王刘长带兵去收拾他，南海王织却不经打，一打就降，其臣民全被刘长迁往上淦（今江西樟树市附近）。南海王织这次搞事，不但没有进步，反而被一撸到底，成了庶人，他的南海国也不存在了。

织怂了，南海国的遗民却不甘心失败，后来他们再次反叛朝廷，再次被淮南王刘长镇压。这一次镇压估计太彻底，以至于南海遗民从此在历史上失去了记载。

南海国被征服后，其地归了闽越王。

03

得到南海国之地后，闽越王郢和其弟余善自以为实力大增，便忘乎所以，被人一怂恿，也玩了一把背叛朝廷的把戏。

怂恿他的人是吴王刘濞的儿子刘子驹，这人逃到了闽越。刘子驹是在他父亲刘濞叛乱失败逃到东瓯，被朝廷收买东瓯王诱杀后，逃到那里去的。

刘子驹来到闽越王那里后，整天在闽越王面前抱怨东瓯杀了他父亲，"常劝闽越击东瓯"（《史记·东越列传》）。闽越王便于公元前138年（建元三年）派兵把东瓯国围了。

东瓯国本叫东海国，也是汉初所封东南越族三王国之一，因其建都于东瓯（今浙江温州市），故俗称东瓯国。

相比之下，东瓯国的力量要小得多，不是闽越国的对手，只好向朝廷告急。闽越王郢更是怂得不像话，汉武帝派中大夫庄助征调的会稽郡（治在今苏州）水师还没到，他就自动撤兵了。

东瓯国虽然毫发未损，但东瓯王却吓得不轻，担心闽越军再次来侵扰，便请朝廷把全国四万多人全部迁往庐江郡（今安徽庐江县西南）。

东瓯王的胆小怕事正中闽越王下怀，他们迁走后，闽越王顺手就把东瓯国的地盘占了。

贪心不足蛇吞象，估计说的就是闽越王郢，占了东瓯国的地盘后，他又于公元前135年（建元六年）举兵去进攻南越。接到南越王告急后，汉武帝马上命大行令王恢从豫章（今江西南昌市）出兵、大农令韩安国从会稽出兵征讨闽越。

这一回闽越王郢还算有种，"发兵距险"，其弟馀善却怕得要命，居然与宗族合谋，把他哥给杀了，然后请求汉武帝，您看我把我哥都杀掉了，您就别打了吧。汉武帝命王恢、韩安国退兵，封无诸的孙子繇君丑为越繇王。

越繇王虽然未参与叛乱，但威望不如馀善高，老百姓有点不听他的，汉武帝就封馀善为东越王，与越繇王平起平坐，让他和越繇王共同管理王国。

04

没想到公元前112年（元鼎五年），这个山高皇帝远的地方又出事了。这一次叛乱的是南越国相吕嘉，最后又分分钟被汉武帝派兵所灭。

更让人没想到的是，前面那个杀了哥哥投降朝廷、被朝廷封为东越王的馀善听说楼船将军请求朝廷讨伐他，于公元前111年（元鼎六年）秋起兵反汉，还自立为武帝。

真正的武帝刘彻大怒，立即派兵征讨。四路大军一到，局面很快得到控制，到公元前110年（元封元年）冬天，东越就被横海将军韩说率领的水军搞定了。紧接着馀善也被杀了，是被他劫持到闽北前线的繇王居股和建成侯敖杀掉的。杀掉馀善后，他们就向汉军投降了。

汉武帝终于认识到，"东越狭多阻，闽越悍，数反复……"，终将是祸患。他再也不封这王那王了，还把闽越民众全部弄走，安置在江淮地区，闽越国不复存在。

闽越国的灭亡，让人想到一句话：技不如人不是你的错，不自量力就是你的不对了。

张汤：廉吏与酷吏的矛盾综合体

01

中国历史上的酷吏不少，汉武帝时期的酷吏尤其多，因为他喜欢用酷吏。司马迁在《史记·酷吏列传》里写了十一个酷吏，其中十个活跃于汉武帝时期，比如大名鼎鼎的张汤。

张汤生年不详，死于公元前115年，西汉杜陵（今陕西西安东南）人，因查处陈皇后巫蛊案及淮南王、衡山王谋反之事而得到汉武帝赏识，先后晋升为太中大夫、廷尉、御史大夫，与赵禹编定《越宫律》《朝律》等法律著作。

他用法主张严峻，实际执法过程中却不依法办事，而完全以皇帝的意旨为治狱准绳。皇帝希望判某人重刑，他就判那人重刑；皇帝希望对某人法外开恩，他就法外开恩。

张汤曾助汉武帝推行盐铁专卖、算缗告缗、打击富商、剪除豪强，深受汉武帝宠信，权势远在丞相之上。而且张汤为官清廉简朴，也是著名的廉吏，但这并不能掩盖其酷吏的本质。

张汤是典型的法家式官僚子弟出身，用平顶山学院历史学博士郝二旭的话说，这种官僚子弟"深谙政治惯例，通晓法律事宜，熟知技术性业务，施政采用实用主义学说，直接秉承最高旨意，严刑峻法，打击豪强及一切不利于皇权统治的力量，后世称他们为酷吏"。

02

中国有句俗话：三岁看小七岁看老。张汤之"酷"也许是"天生的"。司马迁在《史记·酷吏列传》里记载了张汤肢解老鼠并将其暴尸的事。

这件事发生在张汤很小的时候，有一次老鼠偷了他们家的肉，张汤的父亲很生气，以为是儿子偷吃了，就用竹板、荆条抽打儿子出气。挨了打的张汤也很生气，挖地三尺抓到偷肉的老鼠，却并不杀了老鼠出气，而是"自设公堂"对老鼠进行审判、定罪、宣判后才进行惩罚。他的惩罚方式，是将老鼠分尸，然后暴尸于堂下。

司马迁还写道，担任长安县丞多年的张父见此情景大惊。不过他惊的不是儿子的残忍，而是儿子在判案方面的天赋。张父把他审问老鼠的判决文书取来一看，发现一点不亚于办案多年的老狱吏，非常惊奇，于是让他学写治狱的文书。

张父发现儿子小小年纪就具备从事司法工作最重要的素质，便刻意对他进行这方面的培训。父亲死后，张汤继承父职，任长安吏，任职很久。

03

张汤在仕途上崭露头角，始于陈皇后巫蛊案。案件起因是陈皇后和妃子们争宠，不知道从哪里弄来几个巫婆到后宫施法念咒，企图用封建迷信除掉对手。

汉武帝大怒，指派张汤彻查，张汤秉承上意，软禁陈皇后，然后深入追究其同党，深文罗织，刻意株连，倒霉蛋达三百多人，杀得一个不剩，而且网罗无辜，被牵连者上千人，这些人落到这个酷吏手里，下场可想而知。

巫蛊案后，小小的侍御史张汤从此平步青云，成为汉武帝的左膀右臂。

大红大紫之后，张汤施展"才华"的时机成熟了，他充分利用汉武帝赋予他的权力，与另一个酷吏赵禹合作，根据汉武帝政治的需要，共同制定、修改各种国家律令。

制定国家法令当然没错，问题是这两个混蛋好事不做，尽干倒行逆施的坏事：恢复汉初的连坐法、族诛法、妖言诽谤罪等严刑峻法……

张汤之"酷"，在淮南王刘安、衡山王刘赐谋反案中得到了痛快淋漓的体现，主审此案时，廷尉张汤揣摩汉武帝的心意，趁机公报私仇铲除宿敌，穷追狠治，大显身手，处死数万人，可谓前无古人后无来者！

张汤遂于次年，即公元前121年（元狩二年）加官晋爵，功成名就，开始了"辉煌"的人生。

位列三公之后，张汤自恃有皇帝宠信，不该他管的他也管，权势远超丞相，恨不得天下所有的事情都由他说了算。

后来，经汉武帝默许，张汤又亲手制造了中国古代文化思想史和法制史上最严重的冤狱之一——腹诽案。

04

事情起因于"白鹿币",所谓白鹿币,就是白鹿皮做的钱。这些白鹿原本是汉武帝在长安城外上林苑里豢养的宠物,既没有天敌,又备受宠爱,繁衍得越来越多,"糜费饲料",成了宫廷财政的巨大负担。

时值公元前119年(元狩四年),朝廷和匈奴以及东南、西南少数民族发生大规模战争,各种"楼堂馆所"和基建项目也铺开了大摊子,到处都要用钱,国库日益空虚,捉襟见肘,汉武帝恨不得一分钱掰成两半花,愁得吃也吃不好睡也睡不好。他把张汤叫来:小张啊,你小子脑子活,给朕想个办法吧!

张汤想的办法是:把上林苑的白鹿宰了,鹿皮硝好后切成一尺见方的小块,画上彩绘,每块标价四十万钱。

这是什么概念?当时"一类地区"顶级农地的价格每亩不过三千钱,换算下来,一块小小的鹿皮居然值一百多亩顶级农田。如此大面值的钞票,有多少人用得起呢?又有多少人"愿者上钩"呢?

汉武帝只得强买强卖,规定诸侯朝觐必须进贡白鹿币。也就是说,他先把白鹿币按四十万钱一张的价格卖给诸侯,再让这些诸侯把白鹿币原物奉还。

这是什么意思呢?意思就是那些倒霉的诸侯,花费巨资购买白鹿皮,结果等于什么也没得到。这纯粹是赤裸裸的讹诈,心里不舒服的肯定不少,但敢于提出来的,只有以廉直闻名的大农令颜异:我说,这个有点不合适吧?

汉武帝当然不高兴,其他人都不敢吭声,就你小子话多憋不住!

善于观察政治风向的张汤与廉洁正直的颜异本来就有旧怨,这下终于逮到整死对方的机会了。于是他借口颜异曾在下属批评朝政时"不说话,但动了下嘴皮",便状告他"不入言而腹诽,论死",意思是没说话但在心里诽谤,应该处以死刑。

更匪夷所思的是,汉武帝居然批准,颜异随即被处死。

05

腹诽案可以说是千古奇冤,与岳飞的"莫须有"罪名一样不可思议更为严重的是,"腹诽"还被公然搞成可以类推的罪名,皇帝可以任意加罪臣僚,政府可以任意处罚百姓,可以动不动就给某人来个"腹诽罪"。古今中外,还有比这更恐怖的社会吗?

久走夜路，总是要撞到鬼的。

汉武帝元鼎年间，张汤的经济改革政策导致盐铁收归中央政府，极大地损害了诸侯国的利益，加上以前的个人恩怨，赵王刘彭祖豁出命来，率先指控张汤与其下属鲁谒居合谋，使用阴谋诡计危害国家。

鲁谒居既是张汤的心腹，又是张汤的手下，曾故意炮制冤案陷害张汤的宿敌御史中丞李文。鲁谒居被赵王上告后关入狱中，不久病死，其弟被连累，认为张汤见死不救，在牢里揭露了其兄与张汤违法挟私寻仇的黑幕。

汉武帝最不喜欢心腹重臣背后搞小动作，尤其是像张汤这样的，越是被重用越是让人失望、生气，于是把案子交给减宣（《汉书》作咸宣）审理。

减宣也是一个心狠手辣的酷吏，而且与张汤早有矛盾，这下总算逮着机会了，不往死里整他才怪，于是他秘密行动，罗织其大罪。

正在这时，一个小偷偷了汉文帝陵园的殉葬钱。丞相庄青翟应和张汤一同向汉武帝谢罪——虽然不是他们干的，但这是惯例。张汤却很不厚道，临时变卦，认为此事与自己无关，没有谢罪。

关键时刻，丞相府的三个长史朱买臣、王朝、边通又把张汤往火坑里推了一把，与张汤有深仇大恨的这三人得知张汤的计划后，决定先发制人。于是他们联名替丞相进行无罪辩护，同时告发张汤的种种罪恶行径。汉武帝没想到张汤如此阴险狡诈，而且一贯欺君，顿时暴怒。

皇帝暴怒，还有好果子吃吗？干脆我自杀得了，于是张汤就自杀了。死后家产不足五百金，而且全是俸禄或皇帝赏赐。

张汤虽用法严酷，后人常以他作为酷吏的代表人物，但他为官清廉俭朴，不失为古代廉吏。但无论如何，善恶到头终有报，多行不义必自毙，即便清廉如张汤，也逃脱不了这个真理。

听说要当丞相,他竟吓得跪地痛哭

如果领导提拔你,给你升职加薪,你是不是会很高兴?想必正常人都不会不高兴,更不会拒绝,谁不想升职加薪呢?除非他是傻子。

然而,历史上还真有这么一个"傻子"。皇帝想让他当丞相,他竟然吓得扑通一声跪下,痛哭流涕地推辞。

他就是公孙贺。

01

据《史记》《汉书》记载,公孙贺是义渠(在今甘肃)人,先祖为胡人。

汉景帝时期,公孙贺的父亲公孙昆邪担任过典属国和陇西太守,吴楚七国之乱爆发后,公孙昆邪也参加了平叛,还立了功。叛乱平定后,汉景帝封赏五位有功人员,其中就包括公孙昆邪,他被封为平曲侯。

那时候,公孙贺虽然年纪不大,却是一位多次参加战斗的"老军人"了,而且也多次立功。年纪轻轻就如此能干,前途不可限量,值得好好栽培。所以公元前150年(景帝前元七年)四月,胶东王刘彻被立为太子后,公孙贺被选为太子舍人。

太子舍人是太子的侍从,他得到这个职位充分显示了汉景帝对公孙家的信任,因为能够担任这种角色的,非良家子孙莫属。

从此以后,公孙贺就"跟定"刘彻了。汉景帝驾崩后,刘彻继位为汉武帝,公孙贺也由太子舍人被擢升为太仆。

太仆的职责虽然只是掌管天子出行的车舆马匹,看起来不怎么显要,却属于"九卿之位",能拿两千石俸禄。当时能拿这么高俸禄的文官,只有司隶校尉、州牧、京兆尹等少数高官。

据《史记·卫将军骠骑列传》,当卫青的姐姐卫子夫得宠时,卫青被提拔为建章监加侍中，汉武帝赏赐给卫家的财物更是不计其数，他觉得对卫家还不够意思，竟然令公孙贺娶卫子夫的姐姐为妻，仿佛这样才对得起卫家。

公孙贺在汉武帝心中多么重要，由此可见一斑。

02

那以后，公孙贺的军事生涯主要与匈奴有关。

第一次是参加公元前 133 年（元光二年）的"马邑之围"，当时公孙贺为轻车将军。由于被狡猾的匈奴识破计谋，单于带兵全身而退，致使这场把握很大的伏击战打了水漂，参加伏击的众将如御史大夫、护军将军韩安国等，全都无功而返，公孙贺自然也是如此。

第二次是公元前 130 年（元光五年；《汉书·武帝纪》作公元前 129 年，即元光六年），匈奴南下犯境，汉武帝命卫青为车骑将军，率军从上谷出兵；公孙贺为轻车将军，从云中出兵；公孙敖为骑将军，从代郡出兵；李广为骁骑将军，从雁门出兵。众将各领军万骑。此次出击，除了卫青干掉七百多匈奴兵，其他人包括公孙贺还是啥也没捞着。不过，他比公孙敖、李广强多了，与公孙敖损失七千多骑、李广被俘（后逃回）相比，公孙贺至少基本上没什么损失。

第三次与匈奴作战，是六年后即公元前 124 年（元朔五年）春，带队的仍然是卫青，公孙贺以车骑将军的身份随同前往。这一次还不错，他与李沮、李蔡、苏建等其他将领一起成功地与卫青会合，把毫无防备的匈奴右贤王围了起来，右贤王虽然逃脱，但匈奴大营大乱，包括小王在内的一万五千多匈奴人以及上百万头牛羊成了汉军的战利品。班师回朝后，公孙贺被汉武帝封为南窌侯，成为被新封列侯十人中的一个。

公元前 123 年（元朔六年）和公元前 119 年（元狩四年），公孙贺又三次随大将军卫青去攻打匈奴，但全都无功而返。

公孙贺第七次，也是最后一次去打匈奴，是公元前 111 年（元鼎六年）的事了。这一次他被封为浮沮将军，率领一万五千骑，同样是无功而返。

不过这一次一点也不怪他，原因是连遭打击后，元气大伤的匈奴再也不敢与汉朝接触，来了个惹不起躲得起，逃得远远的。公孙贺虽然率军深入大漠两千多里，却连个人影子也未找到。

03

然而，虽然如司马迁所说，"贺七为将军，出击匈奴无大功"，但因"老底子"在，也未犯过什么大错，公孙贺的仕途并未受到丝毫影响。

关键是，汉武帝对他的良好印象一点也未改变，所以凡有什么好事，首先想到的就是他。

据《汉书》记载，公元前103年（太初二年），丞相石庆去世，汉武帝要公孙贺接任丞相职务，公孙贺竟然吓得双腿一软，顿首痛哭："臣本边鄙，以鞍马骑射为官，材诚不任宰相。"

他说，臣原本不过是一边陲粗俗浅薄之人，依靠会骑马射箭这点小小的本事混碗饭吃，哪里是当宰相的料啊，你这是硬赶鸭子上架，是要耽误朝政的啊！

他越哭越"伤心"，越哭声音越大，竟然惹得汉武帝和其他大臣都很伤感，汉武帝甚至也流了几滴眼泪。

然而，汉武帝还是"无情"地命令左右："把丞相扶起来！"

人家还没接受呢，你就管人家叫丞相！这说明汉武帝让他当丞相是铁了心的，是不可更改的。在汉武帝心目中，公孙贺已经是丞相了。

皇帝生气了，公孙贺自然不敢再推辞。

肯定有人要问了：叫你当丞相你不当，还像要你的命似的，多少人想当都当不成呢，你怎么那么憨呢？

事实上，在当时，当丞相与掉脑袋几乎是同义词，谁若是想当丞相，那他的脑袋肯定是被驴踢了。

04

当丞相等于掉脑袋，这话什么意思？

《汉书·公孙刘田王杨蔡陈郑传》说得很明白："时朝廷多事，督责大臣，自公孙弘后，丞相李蔡、严青翟（又作庄青翟）、赵周三人比坐事死。石庆虽以谨得终，然数被谴。"

简单点说，就是当时正值多事之秋，作为政策的执行者，丞相的责任重大，汉武帝对他们的要求非常严格，稍有过错就严肃问责，而他问责的方式，基本上是让你活不成。

在那之前，先后被汉武帝"逼"死的丞相多达三个（公孙弘老死任上）：

第一个，李蔡。陇西成纪人，飞将军李广的堂弟，曾任汉文帝侍从，后任丞相，尽管军功显赫，从政后又政绩卓著，还是于公元前118年（元狩五年），因私占了汉景帝园寝一点空地，害怕被汉武帝问责，自杀而死。

第二个，庄青翟。汉文帝时袭爵武强侯，汉武帝时先是任御史大夫、太子少傅，公元前118年（元狩五年）被任命为丞相。公元前115年（元鼎二年）冬，汉文帝皇陵被盗挖，陪葬的钱币被盗，汉武帝命御史大夫追查，酷吏张汤上奏说"丞相知道是谁干的"。尽管根本没这回事，汉武帝还是将庄青翟抓进监狱，庄青翟在狱中自杀身亡。

第三个，赵周。公元前148年（景帝中元二年）因父功封侯，公元前115年（元鼎二年）被汉武帝任命为丞相。公元前112年（元鼎五年），汉武帝祭祀宗庙，列侯都要奉献黄金，赵周被人控告所献黄金不足，被抓进监狱后自杀身亡。

丞相这个职业如此危险，公孙贺怎么可能不怕呢？

05

然而，那是一个"君叫臣死，臣不得不死"的时代，何况是叫你当丞相，皇帝的安排谁敢不听？不听就是抗旨不遵，也是死罪。与其抗命而死，不如咬牙接受，自己今后小心点就是了。

小心驶得万年船，公孙贺从此更加小心翼翼、如履薄冰地行驶这艘船，好歹驶了十一年。

十一年后，"巫蛊之祸"爆发，为了救擅自动用军费的儿子公孙敬声，公孙贺想办法抓到江洋大盗朱安世，以此作为"交换条件"，汉武帝也答应了。

不料，朱安世也许是为了自保，也许是为了报复，在狱中上书朝廷，揭发公孙敬声与阳石公主私通，以及让巫师在汉武帝的专用驰道上埋藏木偶人，诅咒汉武帝的事。

无论是不是事实，汉武帝都不假思索地信了——原来始作俑者是你小子！

公孙贺父子被逮捕下狱后，审案的廷尉揣测圣意，对其严刑拷打，逼他们承认"罪状"，最终屈打成招。

看完廷尉呈上的"供词"，汉武帝怒不可遏，下令在狱中赐死公孙贺父子，并灭其全族。

著名历史学家蔡东藩曾发出疑问:"彼果知相位之难居,何不急流勇退?"

这话有点"冤枉"他了,事实上,公孙贺根本就没想当什么丞相,一开始就没想过。然而人在江湖,身不由己,即使是"天下第一"的皇帝,恐怕也完全做不了命运的主吧,何况是区区一个公孙贺?

李广之孙李陵，为什么由假降匈奴变成了真降？

01

公元前119年（元狩四年），汉武帝发动了对匈奴规模最大的一次战役，史称"漠北之战"。

担任前将军的李广迷路，带着军队在茫茫大漠转了一圈，连匈奴人的影子都没看到，无功而返。

战后，大将军卫青追究责任。李广心想，我身为名将，此次又是主动请缨杀敌，结果却搞成这样，哪里还有脸活在世上，于是"愤愧自杀"。

一代名将阴沟里翻船，确实脸上无光，很没面子，自杀谢罪也许是挽回面子最好的办法。他们老李家的人，似乎都特爱面子，李广是这样，他的孙子李陵也是这样。

李广共有三个儿子，长子李当户，次子李椒，幼子李敢。李广自杀时，做过郎官的长子李当户和次子李椒已不在人世，李当户留下的遗腹子就是李陵。

作为名将之后，汉武帝认为李陵有他祖父的风范，李陵很年轻时，就让他当了八百骑兵的首领。

后来的事实证明，李陵的确不是孬种，曾率领这支人马深入匈奴两千多里搞侦察，不但顺利完成任务，还全身而返，未损一兵一骑。汉武帝很高兴，升他为骑都尉，让他率精兵五千，驻扎在酒泉、张掖等地，成为防范匈奴的一支劲旅。

李陵虽然没有祖父那么有名，但其人生经历比祖父传奇得多。因为他虽然打仗厉害，却因战败投降了匈奴，并在匈奴极受重用，匈奴单于还把女儿嫁给他做老婆，他因而成了匈奴贵族。据苏联考古学家吉谢列夫考证，李陵在匈奴时，还曾被封到西伯利亚地区建立了一个国家，那个国家名叫"坚昆国"。

在匈奴的时候，李陵还和被匈奴扣留的苏武有过交集，被派去劝说苏武投降，为苏武的坚贞不屈所感动，想送他礼物又觉得没脸，只好让妻子出面。

和祖父身经百战不同的是，李陵一辈子就正儿八经地为朝廷打过一仗，而且还打败了。

既然一辈子只打过一仗，而且还打败了，为什么说他打仗厉害呢？还是从头说起吧。

02

李陵这辈子有史可查的唯一一仗，发生在公元前99年（天汉二年）。

那年秋天，贰师将军李广利率军三万攻打在天山一带活动的右贤王。汉武帝虽然想到了李陵，却只给李广利吃肉，汤都没打算让李陵喝。

他给李陵安排的任务，是叫他去给李广利运送辎重。

李广利虽然是汉武帝的舅子，但李陵很瞧不起他，认为这家伙没本事，完全是靠了他妹妹李夫人这个裙带关系才受到皇上重用，爬到这个位置的。我李陵可是名将之后，给这样的庸才打下手，你叫我这张脸往哪搁？

李陵扑通一声给汉武帝跪下，请求让他率军独当一面，即使不能作为冲锋陷阵的主力，也能分散单于的兵力。

他说他率领的屯边将士，个个都是勇士奇才，力气大得可以搤死老虎，箭法好得能够一击而中，让这样的勇士去当运输队，实在是大材小用。

李陵肯定认为做后勤是一件脸上无光的事情，他那点小心思岂能瞒得过汉武帝？虽然不能打击他的积极性，但是难题还是可以出的，他若知难而退，就会乖乖听话。

于是汉武帝对李陵说，你若真想去，那就去吧。不过丑话说在前头，我发了这么多兵，马匹都安排完了，没有马匹可以给你。

从酒泉出发去打匈奴，可不是走亲戚那么简单，长途跋涉，还要徒步穿越浩瀚大漠，一般人想都不敢想。

可李陵是谁呀，名将之后，当然不是一般人，汉武帝出的难题在他看来根本不是问题，所以他胸口一拍："这点路程，小意思，要什么马匹！陛下您信不信，臣带着这五千步兵，一匹马不用就可以直捣匈奴王庭？"

他想创造一个"以少击众"的奇迹。

对于李陵的豪言壮语，后世有人评价说这是他报国心切，也有人说他是立功心切——战功赫赫的祖父至死未能封侯已经够丢李家脸了，他得把这个面子挣回来。

03

无论出于什么样的目的，小伙子都是勇气可嘉！汉武帝同意了，只是觉得区区五千步兵孤军深入太过冒险，若被匈奴包围，没有马匹的他们跑都跑不脱，于是命令强弩都尉路博德率军半路迎接以作策应。

据《汉书》等有关史料记载，路博德也不是一般人。他曾随霍去病北征匈奴，立过战功，官拜邳离侯，并于公元前111年（元鼎六年）官拜伏波将军，还是西汉有史可查的第一位伏波将军。后来平定南越的功劳也有他一份，他还率军攻下海南岛，将海南岛纳入中国版图。

接到汉武帝诏书时，路博德正在居延屯田。要说功劳，路博德比李陵大得多，至少他自认为比李陵大得多，叫他去做李陵的后距（雄鸡、野鸡等足后突出如趾的部分）简直是打他的脸，如果答应了就太没面子了！

但毕竟是皇上的命令，直接拒绝，他还没那个胆量。于是他找了个借口：如今正值秋天，匈奴马肥，与之开战对咱们不利，来年春天的时候，臣再和李陵出战吧，届时取胜的把握性大一些。

生性多疑的汉武帝接到路博德的上奏，鼻子都气歪了，怀疑这是李陵害怕了，和路博德串通好上了这个奏折，便把路博德骂了一顿：叫你去就去，哪来那么多废话！去，你带兵去钩营，若是敌人来进攻，就给我挡住！至于李陵嘛，给我去找匈奴，找到了就打，找不到就在受降城休整骑兵，并奏报与路博德说了些什么话。

04

于是李陵带着五千步兵，于当年九月从居延要塞出发，走了三十天，行程一千多里，来到浚稽山驻扎下来。

他们到达不久，匈奴兵也到了。匈奴兵多达三万，数量是汉军的六倍，而且都是骑兵。匈奴兵一到，就把汉军包围在两山之间。

李陵虽然此前没打过仗，倒也不是外行。没有营寨不要紧，把大车环绕起来做营寨，然后命士兵在营寨外面列好阵势。

匈奴兵笑了——汉军这么点人，估计不够咱们塞牙缝，一个冲锋就能搞定，战术啥的不必讲了，直接正面冲！

那就冲呗。冲到汉军阵前才知道人家不是那么好欺负的，他们早就给自己预备好了"吃"的——一阵弓弩雨还没下完，匈奴兵就受不了了，向山上撤退。

汉军虽然是步兵，但毫不畏惧，拔腿就追，边追边杀，干掉了几千人。这简直是莫大的耻辱！单于又惊又怒，再召集来八万多人，对汉军发动猛攻。

再也不是五千对三万，而是五千对十一万，1∶22！而且人家还是骑兵。力量更为悬殊的战斗开始了，汉军边打边向南撤退，损失惨重。

汉军没有援兵，纵有三头六臂也支撑不了多久。但即使是在力量如此悬殊的情况下，汉军也没有丧失斗志，且战且退，坚持了八天之久，杀伤匈奴兵一万多人，自己也损失了两千多人。

最后的时刻到了。第八天，当他们退到离居延要塞仅百里处时，箭用完了。而对付骑兵，箭是最好的武器，没了箭，相当于束手就擒。

箭用完了，人也疲惫至极，仗是没法打了，只能快速撤退。

05

关键时候，有人却拖起了后腿，撤退快不起来。

拖后腿的是一些女人。什么样的女人？一些官兵带的"妻妇"，男人来打仗，她们跟着看风景来了。

这说明李陵是个好领导，因为他平时治军松懈，所以才有了这种奇特的现象。平时行军、训练啥的倒无伤大雅，这是好领导体谅下属，让他们的女人跟着。可是这次是来打仗啊，而且打的还是匈奴，光行军就要走一千多里，真不知这些女人是如何"挺"过来的。

之前对这种现象睁只眼闭只眼的李陵，这回再也无法淡定了，这个后腿继续拖下去，咱们谁也别想活！

对不起了士兵们，为了减轻行军拖累，你们的领导不得不采取断然措施了。他把那些"妻妇"全部从军车里搜出来，"皆剑斩之"。

杀了那些拖后腿的女人，李陵继续率部突围。此时的汉军，既无箭又无马，面对匈奴骑兵的反复冲杀毫无还手之力，只能任人宰割。

退到一个小坡上再也不敢退了，再退就要被匈奴兵砍得一个不剩。下令固守的李陵仰天长叹："复得数十矢，足以脱矣。"

如果每人再有几十支箭，咱们就足以脱身！

说完这些话，他悲愤地看着那些军车，再也说不出一句话来。他心里也许在想：如果那些车不拉那些女人……

是的，如果不拉那些女人，就能多拉很多箭，此时此刻的他们也不会狼狈至此，即使不能取胜，也不至于全军覆没，剩下的官兵完全有可能安全退回居延要塞。

此时此刻的汉军，纵然是神仙也无力回天了。但不知为什么，面对部下让他逃走的劝告，李陵不但不听，还把人家呵斥一顿："你给我住嘴！我要是不死，就不是壮士（公止！吾不死，非壮士也）！"

说完这话，他就命令部下分散逃命，他自己随行的只有校尉韩延年等十多人。他们的目的很简单，就是希望能杀出重围，逃回居延关。可惜没多久就被匈奴兵追上了，韩延年战死，李陵投降。

投降之前，他还仰天长叹了一声："无面目报陛下！"听到这话的人以为他喊完就会自杀殉国，谁知道他竟投降了。

06

如今公认的"结论"是，李陵不是真降，是假降，是想在匈奴做卧底，然后找机会重回故国。

但汉武帝没给他机会，以为他是真降，将李陵家灭族，李陵的母亲、兄弟、妻子都被杀光。

实际上，汉武帝起初是不相信李陵是真降的，不然也不会在一年以后还派因杅将军公孙敖带兵深入匈奴境内去接李陵。

公孙敖找不到李陵，便编了一个故事：报告陛下，李陵不会回来了，据俘虏说，他现在忙得很，正在加紧帮单于练兵对付咱们。

汉武帝相信了公孙敖的谎言，不假思索杀了李陵家人，也让李陵寒心，彻底断了其回归之路。

帮单于练兵的确实有一个投降匈奴的汉朝将领，但那人不是李陵，而是李绪，本为汉朝的塞外都尉，之前驻守在奚侯城，匈奴人一打来，他便投了降。

得知内情，李陵恨死了这个导致自己全家被诛的混蛋，便派人刺杀了李绪。

杀了李绪，却激怒了单于的大阏氏，后者要杀李陵，单于对他还不错，"匿之北方，大阏氏死乃还"。单于不但舍不得他死，还把女儿嫁给他做老婆，封他为右校王，使他成了手握实权的贵族。

虽然汉武帝轻信小人之言，导致李陵的假降成了真降，然而后来，当李陵有机会领兵与汉军作战，却"手下留情"，放了汉军一马，不然，他带领的三万匈奴主力也不会轻易败于对手，当时他的对手，只是一个名叫商丘成、不会打仗的文官，且这个文官所领的军队也是三万，还是长途跋涉的疲惫之师。

判司马迁死刑的那个酷吏，后来怎么样了？

01

司马迁被处宫刑的悲剧说明，在不讲道理的老板面前千万别唱反调！

公元前 99 年（天汉二年）夏，汉武帝派贰师将军李广利领兵讨伐匈奴，另派飞将军李广的孙子李陵押运辎重。

结果只有五千步兵的李陵孤军深入到浚稽山（在今外蒙古），被十多万匈奴骑兵包围，血战八个昼夜，斩杀一万多敌人后弹尽粮绝，又无援兵，战败被俘，投降了匈奴。

消息传到长安，汉武帝极为恼怒，好你个李陵，你怎么不战死呢？战死了多好，战死了是英雄，如今搞成这样，这不是给大汉丢脸吗！

几天前还纷纷称赞李陵英勇的文武官员，也纷纷看风使舵，就是嘛，战死了多好，战死了是英雄，如今不但丢大汉的脸，也是给皇上丢脸！

其他官员争先恐后附和汉武帝，只有太史令司马迁紧闭嘴唇，沉默不语。

他不说，皇帝偏要他说，因为他虽然官儿不大，但其意见举足轻重，因为他是史官。

出乎汉武帝的意料，司马迁说的话，竟然全是他不爱听的！

02

司马迁说，李陵投降这件事，恐怕不那么简单。依我看，他投降多半是权宜之计，是诈降，他肯定要寻找机会，重归大汉（彼之不死，宜欲得当以报汉也）。所以，现在下结论为时过早，咱们应拭目以待。

"李陵对老人很孝顺，对朋友讲义气，而且爱兵如子。"司马迁还说，"李陵常奋不顾身以解救国家之急，从他的一贯表现来看，有国士之风，这样的人，说他真心投降敌人，没道理啊，反正我不信！"

司马迁顿了顿，用眼角的余光扫了一眼其他人，继续说："今举事一不幸，全躯保妻子之臣随而媒蘖其短，诚可痛也！"如今李陵遭遇不幸，有些大臣为了保全自己，为了保妻保子，就抓住他的短处不放，实在令人痛心！

直到这时，司马迁的话，还在汉武帝可接受范围之内，但他接下来所说的，就让汉武帝很不舒服了。

因为那番话让人觉得，司马迁似乎在抱怨主将李广利，他若是能干点，事情也不至于这样。

"好你个司马迁，竟敢讽刺李广利劳师远征，战败而归！"汉武帝勃然大怒。

若是别人，讽刺就讽刺吧，李广利这个主将确实无能，不但这次征匈奴，之前征大宛，都是战绩平平，毫无亮点。

但对于汉武帝来说，李广利不是一般人，更不是外人，是他的大舅哥。他的妹妹李夫人是汉武帝的宠姬，他的弟弟李延年又是汉武帝的宠臣！你讽刺我大舅哥，不就等于讽刺我吗！

汉武帝本来就是个小心眼，再加上后来公孙敖接李陵未成功，谎报李陵为匈奴练兵，汉武帝不仅灭了李陵全族，还迁怒于司马迁，下令把司马迁关进大牢。

03

仿佛活该司马迁倒霉，负责审理司马迁一案的，是酷吏杜周。

众所周知，汉武帝爱用酷吏，在位期间用过不少酷吏，著名的有十个，包括宁成、周阳由、赵禹、张汤、义纵、王温舒、尹齐、杨仆、减宣，杜周也是其中之一。

除了为人残暴，杜周最大的特点是做事看皇帝的意思，一切以皇帝是否满意为准则。皇帝喜欢的，只想对其罚酒三杯的人，他就故意减轻罪状，哪怕他是杀人重犯。皇帝讨厌的人，他动不动就往死里整。

据记载，杜周担任廷尉期间，动不动就把人抓进监狱，导致监狱人满为患，两千石以上官吏（相当于郡守、九卿以上的官吏）被他抓进监狱的，每年就有一百多人。而那些官员，也许只有很小的罪，也许什么罪也没有！

人神共愤的杜周却深受汉武帝赏识，汉武帝连连夸他做得好，并提拔他为御史大夫，使他从此迈入三公之列。

作为对这个酷吏的奖励，除了赏赐无数，汉武帝还让杜周的两个儿子都担任重要地区的郡守，把黄河两岸的重地交给他们控制。他们的残暴，一点也不亚于他们的禽兽父亲。

如果有人批评杜周办案不以法律条文为准绳，只以皇帝的意志为转移，他就振振有词地回答：皇帝的意志就是法律！

04

触怒了皇帝的司马迁，杜周想都不用想，也明白该怎么办！他一定要把这个案子，办成大老板满意的案子。这种人，起码应该处以极刑！

没想到司马迁骨头之硬大大出乎杜周意料，不但拒不认罪，还争辩说他无罪，作为臣子，任何人都有权发表意见，他司马迁自然也有。

管你认不认，反正在杜周心里，除了死罪，他不会有别的罪！于是，杜周毫不犹豫地给司马迁判了死刑。

但最后，司马迁却没死成。

根据当时的法律，死刑可以减免，一是拿五十万钱赎罪，二是用腐刑代替死刑。要想不死，要么选择第一种，要么选择第二种。

"腐刑"也叫"宫刑"，既适合于男人，也适合于女人。也就是说，无论男女犯人，都可以用腐刑代替死刑，"男子割势，妇女幽闭"。

实际上，腐刑是比直接砍头还令人难以接受的酷刑。直接被砍头，不过碗大个疤，腐刑看似是对死刑的一种减免，其实是严重的人格侮辱和精神打击。

司马迁官职不高，薪水低，家里也没钱，对他来说，五十万钱是个天文数字。虽然亲戚朋友不少，但都不肯施以援手——其实也不是不肯，而是不敢。司马迁得罪的可是皇上的人，谁也不愿受牵连。

但司马迁不能死，因为他必须把《史记》写完。没钱，又选择了活着，这意味着他只能接受腐刑。

05

根据汉武帝意旨判处司马迁死刑的杜周，后来怎么样了呢？

酷吏一般分为两种，一种是敢于与豪强抗衡，维护法律尊严的执法人员，虽然同样冷酷无情，但多少还有点正义感；还有一种就是张汤和杜周这样的，一贯依皇帝意旨迫害良善。

这种人，实际上是皇帝的鹰犬。

据《汉书》等史料记载，杜周出生于南阳杜衍县，在南阳太守义纵（义纵也是汉武帝任用的十大酷吏之一）手下做事时，因精明能干被其看中，义纵让他和几个本地书吏做帮手，帮他打击当地的豪强。

酷吏一出手，就知有没有。没多久，杜周就以出色的能力和非常手段，帮义纵拿下了宁氏家族、孔氏家族和暴氏家族三大豪强。

义纵一看这家伙还行，待在小小的南阳有点埋没人才，干脆你去朝廷发挥更大作用吧。便把他推荐给另一个著名酷吏、权势远在丞相之上的张汤。

成为廷尉府廷尉史后，张汤立即对他委以重任，派他去边疆处理一些棘手的死刑案件，每一件处理得都令张汤很满意。

这家伙不简单啊，张汤心想，干脆推荐给皇上吧。于是就把他推荐给了汉武帝，汉武帝便叫杜周与减宣轮流任中丞十多年。

据记载，杜周沉默寡言，喜怒不形于色，看起来忠厚老实，实际上为人刻薄，很多人起初都被他的外表骗了。

其他人怕他恨他，汉武帝却很欣赏他，因为他是一个得力助手，多次帮汉武帝搞定一些棘手的事情。

公元前116年（元鼎元年）十一月，深受汉武帝宠信的张汤出事了，杜周转任廷尉。比张汤更善于揣测汉武帝心思的杜周，从此抛弃了仅有的那点正义感，正式沦为汉武帝的鹰犬，所有案子的办理只有一个目的，那就是让皇帝高兴。

根本不用问，只要看看汉武帝的表情，杜周就知道案子该怎么办：皇帝想治罪的人，没有条件创造条件也要治罪，方式是千方百计加以陷害；反之亦然，汉武帝想宽大处理的，他就对嫌疑人采用冷处理的办法，只关不审，关到实在敷衍不下去的时候才处理。而他处理的方式，往往是用各种"证据"证明那人是冤枉的。

没多久，杜周就成了张汤的复制品，虽然只是一个廷尉，但权势也可以通天了。

06

然而，当他的权势达到顶峰时，一位叫田仁的官员却想动他。在给汉武帝的上书中，田仁暗示杜周的儿子有问题。

田仁的上书中提到，据他所知，天下的郡守多为奸利之徒，尤其是河南、河东、河内三太守，仗着朝廷有后台而胡作非为。然后他请求汉武帝派他去"三河"巡视，先拿那三个太守开刀,"以警天下奸吏"。

从前连阎王爷都不怕的杜周,这才知道了什么叫害怕,因为上面三个太守,有两个是他的儿子(河南太守和河内太守),他们通过巧取豪夺等手段积累的财产简直富可敌国!

杜周什么都不怕,就怕儿子们出事。他先是威胁,派人去给田仁打招呼,叫他少管闲事,否则让他吃不成今年的年夜饭。

田仁一点也不怕,继续上书,仿佛早就做好了承担最严重后果的准备。汉武帝最终被田仁缠得没法,只好派他去巡查,果然查出上述三个太守有问题。

没多久,有问题的太守被处死,其中包括杜周的两个儿子。杜周自己倒是平安无事,最后死于御史大夫任上。

据记载,杜周一辈子所干的唯一一件好事,是把汉朝的法律和历任廷尉对于法律条文的解释整理出来,成为人们学习法律的教科书。

暴胜之：恐怖特务组织中的另类

01

据考证，中国历史上第一个成型的特务组织名叫"绣衣直指"，是隶属于汉武帝本人的秘密特务组织，行使"平叛、捕盗、治狱"等特殊使命。

这个特务组织诞生于汉武帝执政末期。当时由于汉武帝连年对外用兵，加上大兴土木，败光了"文景之治"积攒下来的家底，虽然理财专家桑弘羊出了个主意——国家实行盐铁专卖，敛了不少钱财，但仍然入不敷出。

朝廷实在没钱了就向人民横征暴敛，加上官僚和豪民富商争相兼并土地，导致许多失去土地的农民沦为流民或奴婢，结果激起民变，起义反抗者遍布豫、楚、齐、鲁、燕、赵等地，地方官员无力应付。

汉武帝大怒，你们这些饭桶，给老子滚一边去。绣衣直指，看你们的了！

直指使者穿着代表皇帝之宠的绣衣，持斧仗节，兴兵镇压，对农民起义军进行疯狂屠杀，所杀人数往往是起义人数的十倍乃至数十倍。

东汉著名文学家、才女蔡文姬之父蔡邕有过如此记录："民不堪命，起为盗贼，关东纷扰，道路不通，绣衣直指之使奋铁钺而并出。"他们不但杀反抗者，还杀自己人，太守以下的大小官吏，凡是对辖区内的农民起义未能及时发觉和镇压的，统统处死，这就是臭名昭彰的"沉命法"。

"绣衣直指"依仗皇帝信任，风闻奏事，栽赃构陷，先斩后奏，滥杀无辜，甚至还能调动军队，叫他们干啥他们就得干啥。

身处这样的组织，其成员早就练得冷酷无情，杀人不眨眼，不分是非黑白，只知唯命是从。因为不这样，他们自己就得死。

"绣衣直指"被称为史上最恐怖的特务组织之一，应该不是夸张。

不过凡事皆有例外，有一个名叫暴胜之的绣衣直指，就是这个组织中的另类。

02

故事还得从一个名叫王欣的人讲起。王欣是山东济南人，由于工作努力，政绩不错，从一个小小的郡县小吏被提拔为被阳县（今山东高青县附近）县令。

当了县令后他就不好好工作了，因为他的主要工作是为朝廷收敛军费。可是老百姓很穷啊，他们也得活命啊，怎么办？

若是别的县令，为了保住乌纱帽和性命，肯定是不分青红皂白地大加盘剥，交不起钱就赶走你家牲口，没牲口就逼你卖儿卖女，没儿没女那就只有死路一条，总之国家的钱一分一厘也不能少。可是王欣不这样，因为他做不出来。

不这样就完不成任务，就无法交差。王欣是怎么想的？也许他什么也没想，静等朝廷派来的巡察。

王欣终于等来了一个名叫暴胜之的绣衣直指。发现王欣因不忍盘剥百姓而未完成朝廷交给他的光荣任务后，暴胜之当然得履行他的职责。

岂料王欣不但不怕死，还不劳刽子手大驾，自己把衣服解开，趴在铡刀上："我准备好了，动手吧。"

见没有动静，王欣还偏过头去对暴胜之说："大人手握生杀大权，全国男女老少大人小孩都怕您，提到您的名字都浑身打战，死在您手下的官员恐怕数都数不过来，再杀一个王欣也增加不了您的威严。可是您想想，如果您稍微为老百姓想一点点，哪怕一点点，会有什么结果呢？很显然，老百姓会记得您的大恩大德。好了，我也不跟您废话了，动手吧！"

暴胜之愣住了。当对方再一次催促他动手时，他才如梦方醒，急忙把王欣的头从铡刀上"取"出来，一把把他抱在怀里。

03

暴胜之不但赦免了王欣的死罪，还和他成了至交，一回到长安就向汉武帝举荐了王欣。作为汉武帝最信任的组织中的成员，暴胜之的举荐自然效果不错，王欣被任命为右辅都尉，代理右扶风（汉时将京兆尹、左冯翊、右扶风称为三辅，即把京师附近地区命三个地方官分别管理）。

之后汉武帝多次到王欣的地盘上巡察，发现他果然把地盘治理得好好的，老百姓安居乐业。而且他为官清正，深受百姓拥护，还大大改善了当地的交通状况，将当地的道路整修得宽阔平坦。

王欣没有辜负皇帝的期望，越干越好，不断升官，到汉武帝儿子汉昭帝时，王欣已官至御史大夫、丞相，受封宜春侯。

发现这个人才的伯乐暴胜之，结局却不美好，因一句话招来杀身之祸。

事情起因于太子刘据被酷吏江充逼反，兵败后逃跑，逃到长安城覆盎门，把守城门的司直田仁（就是前文查杜周儿子那个）觉得刘据毕竟是皇上的儿子，不忍心抓他，因为他明白刘据被抓住必定是个死，就把刘据放走了。

丞相刘屈氂当然不能容忍田仁的行为，要把他杀了，暴胜之急忙劝阻："司直的官职可不小啊，好歹是朝廷两千石大员，这样的官怎么能擅杀呢？上面怪罪下来，你承担得起吗？"刘屈氂当然不愿承担，就饶了田仁。

不料，暴胜之救田仁的事被汉武帝知道了，他把暴胜之叫来，劈头盖脸一顿训斥："田仁身为朝廷官员，擅自放走要犯，丞相杀他是执行国家法律，你擅加阻止是想干什么？"

吊诡的是，从前天不怕地不怕，胆敢赦免死刑犯，而且敢和死刑犯交朋友的暴胜之，此时却胆小如鼠，居然吓得自杀而亡，令人惋惜。

李广利：怂了一辈子，临死"英雄"了一把

01　沾了弟弟妹妹的光

李广利，中山（今河北定州市）人，是汉武帝宠妃李夫人的哥哥。除了这个，他还有一个身份，那就是汉武帝宠臣李延年的哥哥。

他妹妹李夫人得宠，是因为长得美貌。他弟弟李延年得宠，是因为精通音律，是个所谓的音乐家。实际上，是李延年先得宠于汉武帝，然后才是其妹李夫人得宠。

李延年原本是宫中养狗的，而且因犯法受了腐刑。他结识汉武帝并且深受宠幸（与上卧起，甚贵幸，埒如韩嫣），是因为他给汉武帝献了一首歌："北方有佳人，绝世而独立，一顾倾人城，再顾倾人国。宁不知倾城与倾国，佳人难再得。"汉武帝说既然有这么美的佳人，还不快弄来让朕见识见识！

那位佳人，就是李延年的妹妹。

也就是说，李延年不但给汉武帝献了一首歌，还把妹妹也献出去了。

弟弟妹妹都受宠，李广利不受宠就说不过去了。尽管他的本事不怎么样（有人干脆说他是个庸才），但还是被汉武帝委以重任，封为贰师将军，并被派遣不远万里去征讨大宛。

02　灰溜溜撤回敦煌

为什么叫他"贰师将军"？原来贰师是大宛国的一座城（现吉尔吉斯斯坦的奥什），那里有良马。到那么远的地方去打仗，没有良马是不行的，但是汉朝没有良马，而贰师城有，汉武帝便叫李广利到那里去弄，这就是贰师将军的来由。

除了没有良马可以给他，汉武帝也没有像样的军队给他，李广利所带的兵是属国（具体是哪个属国或者哪些属国，有关史料记载不详）的六千骑兵和郡国两万"品行

恶劣的少年"。

这么多人一路浩浩荡荡，别说打仗，吓也会把人吓个半死。所以沿途那些国家都吓得不行，紧闭城门坚守不出。这样一来，汉军就弄不到粮食。打下来城池才能弄到粮食，可是又打不下来。

当然并非所有的城池都打不下来，不然他们早就饿死了，只不过能打下来的都是小城，粮食也不多。比较下来，打下来的占少数，大多数都没打下来。

打不下来，只好灰溜溜地离开，部队到达郁成城的时候，士兵们只剩下几千人了，损失了百分之八九十，一个个饿得皮包骨头，累得走路都没力气。

但是没办法，仗还得打，因为他们就是来打仗的。结果依然很悲惨，不但没打下郁成城，又损失了很多人。

愁眉苦脸的李广利对手下说："咱们连郁成都打不下来，更别说大宛王都了。要不咱们撤吧？"手下连连说好。

这一撤就撤到了敦煌。

撤回来的部队，已经不到两年前出发时的十分之一。

如何给上面交代？赶紧上奏吧，其他啥也不谈，就谈客观原因，比如路途十分遥远，粮食缺乏，兵士不足等等，请求朝廷让他们暂时罢兵，以后兵多了再去。

几万人还少，要不要把全国人民都带上？汉武帝看到奏折大怒，派使者到玉门关扬言，哪个敢过这个关就宰了他。李广利只好待在敦煌。

03　再征大宛

第二次征讨大宛，李广利才尝到了一点胜利果实的滋味，不然丢死人了。

为什么败得那么惨，汉武帝不见"坏"就收，还要去打大宛呢？

原来那年汉匈之间爆发战争，浞野侯赵破奴不敌匈奴，损失惨重，一些大臣便建议把攻打大宛的军队调回来。汉武帝偏不，他认为大宛必须打，而且必须取胜，若是这样的小国都无可奈何，还不被其他国家笑死？咱们大汉的脸往哪儿搁？其他国家今后会怎样看待咱们？再说了，搞不定大宛就得不到它的汗血宝马，所以大宛必须打，而且必须打胜。

为了达成这个目标，汉武帝这回拼了，不但惩治了对征讨大宛说三道四的邓光等大臣，还紧锣密鼓地准备了一年多，除了六万多相对正规的部队（私人带着粮食跟随部队参战的人还不算在内），还把十万头牛、三万匹马以及无数驴、骆驼交给李广利，仅随他出征的校尉军官就达五十多名。

既然血本都拿出来了，再没有一点效果，就太不像话了。

第二次远征大宛可以说是"大获全胜"，汉军至少得到汗血宝马几十匹、中等以下马三千多匹，既有公马也有母马，回去可以让它们繁殖，子子孙孙是没有穷尽的。他们还扶持了一个对汉朝人友好的人当国王，那人叫昧蔡，原是大宛的高级官员。

04　犯了皇帝大忌

这个虽然本事不大但极受重用的皇亲国戚，最后的结局却很惨。

其实，仅凭他的身份，原本可以富贵平安一辈子的，都怪他把自己太当回事，以为是皇帝的大舅子就可以想干啥就干啥，以至于得意忘形，居然想"管"皇位继承人的问题。而这个，是历代帝王的大忌。一个人若是犯了皇帝的大忌，那他离死就不远了，无论这人是谁，身份有多特殊。

那是公元前90年（征和三年）的事情，匈奴到五原（今属内蒙古包头市）、酒泉骚扰，汉武帝命李广利去收拾他们。

千不该万不该，他的亲家刘屈氂不该为他饯行，因为饯行即将结束的时候，李广利希望这个身为丞相的亲家建议皇上立昌邑王为太子，还说什么只有昌邑王今后当了皇帝，"你的相位才能长久"。刘屈氂自然一口答应下来，因为这正是他所希望的。

昌邑王是谁？李广利妹妹李夫人的儿子。

他的如意算盘是：如果妹妹的儿子当了太子，自己将来就是国舅爷，地位将更高，权势将更大，哪个都不敢惹，哪个都惹不起。

不料这事儿却被泄了密，有人直接告到汉武帝那里去了。

告密的是内者令郭穰。

他告了两件事：一件是丞相刘屈氂妻子对皇帝不满，她丈夫多次遭到皇帝责备后，她请巫师作法，诅咒皇帝早日归天；另一件就是刘屈氂与李广利"共同向神祝祷"，希望昌邑王刘髆将来当皇帝。

汉武帝令廷尉一查，情况属实，刘屈氂以大逆不道罪被腰斩，妻儿斩首，李广利的妻儿也被抓了起来。

在前线打仗的李广利顿时六神无主，又怕又愁，不知道怎么办。掾吏（辅佐官吏的通称）胡亚夫劝他干脆投降匈奴算了，反正回去也活不了。李广利虽然笨，但还没有笨到家，明白这样只能让妻儿老小死得更快，如果他立功赎罪，也许能保住他们的命。

他决定孤注一掷，以数万将士的生命为赌注赌一把，在一点不了解对方的情况下冒险北进，深入匈奴腹地，虽然先赢了一场，但接下来就吃了大败仗，七万将士葬送殆尽，他本人则投降了匈奴——也不管妻儿老小的死活了。

投降匈奴后，李广利被灭族，妻儿悉数被杀。

05 好景不长被害死

投降后，他个人的小日子却过得很滋润，仅凭狐鹿姑单于把女儿嫁给他这一点，就足以说明一切。

可惜好景不长，富贵来得快，去得更快。一切，都毁在一个名叫卫律的家伙身上。

这个卫律本是匈奴人，但在汉朝长大，以前在宫廷做官的时候和李延年、李广利兄弟俩的关系都不错。后来李延年犯事伏法，怕受牵连的卫律就跑去投降了"祖国"。

既然他与李广利的关系不错，怎么又成了他的灾星呢？原来他见李广利比他投降晚，受到的尊宠却远远超过自己，心理不平衡，而且是很不平衡。要想心理平衡，只有从肉体上消灭导致他心理不平衡的因素。

机会降临在李广利投降一年多后的一天。单于的母亲生病，要请巫师作法驱邪，卫律便买通巫师，让他说单于母亲生病的原因是去世的单于在生气。去世的单于为什么会生气呢？原来他活着的时候发过誓，一定要把贰师将军李广利捉来祭神，如今李广利倒是"捉"住了，却没有用来祭神，神就生气了，去世的单于也跟着生气了。

对此深信不疑的单于，就把李广利杀了祭神。

这个用屈膝投降换来屈辱偷生，本以为可以苟安一世的大汉朝皇亲国戚，终于在临死前"英雄"了一把，朝全世界大喊一声："我死必灭匈奴！"

钩弋夫人：如果上天再给我一次重来的机会

据新华网报道，陕西破获一起特大盗掘西汉古墓案件，抓获的犯罪嫌疑人多达九十一人，涉案者甚至还有一名省政协委员。

这件发生于2016年7月的特大盗墓案，仅追回的文物就多达1100多件，三级以上珍贵文物222件，除了世所罕见的西汉鎏金编钟、琉璃发簪，还包括制作考究的汉代鎏金连枝铜灯、工艺精美的螭龙纹铜饰件、栩栩如生的黑陶俑……

众多精美文物的"出土"，显示墓主的身份非同一般。据考证，这座位于陕西省咸阳市淳化县境内的大型古墓，埋葬的是汉武帝刘彻晚年最爱的女人，人称"钩弋夫人"。

01

无论是在史书还是在民间传说中，这位汉武帝晚年最爱的女人都充满了传奇色彩。

她的横空出世，就是一个传奇。

戏曲表演有一个名词叫"亮相"，是指角儿上场时，通过一段舞蹈动作集中而突出地显示人物的精神状态。一个优秀的演员，其亮相一定是光辉四射、神采夺人的，在观众眼里，你是不是"角儿"，单从上场亮相基本就能掂量出来。正所谓你往那儿一站，就知道你吃几碗饭。

钩弋夫人的亮相就非同一般。

据《汉书·外戚传》记载，某年某月某日，汉武帝刘彻外出视察，来到位于河北的河间。他这次视察的最大收获，就是得到了钩弋夫人这个美人。当然了，那时候她还不叫钩弋夫人，人们只知道她姓赵，管她叫赵氏。

刘彻这次出宫，主要工作虽然是视察，但并不妨碍搞搞副业，何况手下人也都明白，把皇帝侍奉好了，少不了他们的好处。于是，一个善观天相的所谓"望气者"说，通过夜观天象，他发现此地出了一个奇女子。无论这个所谓的望气者是当地人，还是刘彻的手下，他提供的情报都引起了刘彻的极大兴趣——既然如此，你们还不快去找？

似乎早就准备好了，没多大工夫，随行官员就找到一位年轻漂亮的女子，仿佛一盘美味可口的饭菜，热气腾腾地端了上来。

他们告诉刘彻，这女子一生下来双手就紧紧地握成拳头，十多年过去了都没伸开过，其他人也无法让它们伸开。汉武帝不相信有这等奇事，拿起那女子的手，轻轻一掰，女子的拳头就开了。

"不是掰不开吗？为啥我轻轻一掰就开了？"

"缘分啊皇上，这是缘分啊！这说明您才是那个有缘之人啊！"

"拳夫人"的雅号，就是这么来的。

02

这样的奇女子，汉武帝当然不能放过，何况她的美貌足以让任何一个男人流口水。

带回宫里后，汉武帝对她更是宠爱有加。至于她的手无法伸开是天生的，还是当地官员和随行人员为了取悦他而联手演的一出好戏，已经不重要了，他也不想弄明白——只有傻子，才会去揭穿这个秘密。

也有人说，赵氏双手无法伸开，是赵氏和其家人为了达到某种目的玩的一个花招。

如果真是这样，那么她们的目的算是达到了。

被汉武帝带回宫里后，赵氏很快被升为婕妤，住在甘泉宫，其居住的宫殿被命名为"钩弋宫"，所以人们也叫她"钩弋夫人"。

公元前94年（太始三年），钩弋夫人又制造了一个"传奇"，为汉武帝生了一个儿子，取名刘弗陵。

女人嘛，生儿子是很正常的，所以钩弋夫人生儿子这件事本身并不奇怪。奇的是这个儿子是她怀胎十四个月才生下来的。

怀胎十四个月才生下儿子，历史上还有第二例吗？有，那个人叫尧母，是上古时期尧帝的母亲。

难道这是一种"暗示",意味着这个名叫刘弗陵的小子天生就是一块帝王料?

可惜他的命不好,既不是长子也不是嫡出,除非汉武帝的其他五个儿子都死了,否则无论如何也轮不到他当皇帝。可是那时候,除了次子齐怀王刘闳早逝,汉武帝的其他几个儿子都还活着,太子刘据,燕王刘旦,广陵王刘胥,昌邑王刘髆,一个也不少,不管怎么排,最小的儿子刘弗陵也只能排在最后。

若想得到破格提拔,还有一种可能,那就是破了立嫡立长这个规矩。可是这个规矩,不是谁想破就能破的。

03

既然没有条件,那就"创造"条件吧。于是,一系列诡异事件接连发生了,把排在最后的刘弗陵一步步推向了前台。

首先需要搬掉的是太子这块绊脚石。

有人说,成为汉武帝最宠爱的女人是钩弋夫人玩心计的结果,并由此得出结论:为了让儿子上位,给儿子铺平道路,除掉太子刘据,她也是主谋,是她和大坏蛋江充联手上演的一部恐怖电影。甚至还有人说,她和英俊潇洒、年轻体壮的江充有私情,江充帮情人的忙除掉太子,也是理所应当。

这个传说是否属实已不可考。反正钩弋夫人一直以来身上就笼罩着传奇色彩,再多一层也不多。但无论是真是假,由江充一手导演,把太子置于死地的"巫蛊之祸"不可避免地发生了。

江充,河北邯郸人,本名江齐,因其妹嫁给赵太子刘丹而成为赵王刘彭祖的座上宾,后来刘丹怀疑他把自己的隐私告诉了他爹,又怪他知道的事情太多,想把他宰了,但被他逃脱。逃到长安后,江齐改名江充,向汉武帝告发刘丹"交通郡国豪猾,攻剽为奸,吏不能禁",江充被汉武帝任命为直指绣衣使者(皇帝的直属间谍),一跃成为汉武帝身边的近臣,深得汉武帝信任。

所以,当他汇报说太子刘据想谋反,汉武帝说,既然如此,你还愣着干什么?

平白无故地说太子谋反当然不行,得有证据。江充的证据是,皇上之所以生病(汉武帝晚年多病)是有人施了巫术的缘故,而这个施巫术的人不是别人,正是太子刘据!

于是,经汉武帝的首肯,江充派人从后宫嫔妃的房间开始搜查,皇后卫子夫宫中和太子宫中自然也在搜查范围,他们宫中的地面被挖得千疮百孔,甚至连皇后和太子放床的地方都没有幸免!

04

闹腾了几天，收获当然不小，江充找到不少用来施巫术的木头人。江充表示从太子宫中找到的木头人最多，还有写在丝帛上的文字，都是些大逆不道的内容，兹事体大，应该马上报告皇上。

太子刘据蒙了，他死也不会干这种事，怎么从他宫中搜出这么多木头人呢？明白了，一定是江充故意陷害我，因为我与他有过节，他担心将来我上台后报复他，所以最好的办法是把我弄死！

可是刘据又无法自证清白，在"铁的事实"面前，父皇是不会相信他的，何况父皇本来就疑心很重，要想自证清白，唯一的办法是死。

死是最容易的事情，也是很多人最不甘心的事情。不想就这么死掉的刘据铤而走险，逮捕了江充，将他及其手下的巫师全部烧死，逃出长安后打算调兵打回长安，结果事败被杀。

这就是历史上著名的"巫蛊之祸"。被"巫蛊之祸"牵连致死的多达数万人，包括皇后卫子夫。

虽然没有证据证明钩弋夫人是否参与了陷害太子的阴谋，但"巫蛊之祸"的发生，客观上的确起到了为她儿子刘弗陵扫清道路的作用。

然而，太子的败亡并不意味着障碍全除，刘弗陵前面还有三个哥哥，其中任何一个都比他有资格继承大统。

剩下的这几个儿子当中，燕王刘旦似乎最有资格，博学多才，能言善辩，喜好招揽游侠武士的他也认为太子之位非自己莫属，因为按照长幼次序往下排，第一个排到的就是他。

然而，刘据死后，汉武帝却迟迟不立太子，刘旦便有些等不及了，担心夜长梦多，煮熟的鸭子飞了。俗话说利令智昏，这个聪明人做了一件傻事，居然主动上书请求父皇立他为太子。大怒之下，汉武帝削掉了他封国的三个县邑。然后，这小子竟然真的反了，阴谋篡位自立，事败后自缢而亡。

四个"拦路虎"去了两个，还剩下两个。一个是广陵王刘胥，一个是昌邑王刘髆。不过刘胥从来就没有被考虑过，因为这小子为人奢侈，喜好游乐，行事没有法度，不可能成为皇位继承人，否则谁也不服，将来肯定会祸国殃民。至于昌邑王刘髆，很快也"自取灭亡"了——刘弗陵出生前，作为汉武帝最小的儿子，刘髆本来深受汉武帝喜爱，哪晓得他舅舅李广利和丞相刘屈氂（这两位是儿女亲家）搞阴谋诡计，打算通过不正当手段让刘髆当上太子，结果又是事情败露，李广利投降匈奴，刘屈氂被腰斩，刘髆的太子梦自然破灭，而且在汉武帝去世前不久他也去世了。

最后剩下刘弗陵一个，不想当太子都难，何况刘彻早就很喜欢这个儿子，认为身体好智商高的刘弗陵最像他小时候，真正继承了他的基因。

05

儿子顺利成为太子，也一定能顺利登上皇位，作为母亲的钩弋夫人无论在这件事上是否"出力"，都应该松一口气了。

可是她做梦都想不到，儿子的上位之路，成了她的死亡之途。

这也怨不得别人，要怨，就怨她自己太年轻了。钩弋夫人那年二十刚出头，被立为太子的刘弗陵那年仅有八岁。汉武帝担心自己死后新立的皇帝"年稚母少，女主颛恣乱国家"。

钩弋夫人当然想不到这一点，也不会这么想，但是她不这么想，不等于汉武帝不这么想。而且在汉武帝看来，这个问题必须尽快解决，因为上苍留给他的时间已经不多了，病重休养的他，说不定连第二天早晨的太阳都见不到了。

汉武帝想的这一出叫"子立母死"，后来的北魏开国皇帝拓跋珪也这么干过，目的是避免出现"垂帘听政"，即由女人把持朝中大权。

虽然女人执政并不意味着一定会给国家带来灾难，但汉武帝必须杜绝这种可能。在国家利益面前，美女算什么？爱人算什么？亲情又算什么？

于是刘彻找了个借口，认为钩弋夫人犯了过错，立即一顿训斥。可怜的女人，不明白自己做错了什么，又不敢问，更不敢申辩。她唯一能做的，就是褪下簪珥连连叩头。汉武帝视而不见，命人将她带走，送到后宫。直到她哀怨地回头望他，他的心仿佛才颤了一下，但依然决绝地说："你快走吧……你活不了了！"

后来，赵氏在云阳宫忧郁而死（一说被赐死），就地下葬，汉武帝还把她的住处封了。不过据褚少孙在《史记》里的补记，钩弋夫人死后并未就地下葬，而是被宫中使者连夜抬出去埋了，还在坟墓上做了标记。

据《汉书》记载，钩弋夫人死后，汉武帝就立刘弗陵为太子。

公元前 87 年（后元二年），汉武帝去世，年仅八岁的刘弗陵继位，是为汉昭帝。

刘弗陵继位后，追尊母亲为皇太后。

06

钩弋夫人的死，显然比窦娥还冤，连老天都为她鸣不平，当时就刮起了暴风。得知消息的老百姓，无不感伤。

钩弋夫人的"出世"是个传奇，她死后，关于她的奇闻依然不断。《太平御览》说她死后"尸不臭，香闻十余里，疑其非常人，及发冢开视，棺空无尸，唯双履（鞋）存"。

还有一种说法，说刘弗陵继位后，打算改葬母亲，打开棺材后却发现"棺空无尸，独丝履存焉"——打开棺材，发现里面并没有尸体，只有一双绣花鞋。

《搜神记》也有大同小异的记载："初，钩弋夫人有罪，以谴死，既殡，尸不臭，而香闻十余里。因葬云陵，上哀悼之。又疑其非常人，乃发冢开视，棺空无尸，唯双履存一云。昭帝即位，改葬之，棺空无尸，独丝履存焉。"

棺材里为什么没有尸体？人们说，这是因为她的死属于天意，她死后"成仙"了。

人们的愿望无疑是美好的。但上天去做神仙未必是她自己的愿望，如果她在天有灵，想必她一定也会想"早知今日，何必当初"，与其飞黄腾达，不如终老乡野。

一辈子与匈奴死磕的汉武帝，竟选匈奴人为托孤大臣

众所周知，匈奴是我国古代北方的游牧民族，秦汉时期势力达到鼎盛，控制了长城以北的广大地区，与南方的中原政权到了水火不容的地步，提起秦汉时期的汉匈关系，人们的印象中除了战争还是战争（汉朝的所谓和亲是不得已而为之，与"关系友好"没一点关系）。尤其是汉朝，仅仅在汉武帝时期，就发动过多次对匈战争，名将卫青和其外甥霍去病的成名和崛起也是拜匈奴所赐。

可以这么说，经常南下侵扰的匈奴是汉朝的死对头，无论朝廷还是民间，都对他们恨得牙痒痒。但有一个匈奴人，不仅得到了汉武帝的宠信，还成为其托孤大臣之一。

他叫金日磾，是匈奴休屠王的太子，其父被杀后，他和母亲、弟弟降汉。

01

金日磾生于公元前134年（元光元年），其父是驻牧武威的匈奴休屠王。公元前121年（元狩二年）春天，骠骑将军霍去病率一万骑兵北击匈奴，切断匈奴右臂，抓住了昆邪王子，缴获了休屠王的祭天金人（匈奴人的珍宝，用来祭天的核心道具）。

当年夏天，汉朝军队又向盘踞在祁连山的昆邪、休屠二王发动进攻，并给予后者沉重打击。

昆邪王因屡为汉军所破，伤亡惨重，惹毛了匈奴单于，想把他杀了解恨。昆邪王心想既然没有活路了，我干脆投奔汉朝算了，这可是你逼的，怨不得我。不过我单干意思不大，拉一个做伴的吧。

于是他把休屠王拉来做伴，成功说服后者一起投汉。休屠王虽然答应了，但想到自己的损失不大，估计单于不会杀他，就来了个中途变卦。休屠王的行为又把昆邪王

惹毛了，一怒之下杀了休屠王，降了汉朝，同时降汉的包括四万多部众。汉武帝非常高兴，立即封昆邪王为侯。

休屠王中途变卦，不仅害了自己的性命，还害得老婆孩子无所依靠，他们只好随昆邪王降汉，年仅十四岁的金日磾被安置在黄门署养马。

一个降民，又是个养马的，按照当时的社会阶层来看，金日磾应该属于社会的最底层，这辈子恐怕都没有上升到高层的希望——除非太阳从西边出来。可金日磾的太阳还真的就从西边出来了，这个太阳就是汉武帝。

02

有一次，汉武帝在宫中大摆筵席，喝酒喝高兴了想看马，诏令养马的把马儿牵来。养马的把马牵来了，汉武帝却忘了看马，而是目不转睛地盯着那个牵马的。只见这个小伙子体型魁伟，容貌威严，目不斜视，牵着膘肥体壮的骏马从殿上走过的样子十分英武。得知这个马夫是休屠王之子之后，汉武帝当即封他为马监。

关于这件事，《汉书·金日磾传》有明确的记载："日磾等数十人牵马过殿下……日磾长八尺二寸，容貌甚严，马又肥好，上异而问之，具以本状对。上奇焉，即日赐汤沐衣冠，拜为马监。"

从此以后，金日磾的飞黄腾达之路越走越顺畅，从掌管皇帝车轿、衣服、器物的侍中到驸马都尉直至掌管议论的光禄大夫，可谓是一路顺风。

金日磾仕途如此顺畅，当然不仅仅是因为他出色的外表，他更大的优点是踏实能干。据有关史料记载，金日磾自从来到汉武帝身边做事，从来没有过任何过失，也就是说，无论什么事情他都做得妥妥帖帖的，拿放大镜都挑不出毛病。

汉武帝看人的眼光还是不错的，对"你办事我放心"的金日磾是既信任又宠爱，不仅经常厚赏他，而且每次出门都让金日磾跟着，随侍车驾，在宫中也让他在身边侍候。

眼红的人自然不少，而且还是一些贵戚，说什么的都有，比如"陛下如此看重一个胡乱得到的匈奴小儿，让我们这些人情何以堪"之类的，汉武帝听了这些议论，反而对金日磾更好。

03

不仅对金日磾好得不得了，汉武帝对金日磾的两个儿子也是宠爱有加，还给了他们一个职务，就是专门让他逗乐子的"弄儿"。

大概他们之间太亲密无间了，有一次，孩子有点忘乎所以，从后面围住了汉武帝的脖子。这本来没有什么大不了的，再说既然和皇帝逗乐子是他的职责，就应该允许人家去"逗"，不"逗"怎么会有乐子呢？

可是金日䃅看见后，生气地瞪着儿子。大概平时这个当爹的在家里很凶，正所谓老子一瞪眼，后果很严重。这一眼居然把儿子吓哭了，一边跑一边哭："爹爹发火了。"直到汉武帝看见这场景，问金日䃅为什么要生气，更严重的后果才没有发生。

最后，更严重的事情还是发生了，不过是发生在多年后。

多年以后，他的儿子长大了，有了七情六欲，一次与宫女嬉闹时被他爹看见了。这好像也没什么大不了的，何况人家也许仅仅是和宫女开个玩笑，却被他爹认为是淫乱，眼睛都不眨一下，就把这个儿子杀了。

汉武帝虽然对他杀其弄儿的事情非常生气，但金日䃅叩头请罪并解释缘由之后，他的气就消了，此后更加尊敬金日䃅。

就因为儿子和宫女开了几句玩笑，就认为他是在和宫女淫乱，然后眼睛都不眨一下地把儿子杀了，这样的狠毒和冷血，也算是登峰造极了。

谁知道这种狠毒和冷血，是不是为了获得皇帝老儿的更多信任而付出的代价呢！

提心吊胆，小心谨慎，如履薄冰，生怕一步不慎跌倒后再也爬不起来，从此万劫不复，这也许是所有降民降将降臣的唯一正确"选择"。

04

公元前87年（汉武帝后元二年），汉武帝病重，弥留之际立刘弗陵为太子。临终前，汉武帝本想选金日䃅为托孤大臣之首，金日䃅却以自己是匈奴人、不足以服众为由婉拒，并推举霍光为顾命大臣，自己甘为霍光的助手，和上官桀、桑弘羊、田千秋等共同辅佐年仅八岁的太子刘弗陵。

金日䃅无疑又做了一个非常正确的选择，他太懂"枪打出头鸟"的道理了，之前有先皇关照时没人敢拿他怎么样，之后没有这样的靠山了，做人做事就必须更加谨小慎微，别说走错一步，哪怕走错半步都有掉下万丈深渊的可能，所以最好的办法是坚决不当那只最容易挨枪子儿的出头鸟。

公元前86年（始元元年）九月，金日䃅病逝，终年四十九岁，汉昭帝刘弗陵为他举行了隆重的葬礼,赐谥号敬侯。

四十九岁的金日䃅终于走完了谨小慎微的一生,也算善始善终了。只是不知道,这个被誉为"忠信"典范的人物,是不是也算得上"人在屋檐下,不得不低头"的典型?

"你说他死了，死人怎么可能给皇上写信？"

"苏武牧羊"的故事大家都很熟悉，说的是公元前100年（天汉元年）的时候，匈奴诞生了一个新单于，汉武帝心想，咱们既然是邻居，最好还是把关系搞好，免得你又来骚扰。于是派苏武带着一百多人和大量财物到匈奴去祝贺新单于即位。

没想到，他们完成任务即将回国的时候，匈奴上层发生内乱，苏武他们没有走成，被扣了下来。新单于不地道，收了汉朝的财物，却不想和汉朝交好，还想"收"了他们的人，要苏武臣服他。苏武当然不能背叛自己的祖国，单于许以高官厚禄，苏武还是死也不干。

别说高官厚禄，即使许诺让他当单于，苏武也不干。单于没办法，就开始耍花招。

01

单于耍的第一个花招，是把苏武关在一个露天大地窖里，那时正值隆冬，雪比鹅毛还大，单于既不给苏武吃的也不给他水喝，心想过不了几天，你就得屈服。因为人是铁饭是钢，一顿不吃饿得慌嘛。

不过这招似乎没啥用。单于没料到虽然不给苏武吃的，但天上下着大雪，苏武渴了就吃雪，饿了也吃雪，吃了雪又吃身上穿的羊皮袄。就这样过了好多天，苏武既没死又不屈服。单于很痛苦：你怎么软硬不吃呢？苏武说，我只吃雪和身上的羊皮袄。

单于一点办法也没有，只好放他出来。

苏武死也不背叛祖国的精神，反而让单于肃然起敬。他既不忍心杀掉，又不想放他回国，就把他流放到北海（今西伯利亚的贝加尔湖一带），给了他一群羊，说：苏先生，这群羊就交给您了，它们啥时候下了崽子，啥时候就放您回去。

这是单于耍的第二个花招——他给苏武的羊，全是公羊。而且还把苏武和同伴分开，不让他们在一起，陪伴苏武的就只有那一群公羊。

苏武就到北海一带放羊去了，一放就是十九年。

02

十九年后，让他放公羊的那个单于去世了。汉武帝也去世了，他儿子继位，是为汉昭帝。

祖国人民一刻也没有忘记苏武，每时每刻都希望他能回来，汉昭帝也是。他派出使者，要求匈奴把苏武等人放回来，匈奴就把他们放了。

此前打死也不肯放人的匈奴，为什么十九年后痛痛快快地把人放了？

事实上，匈奴的态度一直没变，哪怕汉昭帝派人来要人，他们仍然不想放人，为了达到永久扣留苏武、让苏武老死匈奴的目的，甚至还骗汉朝使者说苏武早就死了。

西伯利亚极寒之地，几千里荒无人烟，独自一人待在那个地方，长期缺吃少穿，纵有坚强的意志恐怕也坚持不了几年，匈奴的说辞也在情理之中。

但是汉昭帝不信，第二年又派使者去要人，活要见人死要见尸。

这一次，汉朝使者见到了一个人，正是这个人，成了苏武最终回到祖国的关键。

03

他叫常惠，是十九年前以苏武副使的身份，和苏武一同出使匈奴的汉朝使者，和苏武一样遭到匈奴扣押。

别看他在历史上似乎籍籍无名，当时可是一个了不起的人物，是活跃在汉武帝、汉昭帝、汉宣帝三朝的外交家。

和苏武一样，常惠也断然拒绝了匈奴高官厚禄的拉拢，不做背叛祖国的小人，他对祖国的忠诚，一点不亚于苏武。他对匈奴的背信弃义进行痛斥，把单于骂得狗血淋头。恼羞成怒的单于让他做了一个宫廷奴隶，用繁重的苦役来折磨他，使他完全丧失了人身自由。

当祖国第二次派出使者来到匈奴后，得知消息的常惠想办法买通了单于的手下，得以私下和来自祖国的使者见面。

见到祖国派来的使者后，常惠把所有的情况都告诉了他。

这名使者是谁，相关史料没有记载其名。后来有人就此编了一部京剧，在戏里，接苏武一行回去的是一个叫傅介子的使者。但此说存疑，因为傅介子这个人也是当时著名的外交家，如果那个使者是他，史书怎么也得记上他的名字。

由此看来，这个使者估计只是个很小的角色。

一个小角色，平时也许没有什么大用，但关键时刻，小人物往往能改变历史。

04

使者见到单于后，首先就是劈头盖脸一通斥责，比如说，你们匈奴人忒不厚道等等。然后他就按照常惠的授意，开始忽悠单于："你说苏武死了，可是为什么我们皇上收到他的信了呢？"

汉朝使者这话听得单于一头雾水："怎么可，可，可能！"汉朝使者冷笑一声，继续忽悠："啥意思？你居然怀疑我们皇上？""不，不，不，不是，我是说……"

单于欲言又止，突然听到对方语气异常严厉地说："我们皇上在上林苑射箭的时候射下一只大雁，苏武的信就拴在大雁的脚上，是写在一条绸子上的。你说他死了，死人怎么可能写信？你好歹是个首领，怎么能随便骗人呢？"

这话把单于吓得够呛，他不但毫不怀疑，还连连向汉朝使者道歉："一定是苏武的忠义把鸟儿都感动了。请少安毋躁，我们一定把苏先生给您送回。"

公元前81年（始元六年），历经磨难的苏武终于回到了长安。

05

顺便一提，与苏武一同回来的常惠，也受到汉朝人民的高度称赞和汉昭帝的信任。为了嘉奖他的劳苦，汉昭帝又破格提拔他为光禄大夫，而此前，他不过是一个临时招募的芝麻官。

从此以后，常惠就成了皇帝身边的"红人"，被皇帝留在宫里的他，专门处理与匈奴有关的问题和事务，俨然成了匈奴问题专家。

后来在汉宣帝时期，常惠又受命持节出使乌孙，完成了说服乌孙和汉朝联合抗击匈奴的艰巨任务。

苏武年老力衰而卒后，其典属国（主要负责对外事务）之职的重任也落到常惠肩上，他在外交战线做出了巨大的贡献，史称"明习外国事，勤劳数有功"。

汉宣帝甘露年间，常惠又擢升右将军之职，进入国家栋梁行列。汉宣帝去世后，常惠又为汉元帝工作，三年后去世，谥号为壮武侯。

西汉后期二三事

霍去病的弟弟是如何登上权力顶峰的？

贞观十七年（公元643年）二月二十八日，唐太宗李世民为了纪念和表彰当初一同打天下的功臣，命画家阎立本在凌烟阁内描绘了二十四位功臣的画像，这就是著名的《二十四功臣图》。

用这种方式纪念和表彰功臣并非李世民独创，早在公元前51年（甘露三年）的西汉，汉宣帝就这么干过。汉宣帝想起之前那些有功之臣，决定用一种独特的方式纪念、表彰一下，便令画家把十一位功臣画在麒麟阁中。后世常常把其和助刘秀重兴汉室江山的"云台二十八将"以及唐初的"凌烟阁二十四功臣"相提并论。

"麒麟阁十一功臣"中，排在第一的是霍光。

01

也许你没听说过霍光，但一定知道军事天才，把匈奴打得屁滚尿流的霍去病。这两人有啥关系吗？当然有，霍光是霍去病的同父异母兄弟。

霍光的父亲名叫霍中孺，当时是一个小官，被派到平阳侯家中服役，与平阳侯府中侍女卫媪之女卫少儿私通，生下了霍去病。霍中孺后来回家后与卫少儿断绝关系，另外娶妻生下了霍光。

公元前121年（元狩二年），霍光同父异母哥哥霍去病当上骠骑将军，率军奔袭匈奴途中，河东太守安排他与父亲见了一面。

打了胜仗撤军时，霍去病再次去见了生父，并把弟弟霍光带到长安，后来又保荐他入朝为官，那时的霍光年仅十多岁。

霍去病英年早逝后（死时年仅二十四岁），霍光成为负责保卫汉武帝安全的奉车都尉，做事小心谨慎的他侍奉汉武帝几十年无任何过错，得到汉武帝极大信任（出则奉车，入侍左右，出入禁闼二十余年，小心谨慎，未尝有过，甚见亲信）。

可以这么说，霍光是汉武帝最信任的人之一。所以汉武帝死后，霍光"理所当然"成为首席顾命大臣，与其他顾命大臣一起辅佐年仅八岁的汉昭帝刘弗陵。

从此以后，朝廷大权牢牢地掌握在霍光手里，一掌就是二十年，什么都是他说了算，连皇帝的废立都由他做主，所以他也被称为史上最有权力的顾命大臣。

实际上，汉武帝选中年仅八岁的刘弗陵为他的继承人，实属无奈。因为原太子刘据被奸佞江充诬陷，说什么汉武帝生病是巫蛊作怪，那个用巫蛊害汉武帝的人就是太子刘据。为了陷害太子，搜查太子宫时，江充在其他人不注意的时候把事先准备好的桐木人拿出来，作为太子诅咒汉武帝的"证据"，逼得太子起兵造反，结果被杀。

太子被杀后，新太子确立问题摆在面前，自知时日不多的汉武帝想立八岁的刘弗陵为太子，又不好明说，就让人画了一张画，画的是周公背成王朝见大臣的情景。

周公背成王，说明成王还很小，还要靠人背着上朝。当他把这张画赐给霍光的时候，霍光一下子明白了：皇上这是要让小孩子当太子啊。而符合这个条件的小孩子，除了刘弗陵没有别人。

02

公元前87年（汉武帝后元二年），汉武帝于弥留之际立刘弗陵为太子，封霍光为大司马大将军。

没多久汉武帝就死了，死前把皇位传给刘弗陵，命霍光和车骑将军金日磾、左将军上官桀、御史大夫桑弘羊及丞相田千秋辅佐小皇帝。

霍光历经武帝、昭帝、宣帝三朝，权倾一时。

辅政没多久，霍光就和另外两个顾命大臣上官桀、桑弘羊，以及燕王刘旦（汉武帝之子）展开了激烈的较量。

上官桀是霍光的儿女亲家，两人的关系不错，有时霍光不在宫里，上官桀就替他处理政务。后来霍光却把上官桀得罪了，两人成了政敌，原因是上官桀多次要给亲戚封官，都被霍光坏了好事，上官桀就产生了取代霍光的念头，以为抱上长公主的大腿便能达到目的，便使了一些手段，使长公主也成了霍光的对头。

更要命的是，另一名辅政大臣、御史大夫桑弘羊认为自己在汉武帝时期推行的盐铁政策给国家带来了巨大财富，功劳比任何人都大，地位却比霍光低，他对自己屈居于霍光之下产生不满。而在他看来，只有推翻现政权，由他和上官桀主政，才能取代霍光。

野心勃勃的桑弘羊还成功地把燕王刘旦拉到了自己一边。反霍同盟就这样成立了，万事俱备只欠东风，时机一到就要擒杀霍光。

要除掉眼中钉肉中刺，当然得有一个正当理由，这个理由就是"清君侧"。虽然这一套早已不新鲜，别人都用烂了，但除了这个，难道还有更好的理由吗？

03

于是他们以燕王的名义给汉昭帝写了一封信，说霍光擅自调动兵力，想把昭帝赶下台取而代之，还说为了皇上的安全，燕王刘旦要带兵"入朝护卫"。

没想到汉昭帝虽然只有十四岁，却一眼就识破了他们的阴谋——什么霍光谋反，分明就是尔等想谋反嘛，霍光若是想谋反，用得着大费周章吗，直接杀了朕就是了嘛！

反霍同盟的阴谋就这样被轻而易举地挫败了，霍光不仅毫发未损，地位还更加稳固，可谓因祸得福。

反霍同盟一不做二不休，干脆发动武装政变。他们想得还挺美的：让长公主请霍光吃饭，然后杀掉霍光，废掉汉昭帝。

可惜阴谋又没有得逞，长公主门下一个小税务官把这个机密透露给了大司农杨敞，他又告诉了谏大夫杜延年（麒麟阁十一功臣之一），最后汉昭帝、霍光自然也晓得了，先发制人抓了上官桀、桑弘羊以及所有妄想政变的主谋，灭了他们的家族，参与计划的长公主和燕王刘旦自知罪责难逃，自杀身亡。

反霍同盟又"帮"了霍光一把，从此以后不仅霍光本人权倾朝野，说一不二，成为朝政的决策者，他的儿子、女婿、弟弟等也纷纷在重要部门担任职务，没有任何势力能与霍氏势力比肩。

汉宣帝时期，霍光的权势到达了顶峰，朝廷事务都要由他拍板，然后再向皇帝汇报。汉宣帝表面上对他很信任，实际上很怕他，他每次朝见，汉宣帝都感到"若有芒刺在背"。

汉宣帝深知霍光的权力太大，所以当霍光提出"归政"时，他根本不敢答应，霍光也就继续把持朝政，直到去世，任何人也未能撼动他的地位。

史上第一个裸模的结局是什么？

一般认为，1920年美术大师刘海粟开风气之先河，在他与乌始光等人联合创办的上海图画美术院聘请少女陈晓君做人体模特，是中国第一个使用人体模特的美术家，被他聘请的陈晓君，也就成了中国史上第一个裸模。

事实上，"裸模事件"虽然当时在上海滩掀起了轩然大波，轰动了全国，也在历史上留下了浓墨重彩的一笔，至今仍为人津津乐道，陈晓君却不是史上第一个裸模。这个"第一"另有其人，名叫陶望卿，是西汉的一名王妃。

01

陶望卿本为平民女子，因长得貌若天仙，不幸被一个王爷看上了，从此走上了倒霉路。

看上她的王爷名叫刘去，又叫刘去疾，是汉景帝刘启的曾孙，祖父是广川惠王刘越，父亲是广川缪王刘齐。

刘去本来被剥夺了当诸侯王的资格，因为他父亲刘齐病死后，广川国就被废除了。封国被废，"广川王"的封号自然也不存在了，作为刘齐的儿子，刘去自然也接不了班。

但仅仅几个月后，汉武帝又下诏立刘去为广川王，理由是："广川惠王是我的哥哥，我不忍断绝他的宗庙，还是让惠王的孙子刘去为广川王吧。"

据《西京杂记》和《汉书·卷五十三》等史籍记载，广川王刘去一辈子似乎只做了两件事，一件是盗墓，一件是杀人。

刘去的封地分布着很多春秋战国时期的古墓群，几乎全被他盗过，其中包括魏襄王和晋灵公的墓。

他究竟盗过多少墓，连他自己也数不清，仅给他留下深刻印象的就有几十座，成为他向著名经学家、目录学家、文学家刘向吹牛的资本，被后者一一记录在案。

与获得财宝相比，刘去更在乎盗墓的过程。对他来说，盗墓已经成了一种非常好玩的游戏，他从这种游戏中得到了极大的乐趣，欲罢不能。何况他从来没有想过罢手。

杀人也可以上瘾。

刘去杀的尽是女人，而且大多是他自己的女人，杀人手段极其残忍，他采用残杀、生割与烹杀等方式，先后杀掉十多个嫔妃和婢女。

02

杀人上瘾之前，刘去其实算不上十恶不赦之徒，而且知书达理，《易》《论语》《孝经》皆通，好文辞、方技、博弈、倡优"，虽然年轻时喜欢与无赖少年鬼混，爱好游猎和盗墓，但是杀人这个"爱好"还没养成。

自从他开始宠爱一个叫昭信的女人后，一切都变了。

宠爱昭信之前，刘去宠爱的是王昭平、王地馀两个姬妾，还答应将来立她们为王后。昭信是刘去生病时，因悉心照料他而受宠的。

按理说这也没什么不对，人家对你好，你总不能没有回报吧。刘去错就错在有了新欢冷落了旧爱，导致王昭平、王地馀醋意大发，也使她们当王后的希望落空。两人咽不下这口气，决定除掉那个半路蹿出来的程咬金。

相比之下，王地馀的胆子稍大一点，除掉昭信的任务就落到了她头上。不料老天没站在她那一边，关键时刻，藏在袖子里的刀掉了出来。

正在与她嬉戏的刘去一愣："你在袖子里藏把刀弄啥？是不是想弄死本王？"王地馀不承认。

刘去就去问王昭平，王昭平也不说。刘去就用针刺她，王昭平受不了了，竹筒倒豆子，什么都交代了：没错，我们就是想杀了昭信！

在接下来的姬妾大会上，刘去将这起严重事件做了通报，强调了安定团结、和睦相处的重要性，希望大家今后引以为戒。然后他亲手杀了王地馀，另外一个交给昭信，让她也亲手刺死了她。

眨眼工夫连杀两人，毕竟不是小事，消息有泄露出去的可能，必须弥补。在昭信看来，最有可能泄露消息的，当然是那两人的婢女了。她跟刘去一说，刘去说好办，杀了就是。于是就杀了三个知情的婢女。

如此草菅人命，毕竟有点缺德，是要遭报应的。残忍如昭信也心虚了，生病时梦见了王昭平等人。她把这事告诉了刘去，刘去说，她们这是想让我害怕和顾忌呀，一把火烧掉就万事大吉了。

于是把二人的尸体挖出来，烧成灰烬（《汉书·卷五十三·景十三王传》：后昭信病，梦见昭平等，以状告去。去曰："虏乃复见畏我！独可燔烧耳。"掘出尸，皆烧为灰）。

03

昭信比烧为灰烬的那两个女人更善妒，更见不得刘去喜欢别的女人，她要独霸这个男人的爱。她以为她会是王后，做到这点不是难事。

独霸一个男人的爱也不是没可能，问题是刘去光姬妾就有几十个，他怎么可能只喜欢她一个？

于是，当刘去不可避免地喜欢上另一个名叫陶望卿的姬妾时，更大的悲剧发生了。

关于这个陶望卿，前面已经做了一点简单的介绍。她本为平民女子，小家碧玉，因十分漂亮而成了刘去的女人。

当昭信被刘去立为王后时，陶望卿也当官了，刘去让她主管王府里的丝绸，是为"脩靡夫人"。

也许是近水楼台先得月的缘故，陶望卿把自己打扮得漂漂亮亮的，而这刺痛了昭信的眼睛。

真正刺痛她眼睛的，不是几件漂亮衣裳，是刘去整天搂着那个"狐狸精"不放。

昭信时不时在刘去面前说那个"狐狸精"的坏话，什么对她无礼啦，什么穿的衣裳比她的好看啦，什么把上好的丝绸拿去送给宫人啦……

刘去虽然为人酷虐淫暴，脑袋却没被驴踢。昭信这么诬陷别人，他当然知道她是什么目的。刘去对昭信说，你多次谗毁望卿，目的我明白，但没用，这丝毫减轻不了我对她的爱。你要想达到目的也行，如果她和别人淫乱，你听到消息就马上告诉我，我一定饶不了她，非把她煮成肉酱不可。如果没有这方面的消息，你就给我闭嘴。

昭信虽然闭嘴了，却在心里说，等着瞧吧，这一天很快就会到来的。

04

这一天真的很快就到来了，而且是陶望卿自己"送上门"的。

长得漂亮不是错，但高调炫耀就不对了。凡是智商正常的人都明白，要想在群狼环伺的环境中活得好，就得夹起尾巴做人。可是陶望卿偏不，仗着受宠，便有些得意忘形，她找来一个画工，让他给她画裸体画。

她想用这种方式，尽可能把自己的漂亮保留得久一点。

这个两千多年前的王妃，便成了迄今为止中国有史料记载的最早的裸体模特。

刘去什么都不怕，就怕戴绿帽子。昭信精准地抓住了他这个软肋，说得有鼻子有眼：陶望卿和画工共处一室，"袒裼傅粉其傍"，要说他们没有奸情，您信吗？

昭信提供的情报还包括陶望卿"数出入南户窥郎吏"（成语"南户窥郎"就来源于此），就算和那些男人没有奸情，也想和他们有奸情，不然她怎么会偷看他们呢，而且还是多次偷看！这说明她骨子里是个荡妇，出轨是早晚的事情。

刘去说，既然这样，那你就给我盯紧点。

有戏！昭信进一步的诬陷开始了。她对刘去说，你特别喜欢的那个大美人，也许人家心中根本就没有你，不然她怎么会多次指点郎吏的卧室，还能一一说出那些男人的名字，连郎中令的锦被都认得出来！

证据"确凿"，刘去能不信吗？他马上带着昭信和其他姬妾，浩浩荡荡直奔陶望卿住处而去。

05

你不是喜欢赤身裸体吗？咱们再次成全你！刘去命人把这个大美人脱得一丝不挂，狠狠地收拾一番后，又命令其他姬妾拿烧红的铁块烫她。陶望卿哪里受得了这种酷刑，拼命挣扎，终得逃脱，投井自尽。

昭信却不让她好死，把陶望卿从井里捞出来，先是把一根木桩钉入她的下身，再割掉她的鼻子、嘴唇和舌头。

昭信的残忍，把刘去都看愣了。

做完这些，昭信还不忘解释一下：上回杀了王昭平，没想到她来吓我，怪就怪当时没有让她粉身碎骨。如今妾学乖了，把陶望卿粉身碎骨，她就成不了神，吓不了我啦。

刘去深以为然，便亲自动手，和昭信一起，把那个大美女剐成一块一块的，然后放进锅里撒上毒药，煮成一锅肉酱。

这个过程长达一天一夜，刘去的其他姬妾也奉命观看了一天一夜。他这是杀鸡给猴看。

据《汉书·卷五十三·景十三王传》记载，以如此残忍的手段杀掉陶望卿后，刘去把她的母亲、她的妹妹陶都也杀了。

公元前71年（本始三年），东窗事发，有关官员查明刘去"燔烧烹煮，生割剥人，距师之谏，杀其父子，凡杀无辜十六人，至一家母子三人，逆节绝理"的犯罪事实，奏请斩首示众。汉宣帝却有意包庇，结果刘去只被判了个"不再为王，和妻子儿女迁徙上庸"。

刘去自知恶贯满盈，罪孽深重，于途中自杀。昭信也落得应有下场，被弃市。

班婕妤：中国历史上最完美的女人

01

东汉有一对姓班的兄弟，都是历史名人，一位叫班固，著名史学家、文学家，一位叫班超，著名军事家、外交家，他们还有一个名叫班昭的妹妹。兄妹三人从小就跟着学富五车的父亲班彪学习文学和历史，班彪、班固、班昭被人合称"三班"，其名望一点不输北宋的"三苏"。

后来，班固成了著名史书《汉书》的编写者，班超成了东汉名将，是开拓和维持汉朝与西域关系的重要人物，他们的妹妹班昭也是著名的史学家。

实际上，早在班氏兄妹成名之前，他们班家就出了一个大名人，被后世称为"中国历史上最完美的女人"的班婕妤——班固、班超、班昭的姑祖母。

按照一般的理解，"班婕妤"应该是姓班名婕妤，实际上不是这样的。"婕妤"不是她的名，是宫中嫔妃的"职称"。

是谁的嫔妃？汉成帝刘骜，西汉第九个皇帝。

班婕妤能够获得"最完美的女人"荣誉称号，一是因为才，二是因为德。也就是说，这是一个才德皆具的女人。

班婕妤是西汉女辞赋家，是中国文学史上以辞赋见长的女作家之一，其作品很多，但大部分已佚失，现存作品仅三篇：《自悼赋》《捣素赋》和一首五言诗《怨歌行》，亦称《团扇歌》。

这个在当时就有"上品诗人"美誉的才女，据考全名叫班恬，楼烦（在今山西）人。

02

班婕妤虽是山西人，但很小的时候，就随家人迁居到了长安西郊，自幼"聪明伶俐，秀色聪慧，工于诗赋，文才出众，读书甚多"。

汉成帝时，班婕妤被选入宫，初为少使，不久就升到了婕妤——从"升职"速度可知，此女子的本事真的不小。

俗话说：龙生龙，凤生凤。班婕妤天生素质高，与其家庭出身和家庭教育都有很大关系。其父名叫班况，官至越骑校尉，在汉武帝出击匈奴后期驰骋疆场，为朝廷立过大功。

班况可不是仅会打仗的武夫，其学问也堪称一流，之所以做到越骑校尉，是连年课考第一的结果。这个课考，可不是只考骑马射箭那么简单。

在父亲的影响和教育下，班况的四个儿女（三男一女）都很出类拔萃：老大班伯是一位精通《诗》《书》《论语》的学者，曾数次"聘书使匈奴"，为定襄太守；老二班斿官拜谏大夫，以博学有俊才深受皇帝器重；老三班稚以方直自守见称，终官延陵郎。

03

班婕妤是汉成帝的后妃，在赵飞燕入宫前，汉成帝对她最为宠幸。

汉成帝宠爱她，首先是被她的才华所吸引。班婕妤的文学造诣极高，尤其熟悉历史，常能引经据典，不仅能开导汉成帝，还能给他不少"启蒙知识"，甚至还能在治理国家方面为他提供帮助，总而言之，是个"聊天"的好伙伴。班婕妤又擅长音律，常使汉成帝在丝竹声中进入忘我境界。

汉成帝宠爱班婕妤，还因为她的贤德在后宫中有口皆碑。她有多贤德？请看"班妃辞辇"这个故事：

> 成帝游于后庭，尝欲与婕妤同辇载，婕妤辞曰："观古图画，贤圣之君皆有名臣在侧，三代末主乃有嬖女。今欲同辇，得无近似之乎？"上善其言而止。太后闻之，喜曰："古有樊姬，今有班婕妤。"（汉书·外戚传》）

意思是说，汉成帝在后宫游玩，专门造了一辆大车，想和班婕妤同乘一辆车，班婕妤却一本正经地拒绝，说："我看古代留下的图画，圣贤之君都有名臣在侧。夏、商、周三代的末主夏桀、商纣、周幽王才有嬖幸（以邪僻取爱曰嬖）的妃子在座，最后竟然落到亡国毁身的境地。我如果和你同车出进，那你就跟他们差不多了，能不令人凛然而惊吗？"

皇帝只不过想和你坐一辆车，你却讲一番大道理，是不是有点小题大做？非也！

班婕妤这番话，正是她贤德的表现，因为按照当时的规矩，皇帝在宫苑巡游，坐的是一种豪华车，绫罗为帷幕，锦褥为坐垫，两个人在前面拖着走，称为"辇"。而皇后、妃嫔所乘坐的车子，只能有一人牵挽，如果班婕妤听了皇帝的安排，也坐在"辇"上，那就是坏了规矩，影响很不好。班婕妤如此贤德，汉成帝能不爱她吗？

何况她的表现赢得了太后的欢心——太后听说班婕妤以理制情、不与皇帝同车出游的事迹后非常欣赏，赞道："古有樊姬，今有班婕妤。"

樊姬是战国时期楚庄王的妻子，楚庄王即位时成天只晓得打猎，不务正业，樊姬苦苦相劝，效果却不好。最后樊姬来了个绝招，不再吃禽兽的肉，楚庄王这才改过自新，勤于政事。后来樊姬又大力"辅佐"楚庄王，使其成为"春秋五霸"之一。

樊姬是后世贤内助的理想标准，太后把班婕妤与樊姬相提并论，是对这个儿媳妇最大的肯定和赞扬。

04

然而这一切，因赵飞燕的到来而发生了改变。

赵飞燕，历史上著名的美人，传说身轻如燕，可在人的手上跳舞。辛弃疾有词云：君莫舞，君不见、玉环飞燕皆尘土……能与四大美人之一杨玉环并列的美人，自然容貌不差。

实际上，班婕妤也是花容月貌，之所以被选入宫，这也是一个重要的因素。汉成帝最初非常喜欢她，跟她的外貌也有很大关系。而且她还有一个优势，是一般女子无法比拟的，那就是家庭背景下培养出的那份雍容华贵的气质和无与伦比的人格魅力。

然而，这个名叫赵飞燕的女子来了，无论班婕妤愿不愿意，无论她承不承认，她们的较量都不可避免地开始了。结果是，这个"中国历史上最完美的女人"，轻松地败给了前者。

打败她的，是对方的风骚。

她什么都有，就是没有风骚。汉成帝喜欢她的才华和贤德，但更喜欢赵飞燕的风骚。

要制胜，就得有制胜的法宝，她明白她没有，所以她不争。那些不属于她的，她不要；那些要离开她的，她不留。

最好的选择，也是唯一的选择，是退一步海阔天空。懂得急流勇退，才能明哲保身。她向汉成帝上奏，自请前往长信宫侍奉太后，被汉成帝恩准。

这是无奈之举，也是聪明之举，有太后庇护，再也不怕赵飞燕姐妹的陷害了。想当初，当赵飞燕赵合德姐妹想打击这个最大的情敌，诬陷她参与"巫蛊"案，那是怎样的惊心动魄啊，若不是一番巧辩（妾闻死生有命，富贵在天，修正尚未蒙福，为邪欲以何望？使鬼神有知，不受不臣之诉；如其无知，诉之何益？故不为也），皇帝岂能放过她？

深宫寂寂，岁月悠悠。在长信宫侍奉太后的班婕妤悯繁华之不滋，借秋扇以自伤：

> 新裂齐纨素，鲜洁如霜雪。
> 裁为合欢扇，团团似明月。
> 出入君怀袖，动摇微风发；
> 常恐秋节至，凉风夺炎热；
> 弃捐箧笥中，恩情中道绝。

唉，我是一把秋后的扇子，天气凉了，主人再也不用了……

班婕妤从此心如止水，除了陪侍太后，就是不停地写诗词歌赋，为文坛留下不少佳作。

公元前7年（绥和二年）三月，汉成帝暴毙于未央宫。汉成帝死后，太后让班婕妤守护陵园。从此，班婕妤与石人石马相伴，度过了孤单落寞的晚年。后来，班婕妤死后就埋葬在那里。

小皇帝政变记：裙带政治的恶果

01

王政君是汉元帝刘奭的皇后，也是中国历史上寿命最长的皇后之一，身居后位（皇后、皇太后、太皇太后）的时间比不少人的寿命还长，达六十一年，仅比清朝的孝惠章皇后短三年。

王政君生于官宦之家，父亲王禁做过廷尉史，却是个酒鬼，又好色，有好几个妾。有了妾，正妻难免会失宠，于是正妻干脆改嫁了。

王政君就是她父亲的正妻生的，虽然从小就失去了母爱，但她长大后婉顺贤惠。不料她父亲刚要把她嫁出去，未婚夫就病死了。又改嫁给东平王做妾，还没过门，东平王又死了。

接连"克"死两个男人，这是啥情况啊？王禁找人算卦，算卦的说，你女儿是大富大贵之命，将来一定会嫁给一个显贵之人。

原来这些都是凡夫俗子，配不上我女儿啊！既然将来要嫁给显贵，不能是文盲啊，那么叫她读书写字、弄琴鼓瑟吧。于是，王政君就有了文化。

02

五凤年间，王政君十八岁，这一年她果然被选入宫，后来一系列机缘巧合，相貌平平的她居然做了太子刘奭的太子妃。

实际上，刘奭并不喜欢王政君，主要是她长得不太好看，比起之前他的那些女人差远了。但他从前临幸了那么多女人，都没有生养，偏偏王政君一次就见了成果，怀上了！这不是天意是什么？

他们的儿子刘骜三岁那年，汉宣帝去世了，刘奭继位，是为汉元帝，王政君一跃成为皇后。

汉宣帝算是个短命鬼，只活了四十四岁就病死了。刘奭四十三岁那年也病死了。刘骜继位，是为汉成帝，王政君成了皇太后。

成为皇太后之后，王政君的人生才算真正开始。因为之前沉迷于酒色的儿子汉成帝依然沉迷于酒色，王政君趁机操纵了朝政，重用外戚，拉开了西汉外戚专权的帷幕，把国家祸害得一团糟。

03

王政君重用外戚是从她大哥王凤开始的，她任命王凤为大司马大将军领尚书事，权力大得吓人。其他王家人如王音、王商、王根、王莽等，都随王政君得道后升了天。

王莽虽然只是王政君的侄儿，是她三弟王曼的儿子，但是因为她大哥王凤死时让她照顾王莽，所以她就让王莽做了大司马，掌握了军政大权。

大权在握后，欲望就会进一步膨胀，王莽有了篡汉的野心。但这个人很会演戏，是个出色的演员，当了大司马之后反而表现得更加谦恭礼让。不但朝野上下上当，颂扬之声不绝，"宗族称孝，师友归仁"，王政君同样被他的表象迷惑，对他更加信任。

但是很快，王政君就尝到了裙带政治的恶果——王莽演了一段时间的戏后，不想再演了——成天演戏多累啊。

04

王莽终日欺骗王政君，说自己辅佐朝政使天下太平，大臣们上奏请求封他为"安汉公"。

得逞后不久，他又暗示群臣奏请立他的女儿为汉平帝的皇后。那时候，王政君已经无法阻止这个侄儿在得寸进尺的道路上越走越远了。

当王莽胁迫她尊他为"宰衡"时，王政君不得不下诏："皇帝年幼，朕统策国政，已年迈体弱，精力不支，若事必躬亲，不利于育养皇帝，今后除封爵奏闻外，其他政事皆听由安汉公与辅政大臣处理。州牧、两千石官及茂才吏初除奏事者，则听凭安汉公决断。"

啥叫"宰衡"？查遍史籍，都查不到这个官职，原来是为他特设的——王莽认为伊尹为阿衡，周公为太宰，而他比这两位先贤加起来都牛，所以"采伊尹、周公称号，加公为宰衡，位上公"。

除了《汉书·王莽传》,《汉书·平帝纪》也记载了这件事:"夏,皇后见于高庙,加安汉公(王莽)号曰'宰衡'。"

被尊为"宰衡"、培植亲信、清除异己、权力急剧膨胀的王莽,还给自己"发明"了一个新词儿:摄皇帝。

05

那时的王政君已年逾古稀,年幼的汉平帝也离开了人世。为了专权,王莽又立了一个小皇帝。

这还不够,他又让人在武功县(今属陕西)境内弄了一块"异石",上有丹书"告安汉公莽为皇帝",然后指使人奏报王政君,王政君这才大吃一惊——这个混账东西,确实有篡汉之心啊!不能答应,绝不能答应——此诬罔天下,不可施行!所谓的丹书符命这些玩意儿,都是弄来骗人的,信不得!

王莽早就料到王政君会这样,所以早就找好了说客,其党羽、太保王舜对王政君说:"事已至此,想阻止也不可能了。其实,就是给他两个胆子,他也不敢有非分之想,他不过是想通过这个提高他的身份,让人服从他罢了。所以,您老人家就同意了吧,这对江山社稷也有好处。"

这哪里是劝,简直就是威胁,分明是在暗示:若不满足他的胃口,他就乱来!王政君只得勉强答应王莽称"摄皇帝","南面朝群臣,听政事",冕服礼仪"皆如天子之制",并改元称居摄元年。

对王政君来说,也许她心里还怀着最后一丝"希望":假皇帝就假皇帝吧,给他这个名分也未尝不可,只要他不想当真皇帝就行,否则那才要命。

只能说,她太天真了。以辅佐名义架空了成帝、哀帝、平帝三朝皇帝权力的王莽,岂是一个假皇帝的名分能够满足的,不然他何必费那么大劲?

06

王莽也不想虚伪了,直截了当地让王政君把"摄"字去掉,仅在王政君和皇后面前称"摄皇帝",王政君不答应也不行了。

几天后,王莽称帝,定国号为"新",史称"王莽篡汉"。

当王莽唆使心腹王舜来索要传国玉玺时,十分后悔、万分悲愤的王政君破口大骂:你们这些猪狗不如的东西,个个沐浴浩荡皇恩,人人享受荣华富贵,不但不知恩图报,反而谋篡汉家江山,心中毫无恩义二字,做人做到这个分上,猪狗都不会多看尔等一眼!

但大势已去,谁也没有回天之力,悲愤至极的王政君使劲将传国玉玺摔在地下,咬牙切齿地说:"只可惜老娘老了,活不了多久了,看不到你们遭报应的那一天!"

看着地下被摔掉一角的传国玉玺,王政君分明看到了自己那颗破碎的心……

尽管玉玺缺了一角,但逼宫成功,王莽仍十分高兴,竟然在未央宫为王政君特设酒筵庆贺!

此时此刻的王政君哪里吃得下喝得下。但,自己酿的苦酒,再苦也得喝下去!这杯满满的苦酒,装的是"裙带政治"四个字!

贰

下半场：东汉王朝

与光武帝刘秀
有关的人和事儿

他若不被杀，东汉开国皇帝就没刘秀什么事了

01

据《后汉书》记载，汉高祖刘邦的九世孙当中，最有出息也最出名的是东汉开国皇帝刘秀。然而，如果把刘秀叫作牛人的话，他哥刘縯其实比他更牛。

刘縯虽然和刘秀是一母同胞，但兄弟俩性格迥异。刘縯"个性刚毅，慷慨有大节"，喜欢结交豪杰，不惜倾家荡产。作为弟弟，刘秀则稳健得多。他们都加入了推翻王莽的起义军行列。

实际上，刘縯等人并非革命的先行者，先他们揭竿而起的是著名的绿林军。而且绿林军中的两支最强队伍新市兵和平林兵，已经发展到了南阳。

在当时，虽然各地起义风起云涌，但官军依然很厉害，任何一支起义军都无法单独与之抗衡。

刘縯明白，他的队伍虽然有七八千人，但与官军是没法比的，稍有不慎就会被吃掉，便想与绿林军联合，共同对付官军。

刘縯派去联络的人叫刘嘉，是他的族兄。新市的绿林军首领名叫王凤，平林的绿林军首领名叫陈牧，他们也有这个想法，愿意与刘縯合作，于是双方合军一处，共同对付王莽。

02

义军一联合就打了个大胜仗，攻克了唐子乡（在今河南），接着向棘阳（在今河南）进攻。

棘阳却不那么好打。棘阳的最高军政长官是前队大夫甄阜和属正梁丘赐，他们率十万官军拼命抵抗，在位于今河南邓州的小长安截住了起义军。

那一天大雾弥漫，能见度很低，官军又占据了有利地形，加上熟悉环境，打起来非常顺手，起义军猝不及防，简直毫无还手之力。

一场混战下来，刘氏数十个同宗兄弟战死，其他人就更不用说了。起义军急忙退守棘阳，甄阜、梁丘赐却紧追不放，意图全歼起义军。

吃了这么大的败仗，新市、平林两军怕了，急于向南逃，不然就逃不掉了。

刘縯和刘秀也急了，千万不能让他们离开，否则咱们更势单力薄，更容易被官军吃掉。

关键时刻，一支五千人的下江兵出现在眼前。这支下江兵也是绿林军的一支，首领是王常、成丹等，当他们来到位于今河南唐河东南的宜秋时，刘縯决定说服他们加入。

刘縯最主要的目的，是希望通过他们的加入，稳住新市、平林两军的军心，让他们留下来继续跟官军抗衡。

为了显示诚意，刘縯和弟弟刘秀、李通一起来到下江兵驻地，拜见王常。

王常是个明白人，刘縯刚说完"合从之利"，他就表示"王莽篡弑，残虐天下，百姓思汉，故豪杰并起。今刘氏复兴，即真主也。诚思出身为用，辅成大功"。

刘縯大喜，把胸口拍得啪啪响："如事成，岂敢独飨之哉！"——事成之后，咱们有福同享！

王常同意合作，成丹等人却坚决反对——这样一来，咱们岂不是要受制于刘氏兄弟吗？干不得干不得！

王常干脆把诸将召来开会，苦口婆心地劝他们："夫民所怨者，天所去也。民所思者，天所与也。举大事必当下顺民心，上合天意，功乃可成。……今南阳诸刘举宗起兵，观其来议事者，皆有深计大虑，王公之才。与之并合，必成大功，此天所以佑吾属也。"

诸将无法反驳，答应听他的。

下江兵的加入果然影响了新市、平林两支队伍，他们答应不逃了。

03

"大飨军士，设盟约"，休息三天之后，他们制订了周密的作战计划。

最能体现刘縯军事才华的，是发生于公元23年（地皇四年，更始元年）的那一战。刘縯把全军分为六个部分，趁夜出击，一举端了官军的后勤基地，尽获其辎重。

第二天，他们又分路进攻官军，刘縯、刘秀兄弟俩攻甄阜，下江兵攻梁丘赐。下江兵的战斗力还是不错的，打到早饭时分，梁丘赐就扛不住了，首先溃逃。甄阜军见状，顿时失去抵抗意志，跟着溃逃。

起义军紧追不放，一直追到黄淳水边，官军想渡河，可惜没桥，仅被义军赶下河淹死的，就达两万多人。甄阜和梁丘赐两个头头也死于乱军之中。

王莽在棘阳的精锐之师，就这样在刘氏兄弟和绿林军的联合打击下，彻底完蛋了。

这场胜利的另一个收获同样重要——缴获了大量的武器和粮草，使义军如虎添翼。

王莽的主力几乎被打光了，不过他派出叫严尤和陈茂的两员干将，命他们到荆州招兵买马，他们很快就在原地方军的基础上组建了一支主力军。

这支军队的战斗力还真不弱，在与绿林军的几次战斗中，竟然都占了上风，然后乘胜向宛城开拔，打算把义军消灭在宛城附近。

"来得正好！"刘縯冷笑一声，"陈兵誓众，焚积聚，破釜甑，鼓行而前"，督军全力冲锋，一战而斩首敌人三千多。

此战的胜利也给刘縯自己带来了"麻烦"，王莽发出了史上悬赏金额最高的通缉令：杀死刘縯者，无论什么人，奖食邑五万户，黄金十万斤，并封为上公。

这是什么概念——当时一个郡的人口，也不过五万户；当时全国一年四分之一的财政收入，也不过十万斤黄金；而上公，是除皇帝之外的最高官爵。三项相加，那可是比皇帝的位子还诱人的诱惑！

当年刘邦买项羽的人头，所悬之赏也不过是一万户加千斤黄金。也就是说，刘縯的头比项羽"值钱"百倍。

王莽还令人把刘縯的画像挂在长安官署及天下乡亭，于是，官员们上班的第一件事就是朝刘縯的画像射箭。

《后汉书》和《资治通鉴》都记载了一件事：王莽令人随便抓来一个百姓，给他戴上高帽子，帽子上写上"刘縯"二字，游街示众后一刀砍了。

04

刘縯被"杀"后不但没死，反而活得更欢了。

在刘縯领导下，公元23年，义军发展到了十多万人，并连续多次给予官军沉重打击，取得了一系列胜利。

就在那一年，义军将领们取得共识：为了统一领导，增强号召力，更利于对敌斗争，需要拥立一个刘氏宗室为皇帝。

既然是共识，那就"选"吧。

令人大跌眼镜的是，将领们没有选择最能胜任这个角色的刘縯，而是一致选择了一个名叫刘玄的刘氏子弟。

看似荒唐，却很好理解——在他们看来，刘縯太厉害了，太强势了，他们无法控制。刘縯展现出来的超人谋略和卓越的指挥才能让他们害怕，而刘玄性格怯弱，才能平平，很好控制，估计叫他坐着，他不敢站起来。

刘縯虽然心里有抵触，但众意难违，他也无可奈何。

参加完刘玄的登基仪式，刘縯就以大局为重，又到前线去了。南阳豪杰们普遍不服时，他还劝他们接受这个事实。

然而，虽然刘玄成了皇帝，但很多人的心里是没有刘玄的，只有刘縯。

比如平林一部在攻打新野时，守城的新野宰潘临站在城头上说，你们也别打了，我们愿意投降，但须得司徒刘公一信。

"司徒刘公"也就是刘縯，刘玄登基后升他为大司徒，封他为汉信侯。

刘縯率军赶到后，潘临果然向他开城投降。

然而，这样的结果，却令刘玄对刘縯产生了提防之心。

尤其是大破王莽四十万精兵的昆阳之战过后，无论是在敌人那边还是自己人这边，刘氏兄弟的威名都超过了他这个皇帝。

此时的刘玄不是提防，而是恐惧，他感到刘縯对自己的威胁越来越大，到了不除掉就睡不着觉的地步！

与刘縯的大大咧咧、毫无心机不同，刘玄的心思被刘秀敏锐地察觉到。所以，当刘玄决定把诸将召到宛城接见时，刘秀提醒哥哥注意：刘玄的真正目的，可能不是这个，而是要对咱们兄弟俩下黑手。

对于弟弟的提醒，刘縯不以为意：皇帝例行公事而已，老弟多心了。

刘秀猜得没错，刘玄此举的目的，正是借机刺杀刘縯！

05

但不知为何，刘玄并未动手，最后一刻，他控制住了举玉佩为号的手。这样动手太明显了，人们不会服的，他并未蠢到家，他要让刘縯死得令人心服口服。

但他的心思，被刘縯的舅舅樊宏看出来了，过后樊宏对刘縯说，差点又是一场"鸿门宴"。刘縯依然一笑置之，认为舅舅也多心了。

而刘玄那边，则在加紧策划下一步行动——刘縯必须死！

刘縯依然是一副不相信的姿态。当刘秀提醒他，李通的堂弟李轶已暗中倒向刘玄，与刘玄的心腹朱鲔打成一片，很可能在策划什么阴谋，劝刘縯加以提防时，刘縯还是笑笑：兄弟，你想多了，李轶咋会背叛我呢？

正当刘玄苦无良策之时，刘縯的部将刘稷"及时"跳出来，帮了刘玄大忙。

刘稷既是刘縯的同宗，也是刘縯的忠实部下，作战勇猛，"数陷陈溃围，勇冠三军"。当皇帝这个位子落到刘玄屁股下，而不是刘稷心仪的刘縯时，正在前线指挥作战的刘稷蒙了，也怒了，脱口而出："本起兵图大事者，伯升兄弟也，今更始何为者邪？"——我们这么辛苦，是为了刘縯兄弟，他刘玄算哪根葱，凭啥江山让他坐？

刘玄知道后，阴险地笑了，封刘稷为"抗威将军"——他知道刘稷肯定会拒绝。

刘稷果然拒绝接受，抗威不就是抗命吗，抗威将军不就是抗命将军吗？哪个愿意接受这样的称号？

不接受就是真的抗命，是违抗圣旨，刘玄立即把刘稷抓了，下令处死。虽然下了处死的命令，但刘玄并未立即处死刘稷，因为他在等一个人。

他等的是刘縯。

刘玄知道，刘縯一定会来救刘稷。

刘縯果然来了，早已倒向刘玄的李轶和朱鲔，帮刘玄抓了刘縯。公元23年五月的一天，刘玄把刘稷和刘縯一起杀了。

杀了刘縯，刘玄的位子并未坐稳，仅仅两年后，刘縯之弟刘秀，就夺了刘玄的江山。

爱江山，更爱美人

01

如果有人说，光武帝刘秀的人生动力源于一个女人，恐怕会被别人笑掉大牙。但他年轻的时候爱上了一个大美女，却是事实。

这个大美女名叫阴丽华。刘秀爱上她究竟是在哪一年，史书没有明确记载。但也说得很明白，说刘秀还是个平民的时候，就十分仰慕阴丽华的美貌了，曾发出这样的感叹："娶妻当得阴丽华。"

据《后汉书》记载，阴丽华出生于一个非常显赫的家族——"其先出自管仲，管仲七世孙修，自齐适楚，为阴大夫，因而氏焉。秦汉之际，始家新野"。

也就是说，阴丽华的先祖是春秋时期的名相管仲，其第七代子孙管修从齐国迁居楚国，被封为阴大夫，从此便姓了阴。秦末汉初，阴家迁到河南新野。

阴丽华不仅出身显赫，其家族还是当时的大土豪，史载阴家"田有七百余顷，舆马仆隶，比于邦君"——阴家有良田万亩（汉代五十亩为一顷，七百余顷相当于三万五千多亩），车马和奴仆不比分封的诸侯王少。

由此可知，阴丽华是大家闺秀，而刘秀则是平民一个。一个天上一个地下，两人是如何有了交集的呢？

02

一切都是机缘巧合。刘秀有个名叫邓晨的姐夫，碰巧住在新野，刘秀常到这个姐夫家做客。更巧的是，他这个姐夫和新野的阴氏家族有亲缘关系，时间长了，少年刘秀想不见到阴丽华都难。

刘秀一见之下，终生难忘！

如果非要用一句话来形容的话，当时的阴丽华好比天上熠熠生辉的星星，而他刘秀只不过是地上的一只癞蛤蟆。一般的癞蛤蟆，最痴心的妄想也不过是想吃吃天鹅肉，这只"癞蛤蟆"的胃口更大，居然想吃天上的星星！

当然了，刘秀也不是一只普通的"癞蛤蟆"，这只"癞蛤蟆"至少带着皇室血统。

刘秀是汉高祖刘邦的九世孙，汉景帝儿子长沙王刘发后裔，是如假包换的皇亲国戚，位至列侯。

可是后来，他们家的地位越来越低，到他父亲这一辈，已经低到济阳县令这样的小官吏了。原因是汉武帝为削弱诸侯王的势力而颁行了一项法令，也就是历史上有名的"推恩令"。

"推恩令"的原则是令诸侯王各分为若干国，使诸侯王的子孙依次分享封土，地尽为止。通俗点说，好比一块蛋糕，分的人越来越多，分到每个人手里的就越来越少。

刘秀他们家从列侯"递降"，降到他这里的时候，连蛋糕渣也没有了，他只能做平民了。

虽然是一只具有皇室血统的"癞蛤蟆"，但毕竟也是一只"癞蛤蟆"，想吃阴丽华这颗天上的星星，绝对是痴心妄想。

虽然他是太学生出身，被后世称为中国学历最高的皇帝，但当时他只有学历而无与学历匹配的职业，与意中人门不当户不对。

他不是傻瓜，自己也很清楚这一点，所以他有自知之明，做人很低调，与其好侠养士、有远大志向的哥哥刘縯相比，他老老实实地当他的农民，"勤于农事"，还做过一段时间的生意——咱出人头地不行，赚钱还不行吗？

为此还经常遭到刘縯的嘲笑：瞧你这点出息，都是咱爹的儿子，差别咋这么大哩！

可是后来的事实证明，刘秀不仅做农活行，赚钱行，做其他的行业也不赖，比如造反。

03

一个叫王莽的人，给了他人生逆袭的机会。

王莽，这个出身于西汉末年王氏外戚家族的权臣，于公元 9 年"代汉而立"，建立新朝。新朝末年，海内分崩，天下大乱，当时的刘秀在长安读太学，因经济拮据回到家乡。他本想继续种地，但各地起义风起云涌，天下之大，已经没有一块安静的土地可供耕种。

他哥刘縯说，别去种什么劳什子地了，跟我造反去吧！刘秀心想，要想出人头地，造反也许是唯一的机会。不出人头地，怎能抱得美人归呢？

于是他和刘縯率领的七八千人一起，在山东枣阳起兵，后又和新市、平林、下江等绿林军兵合一处，编为六部，击杀王莽南阳守将，开始了"推翻新朝，重兴汉室天下"的戎马生涯。随着时间的推移，他们的势力越来越大。

后来，随着绿林军规模的壮大，西汉宗室刘玄被推立为起义军的皇帝，史称"更始帝"。

刘縯部和绿林军本来就有矛盾，此事更加剧了他们之间的矛盾。因为刘玄被拥立，是绿林军人多势众的结果，刘縯部大多不认可。

公元23年五月末，刘縯率军攻克了中原重镇宛城，于是他声名更盛。

俗话说功高震主，刘玄被"镇"住了，内心出现了极大的不安甚至恐慌，同样不安的，还有绿林军将领。打下宛城后，刘玄找个机会，把刘縯杀了，给他的罪名是"不服皇威"。

啥叫"不服皇威"？原来刘玄想杀的是另一个名叫刘稷的将军，因为这人对他当皇帝一直不服，打下宛城后，刘稷又顶撞了刘玄，刘玄便安排了几千兵力，把刘稷抓了。

见刘玄要杀刘稷，刘縯不干了，死保刘稷，和刘玄那伙人吵得面红耳赤，结果他和刘稷一起被杀。

刘縯貌似是个陪葬的，实际上他才是主角——刘玄最想杀的，实际上是功高震主的刘縯，苦于一直没机会，便演了这么一出戏。刘玄知道凭刘縯的个性，一定会站出来反对杀刘稷。刘縯果然上当，中了刘玄之计。

04

同年六月，王莽为了彻底剿灭日益壮大的绿林军，发兵四十二万扑向昆阳，历史上著名的昆阳之战爆发了。

守卫昆阳的，正是刘秀。

面对来势汹汹的四十二万大军，刘秀沉着冷静，说服其他将领守城，自带十三骑冒死突围搬救兵。

最终，在刘秀搬来的救兵与昆阳守城之军的内外夹击下，王莽四十二万大军全军覆没，被杀与自相践踏、淹死者不计其数，"滍水为之不流"。

刘秀，这位昆阳之战的第一功臣，自此名震天下。他感到他与阴丽华之间的距离又近了一点。

昆阳之战之后，刘秀趁热打铁，马不停蹄地率军北上。正当刘秀积极行军时，他哥刘縯的死讯传到了他这里。而他的反应出乎所有人的预料，因为，他没按常理出牌。

按常理，杀兄之仇和杀父之仇同样不共戴天，可是刘秀不仅没这样做，反而回宛城谢罪。

关于"刘秀谢罪"，史料有明确记载：刘秀得到刘縯被杀的消息，极为震惊，急忙返回宛城向刘玄谢罪。刘秀到了宛城后，不与刘縯的部将私下接触，更不表昆阳之功，只是表示兄长犯上，自己也有过错，求皇上饶恕。

刘秀此举的目的，被后世"定性"为自保。他的目的达到了，更始帝刘玄见刘秀如此谦恭，反而有些"自愧"——这兄弟俩毕竟都立有大功，我以"不服皇威"的罪名杀了刘縯，有点不厚道啊。为了弥补他的"过错"，刘玄不但没有怪罪刘秀，反而封他为武信侯。

因为这件事，这个东汉王朝的开国皇帝，被誉为中国古代著名政治家、军事家的光武帝刘秀，成了明哲保身和冷酷无情的代名词。

05

而他接下来所做的一件事，更是遭人唾骂。这件事就是他被封为武信侯不久，就在宛城迎娶了他思慕多年的阴丽华。

他哥刘縯刚刚被杀，尸骨未寒，刘秀就娶妻进门，无论是当时还是现在，都是违背天理人伦的举动，不是正人君子的作为，是要被人戳脊梁骨的。

但是，刘秀此举不仅没人戳脊梁骨，千百年来还有不少人为其辩护。《东观汉记·世祖光武皇帝纪》还把其抬高到"多权略"的高度，不乏溢美之词。

有人更是把其在哥哥新丧不久迎娶美人的事，当作对刘玄"战略性欺骗"的一个手段，说如果刘秀不做这件事，更始君臣都不会轻易放过他。

　　刘秀当初着急迎娶美人，到底是为了麻痹更始君臣，还是为了自己早日抱得美人归，恐怕只有刘秀自己心里清楚吧。

郭圣通：史上命运最好的废后

01

光武帝刘秀，号称东汉最完美的皇帝，也是史上完美皇帝之一，是所谓的"千古一帝"。

这个"完美"的皇帝，年轻时却很没出息，胸无大志。后来他离开家乡，来到长安读书。再后来，他认识了阴丽华这个大美人。

有一次，刘秀见了执金吾率军出行的盛大场面，忍不住说道："仕宦当作执金吾，娶妻当得阴丽华。"作为一个男人，不当官则已，要当就当执金吾那样的官；不娶妻则已，要娶就娶阴丽华那样的妻子！

但他明白，他暂时还配不上阴丽华。

公元 23 年，昆阳之战爆发，身为偏将军的刘秀立下首功，闻名天下，"一战摧大敌，顿使海宇平"，不但打败了王莽，还为他日后夺取天下奠定了基础。此战还有个很重要的结果：他终于挣够了得到大美人的资本。

昆阳之战后，刘秀心想事成，抱得美人归。

02

当然了，那时候的刘秀还在侍奉皇帝更始帝刘玄。

刘玄多疑，不信任手下人，整天猜疑这个猜疑那个，刘秀的哥哥就是因受猜疑被杀掉的，而且刘秀明白，刘玄也不信任他。

避免重蹈哥哥覆辙的最好办法，是走得远远的。刘秀便想办法，成功地去了河北。

那时王莽的新朝虽然完蛋了，但黄河以北各州尚未归附更始政权，刘秀争取到了去招抚的机会。

刚渡过黄河,刘秀的挚友邓禹便追上了他,邓禹对刘秀说,刘玄必败,你应该"延揽英雄,务悦民心,立高祖之业,救万民之命",以你的雄才大略,不愁大事不成。

刘秀正是这么想的,邓禹不劝他,他也会这么干。但他没有兵马,只带着一根代表更始政权的节杖。

他决定与真定王刘扬结盟。

天下大乱,人人自危,真定王刘扬也需要与人联手,两人可以说是一拍即合。

于是,史上一场著名的政治联姻诞生了:只要刘秀娶了他的外甥女郭圣通,真定王便给十万兵马做"嫁妆"。这十万兵马,刘秀想咋用就咋用。

刘秀不是没想过被送回娘家新野的娇妻阴丽华,不是不记得他们的恩爱,不是不记得他们的海誓山盟,他也不是见异思迁的男人,但是为了远大的目标,他不得不"停妻再娶"。

得到十万兵马后,刘秀接连拿下河北数县,攻破了邯郸,亲到真定王府隆重地迎娶了郭圣通。

03

靠真定王刘扬的十万兵马相助,刘秀顺利实现了称霸天下的人生理想。

公元25年,刘秀于河北鄗地称帝,年号建武。称帝的当年,刘秀就得了一个儿子,也是他的长子刘彊。

不过这个儿子,却不是发妻阴丽华生的,他和阴丽华结婚三个月,阴丽华就被送回老家了。刘秀当了皇帝,入主洛阳后,才派人把阴丽华接到身边。

而那时的阴丽华,因为几年没有刘秀的消息,还以为他成了短命鬼呢。然而他不但没有成为短命鬼,还混成了皇帝,派人接她去享福了。

据《后汉书》记载,阴丽华到洛阳后不久就被封为贵人,与郭圣通一样。

刘秀登基后一直不立后,虽然当时郭圣通是他身边唯一的女人,但也只被封为贵人。刘秀似乎有意把那个位子留着。

这说明刘秀心里,发妻阴丽华的地位依然是第一,不可动摇。郭圣通和他的结合,毕竟是政治联姻的结果。革命成功后,双方既然都得到了各自想得到的(刘秀得江山,真定王及其郭氏家族得利益),那他就不亏欠他们了,没有必要违背初心。

但到底立谁为后,他还是举棋不定,担心摆不平。拖了整整一年,再也拖不下去了,刘秀才不得不硬着头皮,决定尽快把这件事办了,免得烦心。

思想斗争的结果,"初心"占了上风,阴丽华在他心目中胜出,理由是她"雅性宽仁,有母仪之美"。

阴丽华本人却不干,虽然《后汉书》说她"在位恭俭,少嗜玩,不喜笑谑。性仁孝,多矜慈",但她自己说她不配当皇后。

阴丽华对刘秀说,郭氏已有儿子,还是立她为后吧。

04

真定王刘扬助刘秀革命成功后,自然也得到了应有的利益,该他拿的,刘秀一点也没少给。

按理说他应该满足了,事实却相反,他竟与绵曼贼人私下勾结,想造刘秀的反。

刘秀派骑都尉陈副、游击将军邓隆前去召刘扬入京,刘扬却把城门关得紧紧的,不让他们入城。

刘秀又把前真定大将耿纯叫来,命他持节去幽州、冀州发布大赦令,沿途慰劳各处王侯,暗中却命令他:刘扬如果来见,立即拿下!

耿纯的母亲是真定宗室之女,算起来他也算刘扬的外甥。他到真定后,只带了一百多个士兵,请刘扬到他所住宾馆见面。

刘扬见耿纯人少,又是自家外甥,便认为不足为虑,去见他时还把弟弟刘让也带去了。

刘扬到来后,耿纯连忙施礼,请两个舅舅进去说话。然后把门一关,果断杀了两人,"真定震怖,无敢动者"。

谋逆是大罪,但考虑到未成事实,刘秀不计刘扬、刘让兄弟俩谋逆之罪,封刘扬之子刘得为真定王,刘让之子为临邑侯。

舅舅意图谋反,也丝毫没有影响郭圣通的"后"路。刘扬被杀后不久,刘秀正式册封郭圣通为皇后,其子刘彊的太子之位也丝毫未受影响。

只不过,十六年后,郭圣通因对刘秀为了打击豪强而颁布的"度田制"表示不满,遭刘秀废除,改立阴丽华为后。

刘秀到底是刘秀,他与其他帝王最大的区别就是人性尚在,所以他虽然因故废了郭圣通,但对这个废后,却"出奇地好"。

废掉郭圣通后,刘秀封其次子刘辅为中山王,封郭圣通为中山王太后,让她居住在北宫,把常山郡划给中山国,"以奉养郭氏"。

这样一来,郭圣通这个废后的小日子,实际上比当皇后的时候还滋润,堪称"史上命运最好的废后"。

"东汉霍去病",了解一下?

01

由于霍去病的功劳太大,封赏他时汉武帝犯了难:这小子立了这么大的功,封侯肯定是要封侯的,但封什么侯才能与他的功劳匹配呢?

汉武帝冥思苦想,终于想到一个办法,他把南阳郡穰县的卢阳乡和宛城县的临菑聚割出来,设了一个冠军侯国,作为霍去病的封邑。霍去病的"冠军侯"这个爵号,就是这么来的。

值得说明的是,"冠军侯"这个侯爵,在整个西汉,除了霍去病,再也没有第二个人获得过。

公元前 117 年(元狩六年),年仅二十四岁的霍去病暴亡,其子霍嬗继承了他的爵位,六年后,霍嬗跟随汉武帝登泰山封禅回来后不久也暴卒了。因其无子嗣,当时的制度又不允许兄弟袭爵,于是冠军国被废除。

直到东汉,才又有两个人被封为冠军侯,一是本文要讲的有"东汉第一名将"之称的贾复;一是大破北匈奴,燕然勒功的汉章帝时期的名将窦宪。

02

贾复,南阳人,据《后汉书·贾复传》记载,他上学的时候就显示出了非凡的才学,老师断定他将来定是将相之才。

不过,到王莽的新朝末年,贾复才混了个县掾,而且生不逢时,刚走上仕途就遭逢乱世。

但他也得感谢那个乱世,不然至少成名不会那么早——在县掾任上的时候,上面派他和一些同僚到河东地区运盐,途中遭强盗抢劫,同僚们逃的逃、跑的跑,所运之盐被抢了个精光，唯独他安全地把盐运了回来，令人刮目相看，名声大噪。

新朝末年爆发了绿林军起义，公元 23 年，汉景帝之子长沙王刘发后代、后来的东汉光武帝刘秀的族兄刘玄，被绿林军拥立为帝，入主长安，是为更始帝。之前也在羽山起兵响应的贾复，成为汉中王刘嘉的帐下校尉。

没想到，刘玄君临天下后，也走上了腐败之路。

继续跟这种人混没前途，也没意思。贾复便劝上司刘嘉：咱们与其给刘玄卖命，不如另起炉灶。刘嘉虽然也觉得刘玄如果继续腐败下去，更始政权早晚得完蛋，但由于他深受刘玄的信任，不忍心背叛刘玄。

刘嘉还算厚道，不但没出卖贾复，还给对刘玄登基不满、在河北与其分庭抗礼的刘秀写了一封推荐信，向他推荐贾复。

如果说刘秀是刘玄的敌人，那么刘嘉此举等于把刘玄的人才送给其敌人。

贾复一到，就受到刘秀的赏识，委以重任，任命他为"破虏将军"，命他"督盗贼"，还把给自己拉车的马赐给他。

这种超规格待遇，不可避免地引起了其他人的不满：一个新来的，寸功未建，凭什么获此待遇？咱们辛辛苦苦卖命多年，还从来没享受过这种待遇呢。鄗县不是缺县尉吗？让他去当那个县尉最合适。

这可不是私下唠叨，是其他将领对刘秀的公开要求。刘秀的回答是，贾复有击退敌军于千里之外的本事，你们有吗？没有就不要瞎嚷嚷！

03

据《后汉书·贾复传》记载，贾复在攻打青犊起义军的战斗中"被羽先登，所向皆靡，贼乃败走"，诸将才"咸服其勇"，对于刘秀对他的破格重用，也才没有话说。

攻打青犊起义军那次战斗，可谓空前激烈，也空前艰难。从早上打到中午，对手依然顽强抵抗，毫不退却。刘秀派人对贾复说，将士们都饿了，先让他们吃饭吧，吃饱了再打。贾复的回答是先破敌，然后才吃饭。

贾复出身文士，打起仗来却不要命，每次都是身先士卒，而他临阵果敢的特点，又使他有鹤立鸡群之感，是当时少有的儒将兼猛将，在东汉中兴功臣中找不出第二个。

正因如此，他受伤的次数也比其他人更多。

公元 25 年（更始三年）四月，在河北真定与五校起义军的战役中，贾复又拿出不要命的劲头，结果受了重伤。传说他有一次打仗腹部受伤，破了一个大洞，肠子都掉出来了，他把肠子往肚子里一塞，接着又冲，不知是不是就是这一次。

无论是不是这一次，贾复这一次都伤得太重了，以至于刘秀都以为他将献出宝贵的生命，痛心疾首地说：我之所以不让他单独为将，就是因为他打仗不怕死，如今果然失去了这个猛将！听说他老婆怀上了，也不知是男是女，若是女孩，就让她做我儿媳妇吧；若是男孩，就让他做我女婿吧。

刘秀这番话显然是要"指腹为婚"。没想到贾复不但没死，康复得还挺快，然后就去追刘秀，追到蓟县（今北京）才追上，接着又跟着刘秀去打邺县，一打就打下来了。

04

刘秀称帝后，贾复因功被封执金吾，并封冠军侯。

刘秀是公元 25 年六月称的帝。虽然称帝，建立了东汉，但刘玄的更始政权还没最终搞定，许多更始政权的大将还在南方负隅顽抗，封土在颍川郡郾县的郾王尹尊，就是其中之一。

刘秀把将领们召集起来开会，对他们说，南方的军队，郾王尹尊的战斗力最强，驻扎在宛城的军队战斗力要差点。只要搞定了尹尊，其他人就好办了，哪位敢去打尹尊？

其他人都不吭声，唯独贾复站起来说，请让臣去打尹尊。刘秀笑着说，执金吾去打郾王，我一点也不担心，大司马去打宛城吧。

大司马为三公之首，掌管军事，当时的大司马叫吴汉。

按理说，掌管军事的吴汉应该首先挺身而出，主动承担最重要的任务。他却装聋作哑，刘秀点名叫他去较弱的宛城，不知是对他的讽刺呢，还是委婉的批评？

而贾复如此当仁不让，会不会得罪地位比他高的大司马呢？

贾复显然根本没考虑过类似的问题，带着刘秀派给他的骑都尉阴识和骁骑将军刘植，就直奔尹尊去了，打着打着，尹尊就投降了。淮阳太守暴汜，面对贾复的猛攻更是只有投降的份。

同年秋，贾复又以势不可当之势，搞定了召陵和新息两个地方。

公元 27 年（建武三年），贾复因功升任左将军，随后在新城、渑池连破赤眉军，和刘秀会师宜阳后，又迫使赤眉军投降。

在针对赤眉军的军事行动中，贾复担任刘秀的中军，这是由刘秀直接控制的机动部队，建威大将军耿弇和骠骑大将军杜茂也是中军的成员。

当时的赤眉军号称百万之众，实际也就二十多万人。但在不久前的崤底之战中，中了征西大将军冯异的埋伏，吃了个大败仗，仅投降的就达八万多人。

崤底之战后，赤眉军首领樊崇带着剩余的十多万人，急忙向东南方向转移。刘秀立即调集重兵堵截，其中就包括贾复所部。

当时的赤眉军，虽然有点狼狈，但毕竟还有十多万人，完全可以放手一搏，若与对方拼命，刘秀不一定取胜，何况赤眉军的战斗力本来就不弱。

然而，樊崇得知那个打仗不要命的贾复也来了，顿时就愣住了，与将领们商议后，决定向刘秀投降。

有人说，赤眉军首领樊崇，实际上是被贾复的大名吓投降的。

05

贾复打仗不要命，脾气也不小，还因这个"吓"得刘秀另一个功臣不敢见他。

寇恂，上谷昌平（今北京）人，东汉名将，和贾复一样，也是"云台二十八将"之一，他在东汉的地位很高，相当于西汉初期的萧何。

如果把寇恂比作战国时期的蔺相如的话，那么贾复就是廉颇，因为他们两人之间，也上演过一出"将相和"。

据《后汉书·寇恂传》记载，公元26年（建武二年），被封冠军侯不久的执金吾贾复，率领军队驻扎在汝南，他的一个部将在颍川杀了人，为了严明纪律，时为颍川太守的寇恂把那个将领抓了起来。

实际上，当时正值国家初建，一些规章制度执行得不是那么严，尤其是军队，若有人犯了法，将领们往往相互隐瞒，对上搪塞，上面也多半睁只眼闭只眼。

然而，这个寇恂却不给面子，不但抓了那个杀人的将领，还将其斩首示众。

这可把贾复气坏了，并深以为耻。寇恂啊寇恂，你这不是故意和我作对吗？！

时间过了很久，贾复记忆犹新、旧恨未消，回军经过颍川时对手下说，我和寇恂同为将帅，"而今为其所陷，大丈夫岂有怀侵怨而不决之者乎？今见恂，必手剑之"。

寇恂知道贾复的脾气，决定不和他见面。但不见又不行，因为作为太守，慰劳过境的大军时，他必须出面。

寇恂的外甥谷崇说，舅舅不要怕，到时候我带剑跟在您身边，他就不敢刺杀您了。寇恂说，舅舅不是怕他，过去蔺相如之所以不怕秦王而屈于廉颇，是为国家着想，区区赵国将相之间尚有此义，我怎么能和他相斗呢！

寇恂命令下属各县准备酒食，以便慰问贾复过境的军队。

贾复的军队进入颍川后，好酒好菜早就在等着了，将士们放开肚皮，大吃大喝。寇恂本人也去迎接了，但在贾复发难之前就称病回去了。贾复见寇恂溜了，就想率军追赶，无奈将士们个个喝得醉醺醺的，看来用鞭子抽也抽不起来了。

事后，寇恂派外甥谷崇向刘秀汇报。刘秀召寇恂入朝对质，寇恂来到朝廷的时候，贾复正在殿中，见了寇恂就躲。

刘秀把他叫住，对两人说，天下未定，两虎安得私斗？今天朕就为你们俩解开这个疙瘩。

那天在宫里，刘秀摆了一桌酒，请两人喝酒，三人"并坐极欢"，贾复与寇恂"遂共车同出，结友而去"，之后同心同德，尽心辅佐刘秀，都立下了大功。

作为有"东汉第一名将"之称的贾复，既有勇又有谋，立功无数。然而奇怪的是，诸将每次论功，他都默然不语。

是他立的功不如其他人，没资格发言吗？

当然不是，之所以这样，原因在于，由于他打仗太不要命，先后十多次受伤，尤其是那次身受重伤后，刘秀怕他死了可惜，便很少让他单独行动，基本上让他跟在身边，把他"管"得严严的。所以贾复虽然立功无数，却很少有独当一面的功勋。

这就是在诸将论功时，他不好意思"多嘴"的原因。

但是刘秀说，贾君的功劳，我心中有数。

后来，贾复与高密侯邓禹主动辞去兵权，但刘秀仍然允许他们参与军国大政。

公元55年（建武三十一年），贾复去世，谥号刚侯。公元60年（永平三年），汉明帝命人绘二十八功臣像，挂于南宫云台，史称"云台二十八将"，贾复排名第三。

驳皇帝姐姐面子，获赏三十万

喜欢京剧的朋友，应该知道《强项令》，这是京剧中一出著名的传统剧目，所讲的故事与东汉开国皇帝刘秀有关：刘秀的大姐湖阳公主的家奴杀了人，京城洛阳行政长官董宣不畏权贵，趁湖阳公主出行之机，从车上把随公主出行的案犯抓下来，当场处决。然后又与皇帝慷慨激昂地据理力争，宁愿被砍头，也不向怒火中烧的公主赔礼道歉。皇帝刘秀只好把他放了，并说他是一位硬脖子县令（强项令）。

01

董宣，生卒年不祥，陈留圉县（在今河南）人，东汉初任过北海相、江夏太守、洛阳令等职，是个不畏强暴的主。管他什么豪门大族，只要犯了法，别人不敢碰的他都敢碰，以至于京城的豪族贵戚都很怕他，称他为"卧虎"。

意思是这只卧虎就让他卧着吧，千万别惹他，别犯在他手里，不然他一旦跳起来，是要吃人的。

但是有人不信邪，比如刘秀的姐姐湖阳公主。她仗着自己弟弟是皇帝，不把国家法度放在眼里，骄横非凡。不但她自己目中无法，想咋样就咋样，连她的家奴也视朝廷法令如无物。

02

这个故事，发生在董宣任洛阳县令的时候。

有一天，湖阳公主的一个家奴仗势杀人，董宣要抓他治罪，那家伙却躲在公主府里，打死也不出来。因为是公主府，不好派人进去搜查，董宣便天天派人守在公主府门口。

第一天没守到，第二天没守到，第三天也没守到，守的人没耐心了，不想守了。

董宣说不行，继续守，必须守，直到抓到为止。

终于有一天，湖阳公主出门了，坐着一辆马车，跟随她的家奴正是那个杀人凶手。

蹲守的人立即向董宣报告，董宣亲自带上衙役，快马加鞭地赶来，拦住了湖阳公主的车。

"你想干什么？一个小小的县令，竟敢拦本公主的车马，吃了豹子胆了！"公主沉下脸来，"你这是对本公主尊严的冒犯！"

董宣说，本县令是来抓罪犯的，不是来拦您车马的，如有冒犯，还请原谅。

董宣给公主行了礼，接着也把脸一沉，拔出刀在地上一划，地上顿时火花直冒："您身为公主，应该以身作则，带头遵纪守法，而不应该放纵家奴犯法杀人！"

公主想阻拦，但没用，董宣下令把凶手抓住，当场处决。

"你的胆子，也太大了！"公主差点气晕过去，急忙赶到宫里，向皇帝弟弟告状，哭诉董宣欺负她。

03

众所周知，光武帝刘秀是史上少有的明主，但皇帝也是人，也有亲情。再说董宣那小子，之前确实"欺负"过皇亲国戚，有过"前科"。所以公主一告状，刘秀就信了，顿时怒火中烧，立刻召董宣进宫，要当着公主的面打他，替公主出了这口恶气。

董宣进宫后，内侍正要下手，董宣说，皇上你先别打我，听我说说，等我把话说完，别说打，要杀要剐，都随便！

"你说你说你说！"刘秀怒气冲冲。

董宣根本不为自己分辩，而是数落起皇上的过失来："都知道陛下您是个中兴之主，应该注重依法治国，把法令放在第一位，尊重法令，一切以法令为准绳。可是如今陛下却让公主放纵奴仆杀人，陛下的家人带头知法犯法，这样还能治理天下吗？天下人会怎么想？会怎么做？他们是不是会觉得，既然公主可以犯法，咱们是不是也可以犯法？好了用不着打了，我自行了断就是了。"

说完这话，他一头朝柱子撞去。

04

这样的好官，光武帝可舍不得他死，急忙吩咐内侍把他拉住。董宣的头已撞破，血流满面。

好了你有理，不打你，也不对你进行别的处罚了。可是公主的面子，总得给一个吧，她可是公主，是朕的大姐啊，要不你给公主磕个头赔个礼，这事儿就算过去了。

董宣说，我没错，凭什么赔礼道歉？臣坚决捍卫法令的尊严，这有错吗？不行，要我磕头，除非把我的脑袋砍下来！

刘秀使了个眼色，内侍把董宣的脑袋往下按，强迫他磕头。董宣却用两手使劲撑着地，用尽全力挺着脖子，怎么按也按不下去。

内侍也是个明白人，知道刘秀并不是真想治董宣的罪。可是他毕竟是皇上，必须得给皇上一个台阶下，于是他大声说："陛下，董宣的脖子太硬，按不下去，怎么办？"

刘秀也明白了内侍的意思，顺水推舟地说："那就把这个硬脖子的县令撵出去，让他滚！"就这样把董宣放了。

公主虽然不满，但也没办法——皇上都拿他没办法，她能有什么办法！

事后，董宣不但没被治罪，刘秀还赏了他三十万钱，奖励他执法严明，不畏权贵。董宣一分也没揣进自己腰包，回到衙门就把这些钱全部分给了下面的官员（《后汉书·酷吏列传》：赐钱三十万，宣悉以班诸吏）。

在没有存在感的时代,
那些有存在感的人

连赵云都比不上的猛人

冯梦龙在其名著《智囊全集》里如此评价班超:"必如班定远,方是满腹皆兵,浑身是胆,赵子龙(赵云)、姜伯约(姜维)不足道也。"班超也太"胆大包天"了,赵云、姜维比他都差远了。

当然了,班超的"大胆"里面,隐藏着极高的智慧,而并非"傻大胆"。

01

班超,字仲升,扶风安陵(今陕西咸阳)人,东汉时期著名军事家、外交家,官至西域都护,封定远侯,世称"班定远"。

他父亲班彪,长兄班固,妹妹班昭,个个名垂青史。

班超虽然从小就博览群书,才华横溢,并且声名远播,却没有一份像样的工作,靠替官府抄写文书挣钱奉养老母。后来他不甘心如此碌碌无为,投笔从戎,于公元73年(永平十六年)随奉车都尉窦固远征北匈奴。

窦固很欣赏班超的才华,也很信任他,命他为代理司马,让他率领部队独立作战。

他很幸运,遇到了这样的领导。

那时的班超已经四十岁了,再不有点出息,这辈子就完了。所以他决定好好利用这个难得的机会,撸起袖子猛干——建功立业,在此一举了!于是在出发前,他把遗书都写好了,做好了战死沙场的准备。

他的出击方向是伊吾卢,却在途中与匈奴遭遇。没说的,撸起袖子干吧!虽然是第一次打仗,班超却毫不畏惧,身先士卒向敌人冲锋,这个"新兵蛋子"的勇敢,大大激励了众人,将士个个奋勇杀敌,轻松地赢了这场遭遇战,大批匈奴人成了他们的刀下鬼。

02

"初出茅庐"就大获全胜，窦固高兴坏了——班超你行啊，我没看错。于是交给他一个更重要的任务——与从事（官职名，主要职责是主管文书）郭恂一同出使西域。

第一站是鄯善国。

鄯善王对他们倒是很热情，礼数也很周到，像迎接新娘子。但是很快，鄯善王对他们的态度就变得很冷淡，像是发现新娘子有问题、打算休妻的新郎。

班超一行人共有三十六个，其他人好像对这种变化没有感觉，班超却敏锐地意识到了，他对部下们说："大家有没有觉得，鄯善王对我们的态度变了？如果我没猜错的话，这里一定来了匈奴的使者，鄯善王肯定不知道怎么办，是依附咱们大汉还是依附匈奴，他打不定主意，所以才会这样。哼，以为我姓班的看不出来，也太小看我了！"

他把鄯善王派的侍卫官招来，也不跟他啰唆，开门见山地问他："匈奴的使者来了几天了，不知他们现在住在啥地方啊？"对方大吃一惊："你，你，你，你是咋知道的？"

班超说，别管我是怎么知道的，你只管告诉我就是。侍卫官只好据实回答。支走侍卫官，班超把所有部下召集来，边喝酒边商量对策。

班超说，我们这次来到西域，不但要建功立业，还要求个人富贵。如果鄯善王抓了我们，把我们交给匈奴人，那么什么都完了，不但富贵无从谈起，匈奴人若是把我们杀了，我们还会成为豺狼的美食。各位对这件事，有何高见？

其他人都喝得半醉，即使一点没喝，突然遇到这种事情，头脑也是一片空白，所以他们马上表示听班超的，他叫怎么干就怎么干。

班超站起身来，一口干了杯中酒，说："常言说得好，不入虎穴，焉得虎子！我想好了，我们人少，除了先下手为强，别无选择。所以我决定，半夜火攻匈奴使者，然后趁乱一举把他们干掉。只有除掉匈奴使者，鄯善王才会改变对我们的态度，其他事情就好办了。"

有人说，这办法好是好，但是不是跟郭恂商量一下再做决定？班超说，我之所以没叫他来，就是因为他是个文官，有可能听了我们的计划感到害怕而泄露机密，那样就糟了。好了，啥也别说了，哪怕是死，也要留个名。人死不留名，算啥英雄好汉！大家这才没有异议。

03

半夜时分，班超按照计划，带领众人突然杀进匈奴使者营地。行动刚开始，老天爷就帮他们来了，突然之间狂风大作，班超趁机叫部下顺风放火。

火光一起，十多个手持战鼓的部下在班超的指挥下一起击鼓，匈奴使者以为来了千军万马，顿时惊慌失措，夺门而逃。

除了被射死的三十多人，其余一百多人全部葬身火海，班超亲手射死了三个（超乃顺风纵火，前后鼓噪。虏众惊乱，超手格杀三人，吏兵斩其使及从士三十余级，余众百许人，悉烧死）。

第二天，当鄯善王看到班超"献"给他的匈奴使者的头颅时，脸上的表情非常复杂。好在通过班超极力安抚，晓以利害，他终于答应与汉朝搞好关系，并同意以王子为质。

凯旋后，高兴异常的窦固立即向朝廷奏报班超的功绩，请求朝廷另派使者前往西域。

汉明帝诏令窦固：还另派什么使者？班超就是最好的人选，这样的人才，就应该放手让他去干，马上任命他为正式的行军司马，让他再立新功！

再次身负出使西域的重任后，窦固要给他增加人马，班超说人不在多而在精，万一有事发生，人多了反而麻烦。我只带之前的三十多人就够了，一个也不多要。

就这样，班超带领区区三十多人，迎着漫天风沙，再次向西域进发。这个"浑身是胆"的家伙，一次又一次地创下奇迹，为大汉赢得荣耀！

几百汉军与两万匈奴兵

01

公元前60年（神爵二年），为了管理西域，西汉王朝在乌垒城（今新疆轮台县）设立西域都护府，正式在西域设官、驻军、推行政令，开始行使国家主权，从此"汉之号令班西域矣"。

西域都护是当时西域最高长官，相当于内地的郡太守，职责是"统辖西域诸国、管理屯田、颁行朝廷号令，诸国有乱时发兵征讨，协调西域各国间的矛盾和纠纷，制止外来势力的侵扰，维护西域地方的社会秩序，确保丝绸之路的畅通"。

被汉宣帝任命为第一任西域都护的官员，名叫郑吉。

西域都护这个官职，看似仅仅相当于郡守，实际上是三十多个国家的"国王"，因为大宛以东、乌孙以南三十多个国家都归他统管。

然而，随着西汉的衰落，匈奴势力重归西域，尤其是王莽篡汉之后，西域竟然分裂为五十五个小国，其中不少国家重新受制于匈奴，西域都护失去了存在的意义，"遂罢都护"。

后来，光武帝刘秀建立东汉，莎车、鄯善、车师、焉耆等国派人到洛阳，请求东汉朝廷"立都护"，但刘秀没有同意，理由是"天下初定，匈奴未服"。

东汉不要他们，他们无法与匈奴抗衡，只好"复附匈奴"——依附匈奴，总比挨它的打强。

公元73年（永平十六年），汉明帝命窦固北征匈奴，夺了伊吾卢（今哈密东），第二年设都护，而那时，西域与汉朝的联系已经断绝了五十年。

02

耿恭，今陕西兴平人，《后汉书·耿恭传》说他"少孤，慷慨多大略，有将帅才"。耿恭天生有将帅才并不奇怪，因为他们耿氏家族将才辈出。

公元74年（永平十七年）十一月，朝廷命骑都尉刘张率军攻打车师，刘张请耿恭担任司马，耿恭便跟随刘张，与奉车都尉窦固、驸马都尉耿秉（与耿恭同为东汉开国名将耿弇之侄）一起，到西域作战。

打了一年，终于把车师搞定。车师投降后，耿恭被任命为戊己校尉。

戊己校尉于公元前48年（初元元年）设置，为驻车师屯田的长官，是汉朝在西域专设的军官职位，级别仅次于将军。

搞定车师后，大军就班师了，留下耿恭率军驻守。

没想到第二年开春后，耿恭驻守的、位于车师后国（车师原名姑师，公元前108年，即元封三年，汉武帝派大将赵破奴率军经河西走廊攻破姑师，姑师破败后分裂为车师前国、车师后国和山北六国）的金蒲城（今新疆奇台西北），就被匈奴大军围得铁桶一般。

金蒲城位于天山通往北匈奴的咽喉部位，有这么一支汉朝军队卡在这里，相当于卡住了匈奴人的要害，所以，匈奴人必须拔掉这根鱼刺。

包围金蒲城的匈奴军队多达两万多人，而耿恭率领的守军只有不到三百人。

据《后汉书》和《资治通鉴》记载，在这之前，耿恭已经损失了三百人——北单于派左鹿蠡王率军两万进攻车师，耿恭遣司马率兵三百去救，途中遭遇匈奴大军，寡不敌众全部战死，左鹿蠡王杀了车师王以后，就把金蒲城围了。

虽然力量极其悬殊，耿恭却临危不惧，亲自登城御敌。

都什么时候了，他还有心肠与匈奴人玩儿玄虚，叫人给匈奴人传话："你们注意了，莫遭我汉家神箭射中了，不然定会出怪事！"

所谓的"汉家神箭"，只不过是在箭上涂了毒药。被毒箭射中的匈奴人，看到伤口不停地冒黑血，吓得魂飞魄散。更要命的是，被毒箭射中后，伤口剧痛无比，匈奴整个军营充斥着鬼哭狼嚎之声，一些没被射死的最终也疼死了。

03

在匈奴人看来，这是第一件"怪事"。

第二件"怪事"也接踵而至，那就是老天爷也帮着汉军，突然风雨大作。耿恭率军冒雨进攻，匈奴人还没从之前的"怪事"中回过神来，又在狂风暴雨的掩护下遭到突然进攻，顿时大乱，被杀无数，没死的十分惊恐，以为汉军有神助。

"汉兵神，真可畏也！"匈奴兵头头"震怖"，急忙下令撤退。

据《后汉书》和《资治通鉴》记载，匈奴军队撤退后，耿恭也率军退出金蒲城，转守疏勒城，因为金蒲城没有水源。

疏勒城是汉军之前修建的一个要塞，地势险要，易守难攻。关键是有一条小河从城边流过，取水方便，利于固守。

耿恭知道，虽然这一仗赢了，匈奴人也吓跑了，但他们绝不会甘心失败，肯定会卷土重来。

别说是匈奴人，换了谁，为了挽回脸面，也不会善罢甘休！

果不其然，公元75年（永平十八年）七月，也就是转守疏勒城一个月左右之后，匈奴人再度来攻。

匈奴大军一到，就对疏勒城发起强攻，死伤无数之后，疏勒城仍固若金汤。若继续强攻，再多的人恐怕都经不起这样的消耗。匈奴人不敢攻了，在那条小河的上游筑坝，切断了汉军的水源——没有水，看你们能坚持多久！

匈奴人的如意算盘是：汉军受不了自然会投降，若不投降，就继续围下去，直到投降为止！

储存的水喝完了，汉军"笮马粪汁而饮之"——用布把湿润的马粪包起来，然后用手挤，用挤出的"水"解渴。

这个办法还是耿恭发明的，但这不是长久之计，再说没多久，马就杀来吃了，耿恭只好下令挖井。

一直挖到深达十五丈，也不见水。

这时候的耿恭也没办法了，只好下拜祈祷，求老天爷赐水。也许耿恭的虔诚真的感动了老天爷，终于"飞泉奔出，众皆称万岁"。

这情节看似离奇，仿佛是史书编造的，却很好解释：匈奴人在上游筑起水坝后，水渗入地下，四处漫延，终于漫延到疏勒城，从他们挖的井里冒出来了。

有了水，耿恭灵机一动，让战士们站在城头，往城下泼水——泼给匈奴人看。

河流不是截断了吗，他们的水哪来的？

看到白花花的水，匈奴人最大的感受不是奇怪，而是恐惧：肯定有神灵在帮他们！

04

事实上，汉军也很恐惧：救兵若不来，那他们就死定了。他们也在等，等朝廷派援军来。

此刻的朝廷却顾不上他们，他们忙得很——皇帝驾崩，要办丧事；新君登位，也有很多事要做。

雪上加霜的是，车师人又背叛了大汉，与匈奴人狼狈为奸，一起攻城。

城中的粮食早就吃光了，守军和百姓很久没尝到粮食的滋味了。几个月以来，一直靠"煮铠弩，食其筋革"活着——弓弩上的弦是用动物的筋腱做的，煮熟了可以吃，铠甲的皮革，也可以煮熟了吃。

这些东西毕竟有限，吃完后就再也没吃的了，饿死人的现象开始出现。但匈奴人希望的投降，始终没有发生。

匈奴人不断地进攻，也未奏效，幸存的汉军拼死抗敌，疏勒城牢牢控制在汉军手里，汉军大旗，始终高高飘扬在城头！

匈奴人的招降努力，一直没有停止，给耿恭画的饼越来越大：只要你投降，就让你当白屋王，给你女子做妻室。

耿恭说，这是好事啊，叫你们的使者来，咱们好好谈谈。匈奴人果然派来了使者，耿恭一刀砍了，然后用火烤其肉。

两国交兵，不斩来使，这规矩耿恭懂，他这样做是想告诉匈奴人：想叫我投降，趁早死了那份心！

"壮志饥餐胡虏肉，笑谈渴饮匈奴血"，千年后，南宋岳飞那首慷慨激昂的《满江红》就典出于此。

耿恭此举，让匈奴人彻底断了幻想，他们更加疯狂地攻城。活着的汉军只要还有一口气，谁也不放弃战斗，竭尽全力杀掉接近他们的敌人。

他们没有放弃，也没有绝望，总觉得还有最后的希望，但这个希望有多大，却谁也没有把握。

耿恭之前派到敦煌求援的部下范羌，成了他们最后的希望。

而万里之外的首都洛阳，汉明帝大丧过后，朝廷终于想起，遥远的西域还有一支孤军在浴血奋战。

到底要不要派救兵？新皇汉章帝召开会议，让大臣们讨论。

争论异常激烈，反对者的声音一度占了上风，他们一致认为，消息是几个月前传来的，即使马上派兵救援也来不及了，他们恐怕早就全军覆灭，尸骨无存了。

为首的反对派名叫第五伦（"第五"为姓），当时的职务是司空，位高权重，说话很有分量。

第五伦的话音一落，之前还议论纷纷的大臣顿时闭嘴，朝堂一片死寂，静得能听到人们的呼吸。

突然，另一个声音打破了这种令人窒息的寂静，以石破天惊的方式，强烈地冲击着人们的耳膜：

"今使人于危难之地，急而弃之，外则纵蛮夷之暴，内则伤死难之臣。诚令权时后无边事可也，匈奴如复犯塞为寇，陛下将何以使将？"咱们大汉的将士处于危难之中，如果不救，对外是对残暴的蛮夷的纵容，对内则会寒了忠臣良将的心，假如这次权宜之计以后边疆没有战事还行，今后若匈奴再来，哪个还愿意为大汉抵御敌人，陛下又将凭什么调动将领？

说这番话的，是司徒鲍昱。

刚刚登基的汉章帝呼地站起："犯我大汉者，虽远必诛！凡我大汉子民，虽远必救！"

05

公元75年（永平十八年）冬，朝廷派出的援军终于出发了。这些援军是从张掖、酒泉、敦煌三郡抽调的，加上鄯善国的军队，一共七千人。

当初耿恭派去敦煌求援的部下范羌也在其中。

没想到，第二年正月，当援军在柳中城（遗址位于今新疆吐鲁番市鄯善县鲁克沁镇）打了个大胜仗，干掉匈奴和车师联军近四千人，并俘获大量人口和几万头牲畜，迫使车师国复降后，援军当中也有人站出来制造事端！

他们说，柳中城离疏勒城数百公里，中间还隔着个天山，此时又值大雪封山，就算能到达目的地，路上因冻饿而减员的数量也会大大超过守军的数量，实在不划算。何况守军被围困那么久了，怎么可能还有活口？

范羌默默地站起来，只说了一句：他们都是我的生死兄弟，我一个人也要去救，哪怕已变成一堆白骨，我也要送他们回家！

几个将领满脸不高兴，分了范羌两千士兵，带着其他人走了。

当范羌率领这两千勇士，历经千辛万苦翻越天山，终于到达疏勒城的时候，耿恭和幸存的战士们简直不敢相信自己的眼睛！

他们打开城门，满含热泪与援救他们的战友们拥抱在一起，他们感受到了从未有过的温暖。

然而那时候，当初的三百多人，仅剩下二十六人。

耿恭率领他们，与援军一起南返。当他们与援军一起战胜各路追兵，历尽千难万险抵达玉门关的时候，又减员一半，仅剩十三人！

当十三位衣履洞穿，面容憔悴，形销骨立的勇士出现在玉门关守军面前时，后者致以无上敬意，玉门关中郎将郑众和校尉们亲自为他们安排沐浴更衣。

不久，朝廷接到郑众为耿恭等人请功的奏疏："耿恭以单兵固守孤城，当匈奴之卫，对数万之众，连月逾年，心力困尽，凿山为井，煮弩为粮，出于万死无一生之望。前后杀伤丑虏数千百计，卒全忠勇，不为大汉耻，恭之节义，古今未有。宜蒙显爵，以厉将帅。"

十三位英雄到达洛阳后，耿恭被任命为骑都尉，司马石修被任命为洛阳市丞，张封被任命为雍营司马，范羌被任命为共县丞，其他九人，都被授予羽林之职。

为祖国而战的人，祖国永远不会忘记他们！

蔡伦与最有权势的女人

01

"四大发明"是指中国古代对世界发展产生了重大影响的四种发明：造纸术、指南针、火药、印刷术。此说法最早由英国汉学家李约瑟博士提出，后来得到公认。

人们还公认蔡伦是造纸术的发明者。实际上他不是发明者，早在"蔡伦纸"问世之前，世上就有帛纸存在，但这玩意儿既造价昂贵又质量欠佳，蔡伦便在此基础上做了很大改进，造出了质量好、价格便宜、大家都用得起的"蔡伦纸"。

美国人麦克·哈特写了一本书，叫《影响人类历史进程的100名人排行榜》，把蔡伦排在第六位，可见造纸术对人类的贡献有多大。

蔡伦，桂阳（今湖南郴州）人，出身农家，因聪明伶俐而不幸被选入宫中做了太监（汉章帝刘炟即位后常到各地挑选聪明伶俐的幼童入宫），时年十五岁，因聪明能干被提拔为小黄门。汉和帝登基后窦太后垂帘听政时期，又因功被提拔为中常侍。

鲜为人知的是，蔡伦"发明"造纸术，条件是一个女人为他创造的。这个女人名叫邓绥，被后世誉为"东汉最有权势的女人"。

02

邓绥，河南南阳人，祖父是东汉开国第一武将、云台二十八将之首邓禹，是向光武帝刘秀进献"图天下策"的开国重臣。

邓绥十五岁入宫，二十二岁被汉和帝册封为皇后，汉和帝于公元106年突然驾崩后，二十六岁的邓绥临朝称制，用柔弱的肩膀撑起了"主幼国危"的局面。

作为文化修养极高的大家闺秀，邓绥不爱珠宝首饰等俗物，只喜欢与文化有关的东西，方国进献的物品，她除了纸墨什么都不要，用来吟诗作赋，舞文弄墨——她还很喜欢书法。

邓绥虽然贵为皇后，有的是钱，却比贫苦人家还注意节约。所以在她看来，帛纸用起来实在是太奢华了，她渴望获得一种既便宜质量又好的纸。蔡伦便投其所好，自请兼职尚方令，以便替她完成这个心愿。

所谓"尚方令"，即主管御用器物的官员。邓绥不但答应了蔡伦的请求（也有说蔡伦是向皇帝"自请"的），还给予他全力支持。

蔡伦不负厚望，废寝忘食地刻苦钻研，总结前人的造纸经验，大力改进工艺，利用树皮、碎布、麻头甚至渔网等容易获得的廉价原料，经无数次实践，终于于公元105年（元兴元年）造出了"蔡伦纸"。

03

更加鲜为人知的是，早在造出"蔡伦纸"之前，蔡伦就造出了另一种"宝物"。

那时汉和帝还在人世，而且年纪还不大，担任中常侍的蔡伦经常陪伴他——除了陪他学习，还陪他在御花园练剑。

有一次，汉和帝一剑击在石头上，剑竟然断了。那时汉和帝才十五岁，并非他力气大，而是剑的质量太差。

身边的人全都吓傻了，跪倒一片。汉和帝怒了，这剑如此差劲，不是糊弄人吗？他下令惩罚造剑之人。蔡伦因为和皇帝关系好，与皇帝说得上话，便心平气和地劝小皇帝息怒，请求让他来督造天子剑，一定不会让他失望。转怒为喜的汉和帝命他督造皇家御用器物。

蔡伦本来就是个做事认真的人，受命督造天子剑和其他御用之物后，他开始废寝忘食地学习，把皇家藏书馆里的工艺书籍看了个遍。

光有理论知识当然不行，接下来他又到皇家作坊观摩制作流程，还虚心向民间一位技艺高超的老工匠学习。

那位老工匠是他费了很大功夫才打听到的，时值盛夏，酷热难当，蔡伦赤膊上阵，刻苦学习铸剑技术，并亲自操作，不断流淌的汗水把裤子都湿透了，老工匠深受感动，毫无保留地把铸剑最重要的淬火技术传授给他。

皇上那把剑之所以很容易被折断，问题很可能出在这上面——工匠未能掌握上乘的淬火技术。

既锋利又坚韧的天子剑就这样被造出来了。那以后，凡是蔡伦监制的皇家御用器物，莫不坚固耐用，后世莫不效法他的制造方法。《后汉书·蔡伦传》说他"监作秘剑及诸器械，莫不精工坚密，为后世法"。

04

让人遗憾的是，蔡伦虽然在工作和事业方面是一把好手，人品却很有问题。

早在汉章帝时期，他就因参与宫廷斗争，做过为人不齿之事：先是为了巴结窦皇后，听从窦皇后的安排，诬陷太子刘庆的生母宋贵人利用歪门邪道迷惑皇上，逼得宋贵人自杀，太子刘庆被废为清河王；后来又听从窦皇后安排写匿名信，陷害皇子刘肇生母梁贵人。

万万没想到，公元106年，汉和帝去世后，因没有儿子，继承大位的好事落到了刘祜头上，顿时把蔡伦吓得不知所措。

因为这个刘祜，是当年被废为清河王的刘庆的儿子。当年，正是蔡伦与窦皇后合谋，逼死了人家的祖母，废了人家的生父，如今人家当上皇帝，还有他的好果子吃吗？

正当他寝食不安夜夜噩梦时，最后一个靠山邓绥邓太后又去世了。

公元121年（建光元年）的一天，伟大的"发明家"蔡伦在惊恐绝望中喝毒药而死。

世上总有人因这样那样的原因，难免做点坏事，给人挖坑。不知有几人想过，你在给别人挖坑时，实际上也在为自己挖坑，你挖的这个坑，最终是给自己挖的。

皇权可以给你，丈母娘不能碰！

01

从汉章帝开始，东汉历代皇帝继位时都很小，汉章帝十九岁，汉和帝十岁，汉殇帝刚满月，汉安帝十三岁，汉顺帝十一岁，汉冲帝两岁，汉质帝八岁。

今天要讲的汉桓帝，继位时要稍大一点，但也只有十五岁。

这些小皇帝即位时，朝政大权掌握在外戚手里，皇帝年纪越小越好控制，所以，他们是不会让"大人"当皇帝的。

皇帝年纪小还有一个好处，那就是当他不听话时，处置起来简单得多，甚至可以直接要了他的命，而不必顾虑有什么麻烦。

由于没有自己的势力，或者来不及培植自己的势力，小皇帝们连反抗的能力都没有，倒霉的汉质帝就是这样的下场。

02

汉质帝刘缵是汉章帝的玄孙，公元145年（永嘉元年），年仅三岁的汉冲帝去世，当时掌权的是汉顺帝的皇后、被尊称为梁太后的梁妠之弟梁冀，因他一句话，本无资格的刘缵便成了皇帝，承汉顺帝嗣。

刘缵的父亲是渤海孝王刘鸿，母亲陈夫人地位卑贱，所以刘缵早就被剥夺了皇位继承权，但大将军梁冀说他行他就行，不行也得行。于是，刘缵便梦幻般坐上了龙椅。

但这并不意味着是好事，当上皇帝的第二年，年仅九岁的汉质帝刘缵就被拥立他的梁冀毒死了，原因仅仅是他看不惯梁冀在朝廷上颐指气使、气势凌人，说他是"跋扈将军"。刘缵区区四个字，要了他自己的命。

毒死汉质帝后，梁冀问妹妹梁太后，你看让哪个倒霉孩子当皇帝为好？梁太后说我看蠡吾侯刘志就很合适。

刘志是汉章帝刘炟的曾孙，父亲是蠡吾侯刘翼，刘翼去世后他袭爵为蠡吾侯。

梁太后说刘志合适，其实并非因为他合适，而是她私心的体现——当时她正准备把小妹梁女莹（也是梁冀的小妹）嫁给刘志，便顺水推舟地把皇帝的位子给了这个准妹夫。

小妹嫁给未来的皇帝，今后就是皇后，他们梁家人，就可以以外戚的身份继续专权。

对于妹妹的打算，梁冀当然没有意见，然而他们的如意算盘却遭到以太尉李固为首的朝臣反对，在他们看来，"年长有德"的清河王刘蒜更适合当皇帝，再说刘蒜又是汉质帝的兄长，血缘最近。

"年长有德"当然不错，一个正常人，哪个不希望这样的人当皇帝呢？可真让这样的人当皇帝，今后还控制得了吗？所以，梁太后和梁冀是绝对不会让这样的人当皇帝的。

李固们的反对虽然激烈，但最终没起作用，梁冀以他惯有的霸道，用不容置疑的语气说，这事你们同意也得同意，不同意也得同意，没得商量！

03

公元 146 年（本初元年），刘志被梁冀立为皇帝，是为汉桓帝。

梁冀不但如愿以偿地把刘志撅上了皇位，后来还诬陷反对他的李固等人谋反，把他们"咔嚓"了。

刘志虽然当上了皇帝，却无皇帝之实，临朝听制的梁太后和弟弟梁冀共同把持朝政，刘志不过是个摆设，国家的事情无论大小都没他的份，甚至连发表意见的权力都没有。

刘志虽然年方十五，但不是个笨蛋，明白自己的处境，更明白鸡蛋再大，也是不能去碰石头的，何况还是花岗石，所以他认命了。

傀儡就傀儡吧，史上的傀儡皇帝又不是他一个，没什么丢人的。

他唯一的希望，是大权在握的这个国舅爷能对他好点，不要像对待汉质帝刘缵那样对待他。

为了"巴结"这个国舅爷，刘志不但对他罗织罪名杀害太尉李固等人装作没看见，还对他极尽尊崇，甚至明文规定，国舅爷可以"入朝不趋，剑履上殿，谒赞不名"，礼遇堪比萧何。除此而外，又按照开国名将邓禹的待遇，增加他的食邑；按照霍光的标准，赏赐他金钱、奴婢、彩帛、车马、衣服、甲第；又封其弟梁不疑为颍阳侯、梁蒙为西平侯、梁冀之子梁胤为襄邑侯、其妻孙寿为襄城君并"加赐赤绂，比长公主"。

刘志还"给"了他这些"特权"：大小政事都由他说了算；百官升迁任免须先到他家谢恩，才能到尚书台办理手续；各郡县年年进献给皇帝的贡品，必须先让他挑选，他挑剩下的才能给皇帝，等等。

04

公元 150 年（和平元年），梁太后去世了，去世前下诏归政于汉桓帝，并希望他和梁冀这对君臣能够和平相处。

所谓和平相处，意思是维持现状。她明白梁冀早因穷奢极欲，搜刮财富，修建豪宅，残忍贪暴而民愤极大，所有人都想弄他，也明白汉桓帝虽然表面上对被他踩在脚下"十分享受"，实际上恨不得把他撕成碎片。

所以她希望她死后，梁冀的好日子能够继续过下去，妹夫皇帝不要动他的奶酪，也不要动其他梁家人的奶酪。

那时候的梁家，已出了七个侯、三个皇后（其中一个是死后追封）、六个贵人、两个大将军、三个驸马、七个诰命夫人和女封君，卿、将、尹、校等人，更是多达几十个。

本来，逆来顺受惯了的汉桓帝倒是想和平共处，他之所以付出了那么大的代价，并对梁冀各种不法行为视而不见，目的也是"收买"这个国舅爷。无奈后者不识好歹，竟然敢主动侵犯他的"核心利益"。

对早已认命的汉桓帝来说，其"核心利益"不是皇权，之前不是，现在也不是。他现在的"核心利益"，是一个女人。

那个女人，是其宠妃梁猛女的母亲长安君。而这个梁猛女，还是梁冀之妻孙寿介绍给汉桓帝的。

梁猛女之前姓邓，名叫邓猛女，生父是东汉开国功臣邓禹的孙子邓香，邓香早死，其妻带着邓猛女改嫁给孙寿的舅舅梁纪，邓猛女便成了梁猛女。

梁猛女得以进宫，也算是靠了"大将军梁冀小姨子"这个身份。

孙寿把梁猛女介绍给汉桓帝,初衷当然是想通过她控制后者,没想到随着时间的推移,他们产生了真正的爱情。梁猛女越来越受宠,其家族得到的好处也越来越多,引起了梁冀的嫉恨。

当梁猛女的母亲被封为长安君,梁冀的嫉恨达到了顶点,竟然派人刺杀长安君。

跟丈母娘过不去,就是跟心爱的女人过不去,汉桓帝心中的男子汉气概被激活,决定除掉只许自己吃肉、别人喝点汤都不行的梁冀,顺便夺回属于自己的权力。

05

帮手哪里来?

在这之前,梁冀通过残酷打击政敌、清除异己等手段,凡是与他不对付的人都被清理得干干净净,剩下的朝中大臣全是他的人,汉桓帝这个皇帝早就成了孤家寡人。

宫中唯一与他亲近点的,只有几个和他朝夕相处的宦官。

然而,宦官们到底能不能帮他,汉桓帝心中其实没底,因为他知道,宦官们也明白,与势倾天下的梁冀斗,无异于巨大的冒险,如果输了,必将万劫不复。宦官们也是人,也有自己的利益考量。

何况,其中不少宦官早就站在了梁冀一边,充当了监视他的机器,这也说明,别看梁冀那么牛,其实也时刻担心自己处置他。

汉桓帝只能试一试,或者说,赌一把。想来想去,觉得宦官唐衡对他不错,可能会帮他,汉桓帝决定找他谈谈。

可朝中全是梁冀的耳目,怎么谈呢?

一天,汉桓帝借口上厕所,让唐衡随从服侍。于是,一场皇帝与宦官密谋诛杀权臣的戏码,在厕所上演了。

好在他没看错,唐衡也恨梁冀很久了,他告诉汉桓帝,中常侍单超、徐璜、具瑗、左悺等人也恨梁冀恨得牙痒痒,也希望能除掉他,皇上若真这么想,他们肯定站在皇帝这一边。

好在唐衡没有忽悠他,他提到的那几个中常侍的确如他所说,汉桓帝叫来密室一谈,他们都表示,梁冀这个国之奸贼,早就该除掉了,需要他们干什么,只要皇上吩咐,他们万死不辞!

汉桓帝咬破单超的手臂,几个人歃血为盟,共谋灭梁大计。

随后,单超、徐璜、具瑗、左悺和唐衡五大宦官,以汉桓帝的名义召来司隶校尉张彪,命他调来军队,由单超亲自指挥,围攻梁冀的大将军府。

战斗打响后,失道寡助的梁冀,自己人纷纷倒向宦官一方,梁府很快被攻破,梁冀自知罪大恶极,与妻子孙寿双双自杀。随后,汉桓帝趁热打铁,将梁冀中外宗族杀了个干干净净,梁氏外戚集团,从此灰飞烟灭。

一个时代的落幕,一个时代的崛起

袁绍出力，董卓获益？

01

故事得从短命皇帝刘辩讲起。

刘辩（公元 176 年—190 年），汉灵帝刘宏与何皇后的嫡长子。他在位时间连半年都不到，因为时间太短，史学界不承认他是正统皇帝，不单独为他撰写属于帝王的传记（本纪）。不过，现代史学界也有人承认其与另一位少帝刘懿均是汉朝皇帝，如此的话，刘辩则为东汉的第十三位皇帝。

汉灵帝死后，刘辩继位为帝，史称汉少帝。由于年幼，实权掌握在"临朝称制"的母亲何太后和母舅大将军何进手中。

刘辩在位时期，东汉政权已经名存实亡，他即位后不久即遭遇以何进为首的外戚集团，和以十常侍为首的内廷宦官集团两大敌对政治集团的争斗，被迫出宫，回宫后又受制于以"勤王"为名进京的凉州军阀董卓，被废为弘农王，成为东汉唯一被废黜的皇帝。

刘辩被废后，其同父异母的弟弟陈留王刘协继位为帝，也就是汉献帝。被废黜一年之后，刘辩在董卓的胁迫下自尽，时年仅十五岁。

汉灵帝生前不喜欢这个儿子，原因是从小寄养在道人家里的刘辩没受过严格的宫廷礼仪教育，气质也不如王美人所生的皇子刘协，看起来不像当皇帝的料，汉灵帝想立刘协为太子。

由于何皇后在宫中的地位不一般，加上位高权重的国舅爷何进的"威胁"，立太子一事便搁置下来，既不立刘辩，也不立刘协。

汉灵帝驾崩，太子之位仍空着。不过没空多久，势力越来越强的何氏一方便占了上风，刘辩这才在舅舅何进的"强势拥立"下当上了皇帝。刘协则被封为渤海王，后改封陈留王。

02

刘辩坐上龙椅后，其舅何进更加厉害，权势大得到了一手遮天的地步，连那些宦官都看不下去了，宦官们和一些大臣悄悄地议论，看来先帝还是有先见之明，刘辩确实不适合当皇帝，干脆咱们把他废了，立刘协做皇帝吧。

这些议论传到了何进耳朵里，呵呵，小小泥鳅居然想掀大浪，也不称称自己几斤几两！手握重权的何进无法容忍任何人动摇他的地位，因为动刘辩就等于动他。

于是他决定将想生事的人统统杀光。主犯杀光后，何进又把屠刀伸向其他宦官，打算一举肃清宦官势力。不料没来得及动手就走漏了风声，宦官张让决定先下手为强。

张让带领宦官段珪、毕岚等几十人，手持兵器悄悄地埋伏在宫中。

何进出来后，张让假传太后诏将其召入宫中，责问何进说："听说你小子把天下大乱的罪归于我等，是不是活腻歪了？先帝曾与太后不和，几乎把太后废了，我们哭泣解救，只想依托你何氏而已，现在你居然想把我们杀光，还想灭族，你小子不觉得太过分了吗？"张让话音刚落，何进就被尚方监渠穆一剑杀了。

张让、段珪等矫诏，任故太尉樊陵为司隶校尉，少府许相为河南尹。尚书岂是那么好骗的——老臣不信，请大将军何进出来共同商议。中黄门把何进的头颅掷给尚书："何进谋反，已经被杀了。"

气焰嚣张的何进被杀，按理说宦官一方胜了。其实不然，何进被杀激怒了其下属袁绍，由此引发的严重后果，许多人做梦都没想到。

03

袁绍何许人也？就是后来大名鼎鼎的军阀袁绍，东汉末年群雄之一，后来与曹操于官渡大战一场，被曹操打败，一病不起，吐血而死。

张让杀掉何进之时，袁绍是何进的部下，是何进的中军校尉。上司被杀后，这个部下不淡定了，立即命他弟弟袁术带兵入宫，将两千多个宦官杀了个片甲不留！

这个有史以来一次性诛杀宦官最多的事件，表面上看起来好像是部下为上司报仇，其实没这么简单。袁绍早就看到了宦官的危害，劝何进彻底除掉。他对何进说："以前窦武想消灭宦官，由于泄密反被宦官杀了。现在将军执掌兵权，应该替天下除害，可别错过了机会。"

何进虽然大权在握，却不敢做主，去跟太后商量，何太后坚决不答应。

为什么何太后不答应呢？因为她母亲舞阳君得到过宦官不少孝敬，吃人嘴软，拿人手短，何太后明知宦官们不是好人，但也无可奈何。

收受宦官们贿赂的还有何进的弟弟、车骑将军何苗，而且不是一次两次。拿了好处的他和何太后母亲一起，对诛杀宦官之事从中作梗，百般阻挠。

见何进犹豫不决，袁绍又劝何进秘密召集各地兵马进京，迫使太后同意铲除宦官。何进说这个办法好，决定采纳袁绍的建议。

何进的主簿（管理文书、办理事务的官员）陈琳却急忙阻拦，对何进说："将军手里有的是兵马，要消灭几个宦官，还不是像炉火上烧几根毛那样容易？如召外兵进京，好比把刀把子交给别人，不出乱子才怪呢！"

何进不听陈琳劝告，写信让实力最雄厚的并州牧董卓迅速带兵进洛阳，准备诛杀宦官。于是就发生了张让得知消息先下手为强之事，何进偷鸡不成反而把命都丢了。

04

早有杀宦官之心的袁绍得知消息，立刻派他弟弟袁术攻打皇宫。袁术放火烧了皇宫的大门，兵士们冲进皇宫，见宦官就杀，见一个杀一个，见两个杀一双，没有胡须的非宦官也被当作宦官杀了。

死于宦官之手的何进和为他"报仇"的袁绍都没有想到，这场变故的最大赢家是董卓："奉命"进京的地方豪强董卓，从此在京城坐大，废刘辩立刘协，并当了相国。

董卓原是个极其残忍的家伙，担任相国后，他纵容兵士残杀无辜的百姓，做尽了坏事。有一次，洛阳附近的阳城（今河南登封市东南）举行庙会，百姓前去赶集，董卓派兵到那里，竟把集上的男子统统杀死，用百姓的牛车装载着掳掠到的妇女和财物，耀武扬威地回到洛阳，一路上还高呼万岁——咱们打了大胜仗，凯旋啦，大家庆祝吧！

张让也没有想到，就因为一句"议论"，最终导致他和其他两千多个宦官被杀，九泉之下他一定后悔自己管得太多。

董卓：小目标实现之日，也是走上绝路之时

01

东汉末年，以张让和赵忠为首的十二个宦官把持了政权，把汉灵帝刘宏玩弄于股掌之上，以至于汉灵帝把张让当作爹，把赵忠当作妈——"张常侍是我父，赵常侍是我母"。

这十二个宦官可谓坏事做绝，既横征暴敛又卖官鬻爵，全国到处分布着他们的父兄子弟，这些人比他们还狠，百姓被他们祸害得死的心都有，这就是历史上著名的"十常侍之乱"。

不堪剥削、压迫的人民纷纷起来反抗，大规模农民起义爆发了，著名的黄巾起义就是外戚宦官专权逼出来的。

如果任由宦官集团胡作非为，东汉王朝分分钟就得完蛋。一些头脑清醒的官吏认识到了问题的严重性，其中就有大将军何进。

何进虽然从前是个杀猪的，但其同父异母之妹被选入宫中做了贵人，而且还很受汉灵帝宠爱，他也就鸡犬升天，最终官至大将军。

汉灵帝去世后，他这个外戚便自以为天降大任于己，消灭为非作歹的宦官集团责无旁贷，但他采纳袁绍的一个馊主意，却导致后面的局面无法收拾。

我们已经知道了，就是这个馊主意，让董卓得以进京——这叫引狼入室。

02

当时的董卓是并州牧，在山西那个山高皇帝远的地方当地方官当得好好的，突然接到要他带兵进京的命令，他自然是求之不得。

当然，朝廷中头脑清醒者还是有的，主簿陈琳就是一个。何进决定调兵时，他就

提醒说这办法是把双刃剑,弄不好不但达不到目的,还会引起混乱,因为大兵一到就由不得咱们管了。可惜他的话没人听得进去。

侍御史郑泰更是一针见血地指出,董卓这人不是好东西,早就臭名昭彰,其特点是为人强悍,不讲仁义,贪得无厌,并且残暴嗜杀。如果朝廷要靠他支持,就得把兵权给他,他一得到兵权,那就没人管得了他,他想干啥就干啥,到时候控制不了局面,必将酿成大祸!

郑泰又对何进说:"您是皇亲国戚,国家大权在您手里握着,想收拾那些个阉人,是很容易的事情啊,干吗要依靠董卓那样的外援呢?"

但那时候的何进除了袁绍的话,其他任何人的话都听不进。

后来不知什么原因,何进又后悔了,想把泼出去的水收回来。可是那时候,调董卓进京的命令已经发出。何进赶紧把谏议大夫种劭找来:"你马上跑一趟,对董卓说没必要进京了,让他回去。"

03

可惜晚了,好不容易得了个进京的机会,董卓是不会轻易放弃的:"这可是你们叫我来的,还没闻到京城的气味就叫我回去,没门!"

尽管种劭让董卓返回河东郡的理由很冠冕堂皇——让他去讨伐流亡的匈奴单于于夫罗。但董卓根本不听,带着他的军队继续前进。

那时的董卓已经到达洛阳城外,出城劳军的种劭再次要求董卓撤军,董卓不但不听,还指使一个当兵的去威胁种劭:"你再啰唆,当心吃不成今年的年夜饭!"种劭大怒,指着董卓就骂。

但毕竟理亏,如果强闯京城,就会落个图谋不轨的罪名,董卓只得退到一个叫夕阳亭的地方,那里离洛阳城仅二十里。

没多久就发生了何进被害的事情,宫里爆发政变,时任奉车都尉的董卓之弟董旻,与何进的一个部将联合把何进的弟弟何苗也给杀了。

这些变故虽然没人告诉董卓,但他还是知道了。当他远远地望见洛阳上空的滚滚浓烟,顿时大喜:"兄弟们,京城在演好戏了,咱们赶紧去看,晚了就看不到了!"于是董卓带着他的军队,立即朝京城开拔。

04

在一个叫显阳苑的地方,董卓得知少帝刘辩被人劫持上了北邙山,而劫持少帝的人正是十常侍之首张让,便也赶往北邙山。皇上别怕,老董救您来了。

没想到,见了飞奔而来的董卓,有如惊弓之鸟的刘辩却吓得哇哇大哭,众大臣纷纷指责董卓:"你想干啥?还不赶快退兵!"大臣崔烈更是叫董卓赶紧回避。

董卓本来就是个暴脾气,像质量很好的火药,崔烈的话,无异于在这堆火药中扔了一个火把,他指着崔烈的鼻子就骂:"我不分白天黑夜,一口气赶了三百多里,水都没顾得上喝一口,没有功劳也有苦劳,你却让我回避,你算老几?信不信把你脑壳砍了!"

骂完崔烈又骂其他大臣:"各位身为人臣,啥本事没有,把国家搞成这样,连皇上都保护不了,让他像个丧家犬一样到处流浪,还有脸让我退兵!我偏不退!"

董卓不但不退兵,还"混"进了迎驾队伍。然后也不管刘辩愿意不愿意,先拜见了再说。

见过汉少帝后,董卓又"盯"上了汉少帝的弟弟陈留王刘协(即后来的汉献帝),想把他从前来救驾的河南官员闵贡怀里抱过去,可惜刘协不让他抱。

据说董卓长相凶恶,小孩子都怕他,看来此言不差。但是他才不管呢,又厚着脸皮东问西问,最后问到事变经过。

不知是刚才被这个"凶神恶煞"吓得还没回过神来,还是累了想睡觉,刘辩的回答有些语无伦次,倒是刘协表述得一清二楚。

兄弟俩的表现如此悬殊,董卓不免在心里嘀咕起来:看来老天瞎眼了,弄了一个笨蛋当皇帝,我怎么看他不是这块料呢?这个皇帝,分明应该弟弟来当嘛。

董卓不是笨蛋,知道这个提议定然会一石激起千层浪,因为这是明目张胆地干预朝政。但他就是要提,冒再大的风险也要提,因为只有这样做,才能让人们明白:如今的老董再也不是以前的老董了,是说得起话的老董了,这是实力的象征。

也就是说,他想通过这件事,一是立个威,二是"提醒"其他人,他姓董的要从幕后走向台前了,请大家做好心理准备,也做好站队的准备。

05

果然不出所料,他的提议立即遭到众多大臣的公开反对。荆州刺史丁原一听这话，激动得当场发飙，指着董卓说："汝是何人，敢发大语？"你也不照照镜子，看看自己是什么东西，这种话也敢说！

相比之下，尚书卢植的态度要好得多，但也不含糊，明确指出他董卓不过是个地方官，从来没有参与过国家大事，又没有多大的才能，废立这种大事，怎么能想怎样就怎样？

意思是这不是该你管的事，你还没资格，哪里凉快哪里待着去吧。

董卓脾气暴，袁绍的脾气似乎更暴，当场就把剑拔了出来，指着董卓说："是不是想比一下哪个的剑锋利？那咱们就比比，是你的剑利还是我的剑利！"

此时的袁绍，不知因自己一个馊主意就引狼入室而吃过多少后悔药呢，脾气自然不会好。

司徒王允也是反对者之一，他虽然当面不敢批评董卓的冒天下之大不韪，私下里却比谁都在意这件事，马上召集百官商议：如果董卓要蛮干，咱们应该怎么办？最好弄个应急预案。

商议来商议去，也没有一个万全之策，最后还是觉得曹操那个办法可以一试，那就是把董卓暗杀了。

曹操还自告奋勇来当这个刺客：董卓不是喜欢宝刀吗？正好王司徒家里有一把，咱就以献宝刀为名，趁机把他干掉。

曹操顺利地见到了董卓，可惜功亏一篑，当他正要行动时，董卓从镜子里看到了他拔刀的动作，问他拔刀干什么。曹操只好马上跪下，把宝刀举过头顶："我给您献宝刀来了。"

杀人不成，还把宝刀丢了，郁闷可想而知。

更郁闷的是，那时候已经没人能阻止董卓了。可怜的刘辩仅当了五个月皇帝，就被董卓强行废掉，让九岁的刘协取而代之，是为汉献帝。

06

废辩立协后，董卓心想事成，把刘协控制在了手里，"挟天子以令诸侯"，横行霸道了一段时间，干了不少天怒人怨之事，一人之下万人之上的小目标算是实现了。

但也正因为这样，他才成了众矢之的，在几乎所有官员的支持下，司徒王允具体策划，获得董卓干儿子吕布的支持，除掉了这个恶魔。

据《董卓列传》记载，董卓被杀的消息传开后，士兵们高呼"万岁"的声音响彻云霄，老百姓像庆祝重大节日一样纷纷走出家门，在路上又唱又跳，不少家里藏有珠宝的人也不藏了，纷纷拿出来换成酒肉，用烂醉如泥来庆祝一个人的死亡。

　　早知如此，还不如老老实实地待在大西北，喝他的"西北风"；事实证明，京官不是那么好当的——董卓地下有知，一定会这么想。

没有黄巾军帮忙，曹操最多是个处级干部

01

尽管曹操大家都比较熟悉了，还是简单地做个介绍吧。

曹操（155年—220年），字孟德，小字阿瞒，沛国谯县（现安徽亳州市）人，东汉末年著名政治家、军事家、文学家、诗人，曹魏政权的缔造者，以汉天子的名义征讨四方，对内消灭袁绍、袁术、吕布、刘表、韩遂等割据势力，对外降服南匈奴、乌桓、鲜卑等，统一了中国北方，并实行一系列政策恢复经济生产和社会秩序，奠定了曹魏立国的基础。曹操在世时，担任东汉丞相，后为魏王，去世后谥号为武王。其子曹丕称帝后，追尊其为魏武帝。曹操博览群书，尤其喜欢兵法，曾抄录古代诸家兵法韬略，还有注释《孙子兵法》的《魏武帝注孙子》著作传世。

看介绍，一个能文能武、纵横捭阖、一帆风顺的英雄人物跃然纸上。其实，曹操的人生道路并非一帆风顺，甚至还可以说有点坎坷，尤其是青年时期。

曹操虽然出身豪门，其父曹嵩贵为三公，但他的祖父曹腾却是个宦官，自己没儿子，就领养了曹操的父亲做儿子，所以出身豪门的曹操社会地位其实不高，属于人们眼中的"寒族"。他要想出人头地，只有付出比别人更多的努力。所以曹操很小的时候就酷爱读书，经史典籍广泛涉猎，尤爱读军事著作，且在诗歌、书法、音乐方面"天赋独具"，不少名家都不如他，他的武艺也十分高强。

凡此种种，使他在二十多岁的时候就有了名气。他所在的地方政府看好他，就把他举为孝廉。当时的规定是从二十万人中举一个，每郡每年只有两至五个名额，比现在考上清华北大艰难不知多少倍，加上还要照顾朝中大官的关系户，能被举上的概率更是小之又小。曹操能入政府的法眼，说明他的确出类拔萃。

而且这还没完，孝廉还要被送到洛阳，经三公府面试、审核后还要被淘汰掉一

些，剩下的才会最终被送到皇宫做郎官。主要工作就是除了在皇宫内和各殿门站岗还是站岗，皇上要出去则须充当车骑；站岗一站就是一天，想出门溜达溜达？门儿都没有，除非贿赂看门的。如此这般，经两三年锻炼、考察，上级领导觉得你可以（否则哪儿来回哪儿去），便将你外放做官，先做个县令啥的。

02

站岗站得不错的曹操终于获得外放做官的资格，被派为洛阳的北部尉，具体负责洛阳北部分城的治安。

洛阳是当时的都城，天子脚下的人都很厉害，不好管。有的甚至不把王法当回事，有人犯法还不敢将其绳之以法，因为一不小心就会碰着个皇亲国戚啥的，最不济也是个达官贵人。一句话，洛阳人都惹不起。最好的办法就是不惹，结果就是法制涣散。

曹操却不信这个邪。

他到任伊始，就在北城门左右各挂了十几根五色棒，谁犯了不该犯的，抓住后一律乱棒打死。

那时候实行夜禁，夜禁期间不准任何人在大街上乱跑，否则就是个死。五色棒挂出去不久，汉灵帝的一个心腹宦官小黄门蹇硕的叔叔无视禁令，半夜在大街上乱跑，曹操说王子犯法与庶民同罪，何况不是王子，给我乱棒打死！这个把禁令当耳旁风的家伙被打死后，洛阳人再也不敢违禁了。

曹操得罪了宦官，宦官们都恨死了他，但一时又找不到报复的理由。

曹操后来承认这样做是想出名。他的目的达到了，打死皇帝心腹的叔叔后，"曹操之名颇震"，士大夫们不仅对他一不怕死二不怕报复的大无畏精神表示赞赏，有人还推荐他，于是他被升迁为顿丘（在今河南）县令。

03

人生是很有戏剧性的，大人物的人生尤其如此。曹操不久又倒了霉，不过不是因为杀了皇帝心腹的叔叔，而是由于其堂妹嫁给了汉灵帝皇后的亲戚濦强侯，宋皇后因故被废杀，濦强侯也被诛杀，曹操受连坐之害被免官，回到起点，变成了老百姓。

这样的人会一辈子当老百姓吗？当然不会，不然上天都不答应。所以上天很快就给这个失业人员安排了新的工作——议郎。议郎也是个小官，但再也不用站岗了，而是随时准备应对皇上的各种问题，既可以口头形式也可以书面形式，说白了就是当顾问。

当议郎不久，曹操就干了一件不小的事情。起因是汉灵帝给三公（司徒、司空、太尉）下诏说，你们别都在京城待着，都下去给我查一查，凡是州刺史、郡守不称职，导致老百姓编歌谣骂他的，都给我奏上来，统统罢官。

当时宦官的势力不小，他们的亲戚啥的依靠他们做州郡长官的不少，那些宦官就向三公行贿，三公对上述那些人一个也不举报，却给边远小郡二十六个郡守捏造了一些罪名，报上去后都罢了官。

偏偏一个叫陈耽的司徒人品不错，他虽然也位列三公，却看不惯其他人的所作所为，曹操对这事儿也深恶痛绝。他们两个就联起手来，弹劾那些收受贿赂的人，结果不仅没扳倒他们，敢于较真的陈耽还被宦官弄进监狱，找了个理由整死了。

陈耽好歹是司徒，说整死就整死，曹操也感到恐惧。虽然祖父是皇帝身边的红人，父亲是太尉，朝中又有不少支持者，皇帝看在上述种种的面上没有处置他，却也把他吓得够呛。

算了算了，这事儿不能管了，胳膊拧不过大腿，面对满世界的黑暗，一盏灯再明亮，也驱不走那些黑暗啊，要黑大家都黑着吧。

04

从此以后，曹操什么事也不管，什么议论也不参与，如有人问他对某某事有何看法，对不起人有三急，我得马上上茅房，转身就走。

《三国志》记载，从此以后，曹操再也没有参与过国事，再也没有给任何领导提过任何意见或建议，当了个只拿工资不干事的闭嘴议郎。

关于曹操的心灰意冷，有关史料记载"政教日乱，豪猾（豪强家族）益炽，多所摧毁（对不听自己话的行政长官颇多摧折）"，于是曹操觉得没法匡正了，不再献言。

"不再献言"的曹操就这样混着日子，感觉离他的人生理想越来越远，黑暗的现实又使他不得不收起自己的锋芒，仿佛一只被装在笼子里的雄鹰，渴望飞翔，却连翅膀都无法伸展，心中的苦闷可想而知。

终于，一个叫张角的人砸烂了囚禁这只雄鹰的笼子。

张角（？—184年），巨鹿（今河北平乡西南）人，太平道的创始人。当时社会腐败，政治黑暗，民不聊生，张角顺势而起，提出"苍天已死，黄天当立，岁在甲子,天下大吉"的口号,发动了黄巾起义。他们烧毁官府、杀害吏士、四处劫掠,一个月内,全国七州二十八郡都发生了战事,黄巾军势如破竹,州郡失守、吏士逃亡,震动京都。

黄巾起义给了曹操走向人生辉煌之路的机会。那一年他二十九岁,被汉灵帝封为骑都尉(皇帝禁军羽林军中的骑兵部队的长官,由良家子和战场孤儿组成),助皇甫嵩剿灭起义军。

从此以后,曹操与从前那个"闭嘴议郎"判若两人,在人生的战场上纵横捭阖,混得越来越有出息。

史上最蠢谋士与史上最蠢主公

01

官渡之战后,曹魏的开国皇帝曹丕说了这样一句话:"袁绍亡于郭图。"

在灿若星辰的三国风云人物中,郭图的知名度不大,甚至可以说很小,以至于很多人都没听说过,基本上属于无名之辈。但被他害得万劫不复的那个人却很有名,谁?袁绍。

后来有人提到郭图时,下了这样一个定义:史上最蠢谋士。如果此说成立,那么他的主公袁绍应该算是史上最蠢主公了。

袁绍之蠢,蠢在过度高看了郭图。

公元191年(初平二年),郭图和一个叫辛评、一个叫荀谌的人做了一件让袁绍高兴的事,成功说服董卓任命的冀州牧韩馥"让贤",使袁绍取而代之。

这次侥幸使袁绍觉得郭图很了不起,便盛情邀请郭图做他的谋士。

为什么说是"侥幸"呢?因为这次"说服"具有很大的胁迫成分,后来韩馥投靠张邈而不是投靠袁绍也间接证明了这点。

袁绍在识人方面的不足,使他白白失去了"挟天子以令诸侯"的大好机会,将其拱手让与曹操。而这个巨大失误,正是他十分看重的郭图造成的。

02

那是公元195年(兴平二年)的事情。那一年,身在曹阳的汉献帝遇到麻烦了,被董卓部将李傕等人追逼。消息传来,袁绍另一个谋士沮授认为是个绝佳的机会:咱们若是把天子弄到手里,挟天子以令诸侯,岂不是很爽?

想到这里,沮授急忙来到袁绍面前,兴高采烈地对他说:"我亲爱的主公啊,如今有两个消息，一个好消息一个坏消息，您先听哪一个？"

袁绍盯着他说，我的习惯是只听好消息不听坏消息，难道你不知道？沮授说不好意思，看我高兴的，其实只有好消息没有坏消息。

然后他便对袁绍说了那个天子有难的好消息，劝袁绍千万不要放过这个机会，赶紧派军队去把皇上接来，"挟天子而令诸侯"，哪个要是不听话就收拾他。那样一来，别说收拾不听话的很容易，就是振兴汉室，也不是没可能。主公您现在的条件不错，冀州差不多都平定了，士人也纷纷来归附，您的军队也很强大，要做到这点不是难事。（《后汉书·袁绍传》记载，沮授说绍曰：且今州城粗定，兵强士附，西迎大驾，即官邺都，挟天子而令诸侯，畜士马以讨不庭，谁能御之？）

沮授的话音未落，就被郭图和一个叫淳于琼的打断了。尤其是郭图，仗着袁绍的信任，很不客气地对沮授说："汉朝王室衰败很久了，要振兴谈何容易！如今是个英雄辈出的时代，到处都是英雄，他们要地盘有地盘，要人有人……这些都不说了，反正您也晓得。问题是，把天子接来有啥用？不但没用，可能还是个包袱。为什么呢？没有这个婆婆管着，咱们想做啥就做啥，想啥时候做啥就啥时候做啥，啥都不想做就啥都不做，多自在啊是不是？把天子接到身边，人家好歹是个天子，你做事情就不能像以前那样自由，有事得请示天子，天子的指示是服从好呢还是不服从好呢？服从吧，咱们一点自由都没有，有时候的指示甚至和咱们的希望正好相反。不服从吧，那就是违抗皇命……唉，你说你这主意！"

若是拼口才，沮授不是对手，郭图一张口就滔滔不绝，而且头头是道，把沮授说得一愣一愣的，找不到合适的话反驳。他只是反复强调把天子接来，道义上是合理的，时机上是合适的，咱们若是不去迎接，恐怕今后想接也没门了，其他人肯定要去接，不信咱们走着瞧。

话说当初汉献帝登基的时候，袁绍是不满意的，不希望他当皇帝，内心有点讨厌这个人。让他"侍候"一个自己讨厌的人，他的度量还没那么大，加上郭图的三寸不烂之舌，袁绍心中的天平自然偏向了郭图一边，否决了沮授的建议。

结果大家都知道了，袁绍放弃这个机会后，汉献帝落入曹操之手，曹操利用这个天子发号施令，呼风唤雨，将其他"英雄"挨个儿收拾掉，为曹魏江山打下基础。

早知今日，何必当初？如果世上有后悔药，相信袁绍一定会连干三碗。

03

但与接下来要讲的这件事相比，失去"挟天子而令诸侯"的机会只能算郭图坑袁绍的一件小事。这件事就是导致袁绍惨败的官渡之战。

没错，这件对袁绍来说倒霉透顶的事情，与郭图也有很大的关系。

当然了，这件事的根子在于袁绍头脑发热，他以为搞定了公孙瓒，其他人都不在话下，包括曹操。

关键时刻，又是沮授站出来"泼冷水"：主公啊，虽然咱们刚打了大胜仗，按理应该趁热打铁，但此时攻打曹操，万万使不得。咱们虽然胜了，但是此次出兵时间长达一年，搞得老百姓既疲惫不堪又穷困潦倒，仓库里的粮食也吃光了，军队也成了疲惫之师……总而言之，现在去打曹操，绝对不是最佳时机。依我看，咱们不如先休养生息，然后不断地派兵到对方边境地区去骚扰劫掠，让曹操不得安宁，不断消耗他的实力。时间一长，形势必然对我有利，到时候再去对付他，就容易多了。

又是这个郭图，站出来唱反调：如今咱们主公兵强马壮，区区曹操岂是对手？兵书上写得明明白白，如果兵力比敌人多十倍，就可以包围他们；如果比敌人多五倍，就可以进攻他们；如果和敌人兵力相当，就可以和他们干一仗。眼下咱们主公不仅神明威武，军队也比曹操多，还可以会合河朔地区的军队，加起来更不得了，弄死他是很容易的事情。这么好的机会，怎么能放弃呢？为什么要等将来？等曹操的力量更大吗？这时候对付他容易呢，还是等他力量更大时对付他容易呢？我想不用再说了吧。

按理说，上次正因为听了郭图的，以至于皇帝落到曹操手里，才造成了曹操势力逐渐壮大的局面，袁绍应该吸取教训，对郭图的话应该思量思量。谁知郭图一开口，本来认为沮授说得有理的袁绍脑子又进水了，再一次做了错误选择，带兵攻打曹操。

04

那时候的曹操，力量的确不如袁绍，但人家的谋士比他的谋士聪明啊。

当然了，袁绍也有聪明的谋士，只不过他自己太笨，误把愚蠢当聪明（不采纳沮授的建议就是最好的例子）。还因为放着聪明的谋士不用，导致人家反水，比如在他进攻曹操的时候，他的一个名叫许攸的谋士就投奔了曹操，给曹操出了一个奇谋，曹操采纳后获得反败为胜的机会。

这个奇谋就是建议曹操利用轻骑兵，奇袭一个叫乌巢的地方。

乌巢是什么地方？袁绍屯粮之地！

那时候，曹操实际上已被袁绍打得焦头烂额，眼看就要输了。他做梦也没想到，关键时刻帮他一把的人居然来自对手阵营。

当原为袁绍谋士的许攸投奔过来，建议他烧掉袁绍的粮草时，曹操毫不犹豫地采纳了，并立即付诸行动，安排好守卫部队后，亲率五千兵马，打着袁绍的旗号，在月黑风高之夜走小路偷袭乌巢，到达后立即放火。

对正在打仗的军队来说，粮草就是命根子，命根子一丢，分分钟玩儿完，这个道理，是个人都懂，所以大将张郃表示应该先救粮仓。郭图说，救啥粮仓，你应该去攻打曹操主营，主营一旦攻下，啥都有了，去吧，去吧，祝你好运。

打仗不是靠运气，被迫攻打曹操主营的张郃可没那么好的运气，何况曹操早就安排好了，岂能乖乖地等你去打？结果久攻不下，形势越来越危急。

更糟糕的是，在前线打仗的袁军听闻乌巢的粮草被烧得一干二净，今后饭都没得吃了，军心立即动摇，哪里还有心思打仗，一触即溃，袁绍仓皇退兵。

郭图见自己的主意未能奏效，担心袁绍责怪，居然恶人先告状，说什么张郃进攻不力，还要处罚他。

这下又惹了个大祸，张郃心想，你这个神经病，老子不伺候了，一气之下降了曹操。袁绍本想依靠绝对优势兵力一口吃掉曹操，结果反而被对方狠咬一口，差点把他咬死。

官渡之战败得太惨，换作谁也想不通。没几年，袁绍就郁愤交加，一命呜呼。

05

郭图仿佛生来就是袁家的灾星，坑了袁绍还不够，袁绍死后，还把他两个儿子都坑了。

袁绍死后，他的两个儿子袁谭和袁尚起了纷争。闹得不可开交时，郭图的傻劲儿又来了，给袁尚出主意："我说主公啊，既然咱们一时半会儿对付不了袁谭，不如借助外力，肯定能够一击而中。"

袁尚说，既然你有好主意，为啥不早说？快说快说快说！郭图便建议袁尚去投曹操，然后让曹操去打袁谭，让他们去鹬蚌相争，咱们坐收渔翁之利。

袁尚居然觉得这主意不错。

结果就成了这样：求之不得的曹操挨个儿把兄弟俩收拾了，轻轻松松占了他们的地盘。

那么郭图的结局如何？为了不让他继续害人，曹操的手下乐进一箭把他射死了。

铁打的吕布，流水的义父

01

据《三国志》《后汉书》《英雄记》《曹瞒传》等史料记载，吕布是今内蒙古包头市九原区麻池镇西北人，原为东汉末年大军阀、并州刺史丁原的手下，具体职务是主簿。

对于这个主簿，丁原一直待他不薄，甚至"大见亲待"，简直拿他当亲人。

公元189年（中平六年），"亲小人，远贤臣"的汉灵帝去世了，大将军何进命令时为武猛都尉的丁原到洛阳诛杀作恶多端的十常侍。

丁原奉命带兵来到洛阳，临朝称制的何太后却不准他们这样干。不过何太后虽然不准他们杀宦官，却任命丁原为保卫京城和宫城的执金吾。

当初被何进召来助力的，还有并州牧董卓。这家伙野心极大，想把持朝政，而要实现这个目标，必须首先除掉丁原这个"绊脚石"。

得知吕布深受丁原信任，董卓便利用吕布见利忘义的特点，收买了吕布，唆使吕布杀了丁原，吕布把丁原的头砍下来，送给董卓，董卓把持朝政的目的达到。

此后，吕布不但成为董卓的心腹，还成了他的义子。

此后不久，吕布又受人唆使，杀了董卓这个义父。这一次唆使他的，是司徒王允。

02

董卓被杀两个月后，之前他的部属李傕和郭汜召集旧部攻入京城，打败吕布。走投无路的吕布想投靠袁术，却自恃有功且十分骄恣，袁术十分反感，拒绝收留，吕布只好改投袁绍。

投靠袁绍后，吕布助他打败了黑山军首领张燕，然后他的老毛病又犯了，又恃有功，要求袁绍增加他的军队，遭到袁绍拒绝。再加上吕布的手下经常干些抢劫掠夺的勾当，袁绍对其又疑又恨。

吕布怕了，担心袁绍要他的命，想与他保持距离，便请求回洛阳。袁绍欣然同意，以天子的名义任命他为领司隶校尉，还派甲士护送他，实际上是要甲士在途中寻机把他干掉。

谁知吕布已有所警惕，派人在营帐中弹琴，制造了一个他毫无防备的假象，自己则悄悄溜出去，逃之夭夭。半夜时分，那些甲士动手了，朝吕布的床一阵乱砍，自然啥也没砍着。

吕布一逃就逃到了河内，投靠了割据河内的张杨。

袁绍担心吕布找他报仇，再次派兵刺杀吕布，士兵们虽然追上了吕布，但吕布太厉害，大家都很怕他，谁也不敢靠近。吕布得以逃脱，投靠了陈留太守张邈。

03

公元194年（兴平元年），曹操攻打陶潜，吕布趁机占了濮阳，与曹操争斗了两年，虽然多次予曹操以重创，但最终被曹操打败。

这一次他依附的，是占据徐州的刘备。

刘备可是个大好人，出了名的仁德之士，好好跟着他混，别再三心二意了，将来一定有个好前程。可他不，又趁刘备与袁术交战之机，袭取了徐州，同时还打败了救援刘备的夏侯惇。夏侯惇以勇猛善战著称，是曹操的得力干将，是曹操派他去救援刘备的。

至此，"反复无常""三姓家奴"的标签，吕布再也摆脱不掉了。

据《资治通鉴》记载，夏侯惇是吕布派去的部将高顺等人打败的，高顺等人攻破徐州后，还俘虏了刘备的妻儿，失败后的刘备只好投了曹操。

这对决心恢复汉室、不可能屈居人下的刘备来说，无异于奇耻大辱。

俗话说，久走夜路一定会遇到鬼。公元198年（建安三年），吕布终于遇到了"鬼"——多次吃过他大亏的曹操。

亲自出马讨伐吕布的曹操水淹下邳，吕布部下叛变，把他捆了，送到曹操面前。

04

叛变的部下害怕他跑脱，把他捆得很紧，吕布有点难受，要求曹操给他松绑。曹操说，捆老虎嘛，就是要捆紧点。

这时候的吕布似乎根本不清楚自己的处境，甚至都不认为自己是俘虏，在他看来，曹操能够得到他，简直是莫大的幸运。

这也是他当了俘虏还自我感觉良好的心理基础。

他的心理素质，简直不是一般地好！

吕布的自信并非空穴来风，"三国第一猛将"可不是浪得虚名，曹操、刘备等各路英雄好汉，哪一个没领教过他的厉害？

所以，即使做了俘虏，吕布仍然认为，他是难得的将才，这也是他即使是做了俘虏，也敢跟曹操谈判的本钱——"明公所患不过于布，今已服矣，天下不足忧。明公将步，令布将骑，则天下不足定也"。

你害怕的不过是我吕布，我若投了你，你就没必要害怕了，天下人也不必忧了。然后你掌管步兵，把骑兵交给我掌管，咱们两个联起手来，就是天下无敌，不愁定不了天下。

有人说，这是谈判吗？分明是"乞求"曹操饶他一命嘛。

如果这样理解，那就错了。因为这不符合他的性格——乞求别人饶命，那是弱者才配干的事情，他吕布可是个强者，哪怕亡命天涯期间，他也一直是！

05

曹操果然心动了，果然舍不得这个"人才"，这样的猛将，正是他所需要的，若真能降了吕布，为他所用，那真是太好啦。

至于人品，呵呵，这年头哪个的人品有多好？哪个不是下三烂？身处乱世，没点下三烂的手段，哪个活得下来？

当然了，人品不好确实是个问题。没关系，用过之后来个"鸟尽弓藏、兔死狗烹"就万事大吉了。

杀还是不杀？曹操犹豫了。

曹操的犹豫，引起了另一个人的恐慌。

谁？刘备。

那时候的刘备虽然在曹操手下混饭吃，但不过是权宜之计，他早晚得离开曹操，去实现他的"宏伟蓝图"。而那一天到来后，他与曹操就不再是上下级，而是对手，他可不希望这个潜在的对手，得到吕布这样的猛将。

所以他赶紧提醒曹操，难道明公你忘了丁原和董卓的下场了吗？

曹操又不是没记性，怎么可能忘？然而，刘备既然当众这样提醒他，他若仍"执迷不悟"，就显得他太傻了，也不好跟众人交代。所以，他不得不把吕布处死。

然而，据说那以后，每当遇到麻烦事，比如"勇冠三军"的颜良阵前叫嚣时，七进七出的赵云无人能挡时，在潼关被马超打得狼狈不堪、差点丧命时，赤壁之战败走华容道时，曹操都会想起吕布，想起当初若不杀吕布、让吕布为他所用，这些麻烦，都可能由吕布替他去搞定，甚至只要有吕布在，这些麻烦都不会出现。

也许这就是那句歇后语"曹操杀吕布——悔之莫及"诞生的原因吧。

汉献帝的后裔为什么要去日本？

01

说到汉献帝刘协，得从曹操说起。

提到曹操，人们就会想起那句"名言"：挟天子以令诸侯。这里的"天子"，就是东汉亡国皇帝汉献帝刘协。

自己的话没人听，就说这是皇帝说的，假借皇帝的名义发号施令，拉大旗作虎皮，以达到自己的目的。这么看，曹操这人，貌似有点不厚道。

实际上，曹操对待刘协已经够厚道了，与历史上其他亡国之君的悲惨结局相比，曹操对待刘协的态度，简直像宅心仁厚的老爸对待亲生儿子，不仅供他好吃好喝，还把自己的女儿嫁给他。

其实，曹操完全用不着这样，因为那时候的刘协虽然名义上仍是皇帝，却是近臣被诛殆尽，无论是威望还是势力，都不足以对曹魏政权构成威胁。也就是说，除了头上那顶皇冠，刘协实际上已成"废人"。可人家曹操偏偏要这么厚道，不仅把女儿嫁给这个"废人"，还一嫁就是三个。

02

曹操对待刘协如此厚道，他儿子曹丕也不逊色。

曹操死后，他儿子曹丕继承了他的事业，并随后称帝。曹丕称帝后，出于以防万一的考虑，虽然也想过斩草除根，但他到底还是没有杀掉刘协，只是把他"赶"出了京城洛阳，让他去离洛阳不远的山阳（今河南焦作市）当山阳公，改山阳县为山阳国，任命王业为山阳国相、李固为山阳国督军。

虽然刘协的头衔由皇帝变成了山阳国君，却是从之前有名无实且还被软禁的

"囚犯"一下子变作了自由身，不仅"邑一万户"，而且"位在诸侯王上，奏事不称臣，受诏不拜，以天子车服郊祀天地，宗庙、祖、腊皆如汉制"（《后汉书》）。等于他享受的还是天子的待遇，曹丕还说了这样一句话："天下之珍，吾与山阳共之。（《三国志》）"天下的好东西，我和你共享。

虽然曹丕的皇位是从刘协手里夺去（禅让）的，但那个所谓的皇位，对刘协来说不仅已毫无价值，甚至还是一种负担，是一个随时会招来杀身之祸的累赘，他正巴不得出手呢，如今终于有人来接这个烫手山芋，而且还给了如此优厚的条件，刘协除了感激，估计还是感激。

所以，接到"逐客令"的刘协简直像被放出笼子的画眉，高兴极了，第一时间搬出了那座充斥着血腥、弥漫着权诈，没给他带来荣耀却给他带来无尽屈辱的皇宫。

来到山阳，刘协深深地呼吸着自由的空气，开始思考以何种方式来享受来之不易的自由。

最好的方式，就是做好事。

03

山阳公衙门虽然在山阳城，但刘协大部分时间住在浊鹿城（今河南修武，焦作市所辖的一个县）。刘协在当地所做的那些好事，虽然正史未载，但修武一带至今流传着他广施仁政、亲民爱民的故事。

刘协甫到修武，便四处巡察民情，看到民不聊生，便派人四处张贴榜文，宣布所有赋税一概减半，垦荒种植者免交三年赋税。消息传出，饱受苦难的山阳百姓奔走相告，无不称颂……刘协这才明白，什么叫有意义的人生。

何况，他的女人对他还那么好。

早在曹丕要刘协禅让皇位，叫华歆去向曹节索要玉玺的时候，曹节就坚决站在自己的男人一边，不仅不给玉玺，还把亲哥派来的人臭骂一顿。曹丕登基的准备工作都做好了，只欠玉玺这个东风了，又来了好几拨人催要，曹节还是不给，然后同样是一顿臭骂。

后来又来了更多的使者，并以武力威胁，自知任何反抗也毫无意义的曹节，愤怒地将玉玺摔到台阶下，掩面痛哭："上天不会保佑你们的，你们都不得好死！"使者们看都不敢看她，捡起玉玺灰溜溜地跑了。

这说明什么？说明她爱他，丝毫不嫌弃他这个落魄之人。

接下来发生的事情更加证明了这点。当曹丕不知出于什么考虑，不让她这个山阳公夫人去山阳的时候，她更是多次以死抗争，终于来到刘协身边。

曹节随刘协来到山阳后，见山阳百姓流离失所，贫病饥寒，田园荒芜，百废待兴，就鼓励刘协脱下官服，换上布衣，深入民间，将过去在宫中学到的精湛医术用来救死扶伤，拯救百姓。

刘协从前跟名医华佗学医，也许只是为了打发无聊的时间，没想到派上了用场。

做了乡村医生的刘协夫妇，常到云台山一带采药，施医救民，被百姓誉为"龙凤医家"。如今，在云台山百家岩景区的石碑上，还刻有"山阳公行医图"。对于从云台山上挖下来的中草药，刘协从不收费，扎针、艾灸、拔罐、刮痧都不收钱，只有对买来的药物，才收一点成本费。这种行医方式流传至今，在一些农村，"中药不还价，针灸不要钱"等民俗据说就是从刘协那时留下来的规矩。

不仅如此，每遇灾荒年景，这两口子便下令减免税赋，和百姓一起节衣缩食，共渡难关。不到几年，山阳百姓便得以休养生息，重建家园，过去穷山恶水的状况换了新颜。

04

然后是捐资办学。公元 224 年（黄初五年），曹节送孙子刘康（后来的第二任山阳公）去山阳精舍（山阳书院的前身）上学，看到校舍全是危房，便倾其所有，捐钱给精舍，让其修缮校舍。

曹节夫妇随后宣布，百姓不论贫富，子弟都可以上学，年龄从五六岁到二十岁都可以上，不怕人多，只怕你不来。他们还请先生采用个别教授法，先识字，后学经书。

当曹节听说卜商（温县人，孔子四大弟子之一，在战国魏文侯时曾任教于此）有一位叫卜尚的后裔，在温县办私塾很有名，也很有学问，就和刘协一同亲自登门，请他担任山阳精舍的首席教授。

公元 234 年三月，被贬山阳国十四年后，刘协病逝，终年五十四岁。二十六年后（公元 260 年），曹节病逝，终年六十五岁，谥号献穆皇后，按照汉朝皇后的礼仪下葬，和汉献帝合葬于禅陵。

有关史料记载，刘协下葬之日，山阳百姓非常悲恸，纷纷含泪前去送葬，用衣帽包上黄土，在墓地上堆成一座古汉山，成为见证刘协造福山阳的一座不朽丰碑。山阳百姓还在古汉山村东修建了山阳公庙，便于祭祀，前来吊唁的人常年络绎不绝，清明节人更多。

刘协去世后，因太子刘冯早逝，改由嫡长孙桂氏乡侯刘康嗣袭为第二任山阳公。刘康在位五十一年，西晋代魏后仍旧袭爵为山阳公，直至公元285年（晋太康六年）去世。他的儿子刘瑾袭爵为第三任山阳公，刘瑾在位四年，于公元289年（晋太康十年）去世。由他的儿子刘秋袭封为第四代山阳公，刘秋袭爵二十年后被杀，山阳国随之灭亡。

05

从220年建立至309年被胡人灭亡，山阳国持续了八十九年之久。山阳国后裔主要分布在今河南一带，部分则迁到日本。

据日本相关史料记载，公元289年，汉献帝刘协玄孙刘阿知见当时天下乱象已生，为了避祸，他便率领儿子刘都贺、舅舅赵舆德和族人刘国鼎、刘涛子、刘鹤明、刘信子等男女共两千零四十人，离开中国本土，漂洋过海，几经艰难，于日本应神天皇二十九年九月五日来到日本。

来到日本后，刘阿知被应神天皇任命为朝臣，赐号"东汉使主"，又称阿知王、阿知使主，让其定居于大和国桧前村，即今日奈良县桧前村。

日本奈良县与冈山县仓敷市都建有"阿知宫"，以纪念刘阿知。

史料记载，刘阿知的儿子刘都贺还被雄略天皇赐姓"直"，其子孙遂以"直"为姓。刘都贺的三个儿子叫山木直、志努直、尔波伎直，分别衍生出数十个日本姓氏，其中大藏氏与坂上氏最为著名。

大藏氏始祖大藏广隅的八世孙大藏春实，于天庆之乱讨伐藤原纯友而闻名，被任为太宰大监，其后世子孙便世袭长门守、太宰大监等职，成为九州豪族。

大藏氏又分衍出原田氏等数个日本姓氏，居住于九州的原田氏至今保存着代代相传的族谱，在九州福冈市立有"汉太公庙"，以表明自己为汉高祖刘邦的后裔。

叁 全场:幸运还是倒霉?各有各的命!

西汉八个皇帝的奇闻轶事

01　汉高祖刘邦是个大孝子

刘邦是个孝子，以前南征北战没条件孝敬，当了皇帝后有条件了，就把父亲刘太公接到皇宫住下，天天好吃好喝供着，还封父亲为太上皇。

没想到，刘太公在皇宫里没住多久就不开心了，整天耷拉着脸，好像有人借了他的钱没还，而且还是一笔巨款。

刘邦非常惶恐，生怕没伺候好父亲，让父亲不高兴了。却不敢直接问父亲为啥不爽，而是去问侍候父亲的侍从。

侍从说，太上皇从前住在家乡丰邑，日子过得那叫一个滋润，天天和亲朋好友以及邻居一起，不是踢球就是斗鸡，要不就是喝酒，那种快乐一去不复返了，没人陪太上皇玩，太上皇岂能开心？

这个好办，在皇宫附近再建一座丰邑城就是了！

和老家丰邑一模一样的丰邑城建好后，刘邦把和父亲玩得好的亲朋好友以及邻居都迁来，住在这座丰邑城里，陪父亲玩。以前玩什么，现在仍然玩什么，以前怎么玩，现在仍然怎么玩。刘太公再不开心，实在没有道理了。

这个丰邑城和老家那个丰邑城长得太像了，以至于那些迁来的人一点没有生疏感，连随他们一同迁来的鸡犬都认识各自的"家"，不用人招呼，径直各回各"家"。

历史上那么多皇帝，能像刘邦这样的孝子可着实不多。

02　前少帝刘恭口出怨言害死自己

刘恭是汉惠帝刘盈的嫡长子，西汉第三任皇帝。刘恭的生母不是刘盈的皇后，是宫女周美人。

这个刘恭找错了母亲，从而导致母亲被吕后杀死。为什么这么说呢？原来吕后想让自己的外孙女张嫣嫁给自己的儿子刘盈，以便亲上加亲。那时张嫣才十一岁，希望她生孩子的吕后想尽办法也没能让她怀上，便让她假装怀孕，然后把汉惠帝与宫女生的儿子抢来，谎称张嫣所生。这个小子，就是周美人生的刘恭。

刘恭成为张嫣的"儿子"后，吕后就残忍地把他的生母周美人用毒酒毒死了。

高后四年，刘恭知道了自己的身世，非常伤心，说了一句气话："皇太后怎么能杀死我的母亲呢？等我长大了，一定要替母亲报仇！"这话传到临朝称制的吕后耳朵里，为他招来了杀身之祸。

吕后先是把他关在后宫，对外面说这小子病了，任何人不得来看他。不久吕后就罢黜了刘恭，接着又把他杀了。

03　汉文帝刘恒定元宵节

都知道农历正月十五是元宵节，又称上元节、元夜、灯节，这个节日的来历，知道的人恐怕不多。

这个节日与汉文帝刘恒有关，是他为了纪念周勃等人铲平诸吕而定的。

诸吕指汉高祖皇后吕雉一族。刘邦死后，吕雉掌权，重用吕家人，诸吕权势很大，不可一世。吕雉死后，相国吕产、上将军吕禄还"矫制以令天下"，想把汉室江山搞到手。

先是齐王刘襄起兵讨伐，不久太尉周勃、丞相陈平又设计夺了吕禄的军权，在朱虚侯刘章协助下，先是杀了吕产、吕禄，然后将吕氏一族一网打尽。

周勃等人搞定诸吕那天正好是正月十五。刘恒被周勃等人立为皇帝后，每逢正月十五夜都要出宫游玩，与民同乐。为了让人们永远记住周勃等人的功劳，刘恒天子一言，把正月十五定为元宵节。

为什么叫"元宵"呢？"宵"即是"夜"的意思，正月又叫元月，"元宵"就是这么来的。

后来汉武帝创制《太初历》，又将元宵节在历书上列为重大节日，元宵节从此成为中国民间传统节日，每到这天都要吃一种叫元宵的食品，以示纪念。

04　汉景帝刘启杀人种祸根

汉景帝刘启是汉文帝的第五个儿子，西汉第六个皇帝。刘启执政期间发生了一件大事，在历史上很有名，那就是"七王之乱"。

实际上，早在刘启做太子的时候，这个祸根就种下了。

事情起因于吴王刘濞的太子刘贤有一次到京城，陪刘启喝酒下棋。下着下着，两个人争起来了，刘贤的态度有点不好，刘启的态度更不怎么样，拿起棋盘就打，把刘贤打死了。

人家好好的一个儿子，因为一盘棋而丢了命，你说人家老子是啥感受？刘濞虽然当时不敢吭声，仇恨的种子却在心里生了根。

后来，刘启当皇帝后削藩引发"七王之乱"，吴王刘濞率先扯起造反大旗，意图夺取刘启的江山，与这个杀子之恨不无关系。

05　汉武帝刘彻唯才是举

汉武帝刘彻用人很有意思，既照顾先贤的后人（比如贾谊，他的两个儿子当郡守都是照顾的结果），又唯才是举。当然，主要还是唯才是举。

否则，历史上就不会有出身奴仆和奴产子的卫青、霍去病等杰出的军事家，也不会有出身贫民的丞相公孙弘、御史大夫倪宽、中大夫严助、朱买臣等名臣；原本为小吏的张汤、杜周、赵禹等能人，要想混到御史大夫和廷尉，也许要到猴年马月。

汉武帝重用的一些将军，不是越人就是匈奴人。比如原为匈奴俘虏，在宫中养马的金日䃅，居然被汉武帝选拔为托孤重臣。如果不是他自己再三谦让，首席托孤六臣也许还不是霍光。

不拘一格用人才，是一个合格帝王的基本素质。

06　汉宣帝刘病已颁行《史记》

没有汉宣帝刘询（原名刘病已），也许就没有伟大的《史记》。

列位也许要问了，伟大的《史记》不是伟大的司马迁编著的吗，与刘询有啥关系？且听我慢慢道来。

《史记》是司马迁编著的，这没错。但是他写好后，却不敢拿出来，更不敢交给朝廷。那是什么时期？汉武帝当政时期。在司马迁眼里，汉武帝既然能把他处以宫刑，就完全有可能把他的心血之作付之一炬，这种人什么事都做得出来。

所以临终前他把这部书稿交给女儿，要女儿好好保存，并再三嘱咐，如果遇不到好皇帝，哪怕让它烂掉，也不能交出去。

话说司马迁这个女儿，嫁给了一个叫杨敞的人，这人可不是一般人，汉昭帝时期他曾任宰相。嫁给杨敞之后，司马迁的女儿生了两个儿子，一个叫杨忠，一个叫杨恽。小儿子杨恽从小就爱学习，人也很聪明。司马迁的女儿见状，就把她珍藏了很多年的《史记》拿给他：儿子，你既然喜欢读书，母亲给你读一本好书。

杨恽一读，果然是本好书！可是这么好的书，母亲为什么藏在家里，不让它面世，为国家的文化事业做贡献呢？母亲如此这般一说，杨恽才明白。

转眼又过了些年，到了汉宣帝刘询时代，被封为平通侯的杨恽觉得刘询这个皇帝人品还可以，朝政也还算清明，便想起外公这部巨著，觉得再也不能让它继续埋没下去了，就把它献了出来。汉宣帝下令颁行，给了这部史学巨著一个最好的"归宿"。

07　汉元帝刘奭心太软

汉元帝刘奭是汉宣帝刘询的儿子，他两岁多的时候，母亲被霍光的老婆霍显毒死。霍显想让女儿霍成君当皇后，便毒死了刘奭的母亲许皇后，以为这样就能让女儿当上皇后。于是，小刘奭就成了半个孤儿。

据记载，刘奭多才多艺，但为人柔懦，在位期间宠信宦官，导致朝政极度混乱，是西汉走向衰落的罪人。

所谓"为人柔懦"，简单点说就是心肠软。软到什么程度呢？还是太子的时候，他就看不惯他爹刘询重用法家人物，手下人犯事，动不动就严惩。大臣杨恽（就是上面将《史记》献出来给汉宣帝的那位）、盖宽饶等人更冤，就因为说了几句讽刺话，结果脑袋就搬了家。

有一次，借和父皇一起吃饭的机会，刘奭委婉地给父皇提了提意见，劝他不要刑罚太过，如果重用儒生，也许……

话还没说完，就被父亲痛骂一顿："你小娃娃懂得啥！咱们朝廷有朝廷的规章制度，治理国家最好的手段就是王道霸道兼用，恩威并施，像周代那样单纯使用所谓的德政，那不是傻吗？"

对一般人来说，心太软也许不是太大的坏事，但对未来的皇帝来说，这个问题就很严重了，这叫缺乏基本的君王素质，不仅会害自己，还将害了国家。所以在刘询看来，这个太子将来可能会坏事。但他最终没有换掉这个太子，原因是想报答被毒死的许皇后。

刘奭后来果然导致皇权式微，西汉日益衰落，也许就与他的心太软有关。

08　汉成帝刘骜管男宠叫家人

汉成帝刘骜是汉宣帝的嫡皇孙。大概是因为长得乖的缘故，汉宣帝很喜欢这个孙子，亲自给他起名刘骜，骜为骏马之意，希望他长大后成为一匹骏马。

长大后，这人没有成为一匹骏马，却成了历史上有名的荒淫皇帝。除了极其宠爱赵飞燕姐妹，他对男宠张放的宠爱一点也不逊色，甚至更甚。

据史书记载，张放"少年殊丽，性开敏"，汉成帝简直是一见钟情，然后就是如胶似漆，平时"与上卧起，宠爱殊绝"，和皇上同睡同起，受到的宠爱天下第一。

仅仅如此似乎不足以表达对他的爱，于是刘骜把张放提拔成中郎将，然后经常和他出去微服私访，实际上就是外出游玩。

外出游玩时，刘骜还称张放是他的家人，他有多么宠爱张放，由此可见一斑。

他这样对待张放，实在太不像话了，引起了朝臣的各种不满。太后就把张放流放了，罪名是"莫须有"。宋朝秦桧给岳飞也来了个"莫须有"，不知是不是受此启发。

张放一走，刘骜就想得不得了，多次把他召回来团聚。后来迫于压力，又不得不让他走了。没多久又召回来，召回来没多久又不得不让他走。反复多次，每次聚散，都哭得泪人儿似的，"故常涕泣而遣之"。

每一次张放刚走，刘骜就开始想他，不能马上召他回来，就给他写信，问长问短（玺书劳问不绝）。

后来，成帝驾崩，张放于是"思慕哭泣而死"。

"一诺千金"原来是这么来的！

一个人如果不讲诚信，会有怎样的后果？后果就是总有一天没人会相信他，都躲他远远的，众叛亲离，那这个人也就完了。所以诚信很重要，也很值钱，正所谓"一诺千金"。

楚汉时期的季布就是一个很讲诚信的人，不少人都想得到他一个承诺，据说"一诺千金"这个成语就是因他而生，最初的说法是"得黄金百斤，不如得季布一诺"。

01

季布（生卒年不详），楚人，原来是给项羽打工的。给项羽打工那段时间，季布既出工又出力，还顺带出谋划策，干得不错，多次打败项羽的对手刘邦。后来形势逆转，项羽败亡，胜利者刘邦记性不错，依旧记得当年被季布揍得满地找牙那档子事，如今有了报仇的条件，那仇是一定要报的。

于是他重金悬赏捉拿季布，下令谁也不准窝藏他，否则灭三族。惹不起躲得起，沦为弱势群体的季布只好到处躲，最后躲在濮阳一个姓周的人家里。

据说因为一直讲诚信，季布拥有很多仰慕者，濮阳的这个老周便是一个。他对季布说："皇帝老儿派人抓您，估计很快就要追踪、搜查到我家来了，您要是听我的，我就给您出个主意，如果不能听我的，我就先自杀。"

季布心想这是好事啊，你不用逼我我也会答应的。老周便剃了季布的头发，将他打扮一番，装在运货的大车里，把他和另外几十个奴仆，一起卖给山东一个姓朱的人。

季布的名气确实大，这个老朱也知道他。老朱可不是普通人，居然认识刘邦的好友汝阴侯夏侯婴，而且看来还不是仅仅认识那么简单。老朱赶到洛阳，见到夏侯婴，问他："季布到底犯了什么大罪，以至于陛下追他追得这么急？"夏侯婴说还不是当初他把陛下打惨了，陛下咽不下这口气，非抓住他不可。

老朱问夏侯婴："您看季布是怎样一个人？"夏侯婴说那人有才。老朱说，俗话说"各为其主"，季布当初没做错啊，难道因为替项羽做过事，项羽的手下如今都该死吗？如今陛下刚得天下，就因为恨一个人而欲杀之而后快，这是告诉天下人他的气量有多狭小。季布如此有才，再追他，他要么会向北逃到匈奴去，要么会向南逃到越地去，这不是把人才拱手送给敌国吗？您为什么不找个机会向陛下讲明这个道理呢？

要说刘邦对夏侯婴这个好友，那是真的不错。夏侯婴一说，刘邦不仅赦免了季布，还让他当了郎中——可不是看病抓药的郎中。

那么问题来了：为什么那么多人知道季布的大名，而且愿意舍命帮他？史料上说得明白：他"以信守诺言而著称"。

02

然而，"一诺千金"真的是因季布而来的吗？

笔者遍查与季布有关的史料，虽然都提到了他的"诚实守信"，却无一件具体事例。就连司马迁的《史记·季布栾布列传》中提到季布也只有"为人好逞意气，爱打抱不平，在楚地很有名气（为气任侠，有名于楚）"之语，而无他守信重诺方面的具体事例。

说他守信重诺，却无一件具体事例，这意味着什么呢？打个不恰当的比方，就好像给人定了个罪名，却无证据证明其有罪。

问题又来了：季布诚信之名，是如何得来的呢？

梳理复杂的历史脉络后，笔者惊讶地发现，季布"一诺千金"的美名，居然是一个人拍马屁的结果！

这个拍马屁的人，复姓曹丘，名无记载，善于花言巧语，多次利用有权有势的人捞取不义之财，曾经侍奉过赵同等达官贵人，与汉文帝的大舅哥窦长君的交情也不错。按理说这与季布半毛钱关系也没有，季布却偏爱管闲事，给窦长君写信说："我听说曹丘的人品有问题，您不要和他来往。"曹丘便让窦长君给他写一封介绍信，他要去见季布，窦长君也不瞒他，说："季将军不喜欢你，你不要去，免得自讨没趣。"曹丘说我就是想讨这个没趣，您就给我写封信吧。他坚决要求窦长君给他写介绍信，窦长君被缠得没法，只好写了。

曹丘先派人把介绍信送给季布，季布看信后果然大怒，等着曹丘到来。没多久曹丘到了，先是给季布作了个揖，说："我说老季啊，你可记得楚人有句俗话，叫啥'得到黄金百斤，不如得到你季布一个承诺？'知道这话是谁说的吗？知道你为什么有那么大的名气吗？告诉你，这一切都拜我所赐，要不是我到处为你宣扬，有几个人知道你的名字？我对你有多重要，你现在应该明白了吧？可是你居然见都不想见我，是不是有点不合适呢？"

曹丘一席话，把季布听得一愣一愣的。他嘴里不停地感谢曹丘，还留曹丘在府上住了几个月，把他当作最尊贵的客人，临走还送了他非常丰厚的礼物。

当然，曹丘既然说了是"宣扬"，极有可能是杜撰，因为无事例可资佐证。

问题又来了：这个曹丘，为什么要到处为季布宣扬呢？前面说了，曹丘这人善于花言巧语，多次利用有权有势的人捞取不义之财，他多年前就到处宣扬季布的"美名"，使后者出名，是为了将来好利用他，这种投资一分钱不花，却能起到放长线钓大鱼的奇效！

后来的事实证明，他成功了。

而季布呢？从他对待曹丘的这件事来看，他除了打仗厉害，对主子有点忠心以外，实在算不上是正人君子。其头上的耀眼光环，实在有点名不副实。如果他真是个品德高尚的人，面对曹丘的花言巧语，他应该做的是"不吃这一套"，然后把他赶走，而不是当作尊贵的客人，又是留下款待又是送礼物的。

司马相如：有个才女老婆是一种什么体验？

提到卓文君，人们首先会想到她敢爱敢恨，和司马相如私奔的故事。实际上，这个美女远不止这么简单。

除了敢爱敢恨，她还有才，而且相当有才，"中国古代四大才女之一""蜀中四大才女之一"的名头，可不是浪得虚名。

01

卓文君，原名文后，西汉临邛（今四川邛崃市）人，其父为临邛巨商卓王孙。她姿色娇美，精通音律，善弹琴，有文名，其诗"愿得一心人，白首不相离"堪称经典佳句。而她写给"负心汉"司马相如的那首数字诗，也是她非常经典的"代表作"。

话说，这个含着金汤匙出生的美女加才女，十六岁就嫁了人，其夫却无福消受，幸福美满的夫妻生活没过几年，丈夫就去世了，卓文君便回到娘家居住。

那时候的司马相如，虽然是一枚穷屌丝，家境贫寒，却也有几个朋友，临邛县令王吉便是其中之一。正是通过这个朋友，司马相如才有机会结识卓文君，并最终和她私奔。

那时候的司马相如，本来做了一个名叫武骑常侍的官，但他觉得官职太小，认为自己没有得到天子赏识，郁郁不得志，便称病辞了职，回到家乡四川。

有一次，司马相如受王吉之邀，到当地大富豪卓王孙家赴宴。卓王孙的女儿卓文君久仰司马相如的文采，听说那人来了，便躲在屏风内偷看。不看不知道，一看喜上眉梢——这家伙不仅才华横溢，还是个帅哥。当时卓文君就芳心暗许了，狡猾的司马相如却佯装不知。

恰在那时，有人请司马相如抚琴，他趁机来了一曲《凤求凰》："凤兮凤兮归故乡，遨游四海求其凰。时未遇兮无所将，何悟今夕升斯堂。有艳淑女在闺房，室迩人退毒我肠。何缘交颈为鸳鸯，胡颉颃兮共翱翔……"卓文君一听，这不是弹给我听的吗？原来他也喜欢小女子我啊！当夜就和他私奔，去了成都。

爱情很美好，生活却并非如此。卓文君她爹怒其败坏门风，不给她一文钱，而司马相如又穷得叮当响，日子怎么过？两人把能卖的都卖了，回到临邛开了一家小酒铺，卓文君卖酒，司马相如打杂，倒也能勉强度日。

卓王孙到底心疼女儿，后来又为他俩的真情感动，就摒弃前嫌，送了百万银钱和百名仆人给他们。两口子回到成都，又是买地又是买房买车，过上了无忧无虑的生活。

02

这种无忧无虑的生活，对司马相如来说当然是喜事。俗话说人逢喜事精神爽，他是逢喜事作品棒，越写越好，名声越传越远，名利双收。更锦上添花的是，他的《子虚赋》得到汉武帝赏识，又以《上林赋》被封为皇帝的侍从官。

人一"阔"就容易变心，司马相如也没逃过这个规律，如今事业有成，官也做大了，他便有些飘飘然，竟产生了弃妻另娶之意（将聘茂陵人之女为妾）。曾经患难与共、情深意笃的日子，此刻他早已忘到九霄云外，心中哪里还有千里之外的那个她？

心动不如行动。司马相如给卓文君写了一封分手信，只有十三个字："一二三四五六七八九十百千万。"信里什么都有，就是无亿。无亿不就是"无忆"么！不就是暗示咱们之间已经没有过去的回忆了吗！

不就是想甩了我吗！有话就直说嘛，打什么哑谜！于是卓文君写了一首诗，寄给了那个负心汉。这首诗的题目叫《怨郎诗》。

  一朝别后，二地相悬。
  只说是三四月，又谁知五六年？
  七弦琴无心弹，八行书无可传。
  九连环从中折断，十里长亭望眼欲穿。
  百思想，千系念，万般无奈把郎怨。
  万语千言说不完，百无聊赖，十依栏杆。
  九重九登高看孤雁，八月仲秋月圆人不圆。
  七月半，秉烛烧香问苍天，

六月三伏天，人人摇扇我心寒。

五月石榴红似火，偏遇阵阵冷雨浇花端。

四月枇杷未黄，我欲对镜心意乱。

忽匆匆，三月桃花随水转。

飘零零，二月风筝线儿断。

噫，郎呀郎，巴不得下一世，你为女来我做男。

司马相如收到老婆的信，当时就惊呆了。都说她有才，没想到这么有才！关键是，老婆的才不仅让他佩服，更让他想起昔日的夫妻情分，他羞愧万分，从此再也不提分手的事。

这个故事说明，老公变心不可怕，可怕的是一哭二闹三上吊，能用"文斗"搞定的问题，都不是问题。

汉武帝的十项"吉尼斯纪录"

史料显示,汉武帝曾创下十个第一,堪称"吉尼斯世界纪录"保持者。

01　汉武帝是第一个使用年号的皇帝

年号是中国封建王朝用来纪年的一种名号,一般由皇帝发起。

据史料记载,首创年号的皇帝是汉武帝,他登基后始创年号为元狩,并追称"元狩"以前的年号为"建元""元光""元朔"。此后便形成了制度,每个皇帝都有年号,有的还不止一个,喜欢改来改去。

有的皇帝在位期间不喜欢改年号,除非遇到"天降祥瑞"或内忧外患等大事要事。有的皇帝又特别喜欢更改年号,就像命不好的人特别喜欢算命一样,比如唐高宗李治,他用过的年号最多,多达十四个。

02　汉武帝是第一个颁布历法的皇帝

西汉初年,鉴于当时使用的颛顼历有一定的误差,经司马迁等人提议,汉武帝下令改定历法,公元前104年(太初元年)颁布实施《汉历》,史称《太初历》。

《太初历》规定一年等于365.2502日,一月等于29.5308日,将原来以十月为岁首改为以正月为岁首,并沿用至今。同时开始采用有利于农时的二十四节气,是我国历法上一个划时代的进步。

《太初历》不仅是中国第一部比较完整的历法,也是当时世界上最先进的历法。

03　中国第一部纪传体史书诞生在汉武帝时期

《史记》是汉武帝时期著名史学家司马迁所著,是中国历史上第一部纪传体通史,被列为"二十四史"之首,与后来的《汉书》《后汉书》《三国志》合称"前四史"。

《史记》首创的纪传体编史方法成为后人写正史的"模板"。它在中国文学史上的地位也很重要，被鲁迅誉为"史家之绝唱，无韵之《离骚》"。

04 有史可查的第一份地图出现于汉武帝时期

这份地图叫《舆地图》。"舆"者，疆域也。公元前119年（元狩四年）四月，御史大夫公孙贺奏请绘制地图，这是秦统一后我国见于史籍记载的第一份官方绘制地图，对后世自然地理研究有着重要作用。

05 汉武帝是第一个亲自策问官员的皇帝

什么叫"策问"？简单点说就是各地选拔、举荐上来的人才，不能马上任用为官，要等皇帝亲自策问后再按等级、高下授以官职，是汉武帝选拔人才的重要手段。

"策问"有"对策"和"射策"之分。所谓"对策"是将政事或经义方面的问题写在简策上，发给应试者作答；"射策"是以类似于抽签的方式对其进行考试。

"策问"的形式定型后，就成了一种文体，很多历史名人都写过，比较著名的有董仲舒的《对贤良策》。

汉武帝时期人才济济，与其亲自策问官员不无关系。

06 汉武帝是第一个在统治思想方面"兼收并蓄"的皇帝

雄才大略的汉武帝有一个比较著名的"污点"，那就是"罢黜百家，独尊儒术"，以儒家思想作为国家的统治思想，历来为人诟病。

实际上，汉武帝并非只要"儒术"，其他的统统不要。在独尊儒术的同时，他又"悉延百端之学"，所谓的"罢黜百家，独尊儒术"，应为"独尊儒术，兼用百家"。

07 汉武帝是第一个亲临现场指导"抢险救灾"的皇帝

公元前109年（元封二年），位于河南濮阳的黄河段决口，汉武帝"发卒数万塞瓠子河缺堤"，并亲临现场指导抢险，"令群臣自将军以下皆负薪（背着柴草）"，终于堵住了黄河缺口。

皇帝亲临现场治理黄河，这是自秦统一以来的第一次。

08　汉武帝是第一个推广耧车（土法播种机）播种的皇帝

耧车也叫"耧犁""耙耧"，畜力拉动，由耧架、耧斗、耧腿、耧铲等构成，发明者名叫赵过，可以播种大麦、小麦、大豆、高粱等。汉武帝之后，用此方法播种在中国沿用了两千多年。

09　汉武帝是第一个让公主和亲的皇帝

提到公主"和亲"，人们大多首先会想到唐朝的文成公主，但历史上首次与人和亲的公主却不是她，而是汉武帝时期的刘细君。

公元前 105 年（元封六年），汉武帝令细君公主与乌孙和亲。此次和亲是中国历史上的首次公主和亲，实属迫不得已，目的是联合乌孙抗击匈奴。

刘细君本来不是公主，是汉武帝侄子江都王刘建之女。刘建荒淫无道，企图谋反，事败后自杀，刘细君因年幼未获罪。

公元前 105 年，汉武帝派使者对乌孙王说，只要你答应和我们大汉抗击匈奴，我就把公主嫁给你。乌孙答应了，汉文帝便钦命刘细君为公主，远嫁乌孙。

10　汉武帝是第一个派使者打通西域的皇帝

公元前 139 年（建元二年），汉武帝派张骞出使西域。张骞找了个匈奴人做向导，率领一百多人出使西域，打通了汉朝通往西域的南北道路，这条路就是闻名世界的丝绸之路。丝绸之路促进了中西方的经济、文化交流，在中国历史上属于首次。

一个皇帝创造了这么多"第一"，当真是前无古人后无来者。汉朝的强大果然不是空穴来风。

一只在狼群中活了八百年的"羊"

01 谜一样的楼兰人

在我国新疆巴音郭楞蒙古自治州若羌县,存在过一个谜一样的王国,名叫楼兰。如今通常叫它"楼兰古国",它谜一样地出现,又谜一样地消失了。

说它谜一样地出现,是因为这个古国的国民到底来自何处,或者说到底是什么人,至今未有定论。有人不明白了,既然它位于中国,当然是中国人啦,这有什么好说的?

问题可没这么简单。

一种观点认为,楼兰人是"漂泊东方的印欧人古部落"。持这个观点的是北京大学考古系教授林梅村,他的证据是:"楼兰人使用中亚佉卢文作为官方文字,而楼兰本族语言却是一种印欧语系的语言,学术界称作'吐火罗语'。"林教授进一步指出:"楼兰人类学研究的结论和楼兰语言学研究结果再一次提醒我们,在遥远的古代,有一支印欧人的部落生活在远离欧洲的楼兰。"

按照这个观点,楼兰人来自今天的乌克兰东部和俄罗斯南部的乌克兰平原,因为古印欧人就是那儿的。

可是问题来了,乌克兰离中国新疆那么远,古代交通那么不发达,他们是如何来到这里的?由于没有更多证据证明这一点,林教授的这个观点未能得到普遍支持。

中国社科院楼兰考古专家杨连认为,楼兰人属于雅利安人,因为20世纪80年代他去楼兰的时候,见过一位高达两米的三十多岁男子,还特地为其拍了一张照片。

这个观点更无说服力。如果仅凭身材高大就断定是雅利安人,那么姚明应该是什么人呢?何况,雅利安人并非个个都是两米以上。

还有人认为,"楼兰人更接近于古代阿富汗人",而且到了汉代楼兰王国的时候,

"楼兰人的种族构成又有了新的发展",其中不但有高加索人,还有蒙古人……

02 "狼"中间的"羊"

楼兰人"来历不明",相关史籍未见记载,现代学者也公说公有理婆说婆有理,已然成了一个谜。但楼兰国何时建国,有关史料却有比较确切的记载。

根据《史记·大宛列传》和《汉书·西域传》记载,早在公元前二世纪,楼兰国就完成了建国大业,在西域三十六国中算是强国。

据记载,位于罗布泊西部的楼兰古国虽然疆域不大,东通敦煌,西北到焉耆、尉犁,西南到若羌、且末,只能算一个小国(《汉书·西域传》:鄯善国,本名楼兰,王治扜泥城,去阳关千六百里,去长安六千一百里。户千五百七十,口四万四千一百),地理位置却十分重要,是汉朝通往西域的必经之路,它的存在对汉匈都具有极大的影响,因为汉朝无法越过这一地区攻打匈奴,匈奴如果不借助楼兰也无法威胁汉朝。

如此看来,楼兰国很特别,汉匈两家都得"求"它,至少不敢得罪它,否则它来个翻脸不认人,谁也别想越过"雷池"一步。

看起来好像是这样,问题是其国太小,国力太弱,看似两边都不敢得罪它,都得"讨好"它,实际上是它任何一方都不敢得罪,任何一方它都得讨好。如果它是一只羸弱的绵羊,那么汉匈就是两只凶恶的狼,一边一只把它夹在中间。所以,为了生存,小小的楼兰国只好做两面派,一会儿对汉朝好,一会儿对匈奴好。对汉朝好的时候怕得罪匈奴,对匈奴好的时候怕得罪汉朝,整天提心吊胆地过日子。

如履薄冰,总有一天会把冰踩破。

汉武帝派张骞出使西域后,楼兰就不小心把冰踩破了一次,汉武帝雷霆一怒,派兵讨伐。

张骞出使西域,楼兰不是没有让路,为什么会闹到如此地步呢?原来那次汉武帝派张骞出使西域的目的,是想和大月氏缔结攻守同盟,没想到人家不干,攻守同盟没有搞成。

那以后,汉王朝不但派军队讨伐更远的大宛国,还多次派使者到西域各国去从事外交活动。这些使者到西域,都要从楼兰国经过。

过就过吧,我又没拦着你。问题是并非过路这么简单,汉朝使者还给楼兰增加了沉重的负担。至于是何负担,史料不见明确记载,估计是要楼兰提供盘缠。一次两次还行,次数多了,小小的楼兰国便不堪重负,一怒之下就把汉朝的使者杀了。

这个祸闯得不小，汉武帝很生气，派兵去收拾这个胆大妄为的家伙。楼兰立即举手投降，为了表示今后不再惹是生非，还把一个王子送去做人质。

打发了汉朝，还得"安抚"匈奴，反正咱王子多，也给匈奴送去一个得了，以免它说咱没有一碗水端平，也表示咱在它们之间严守中立。

结果楼兰却未能保持中立。后来汉朝远征军攻打匈奴一个属国时，楼兰王站在了匈奴一边，允许匈奴把伏兵屯驻在楼兰境内。大汉朝怎么能容忍它这样呢，又派兵去讨伐，大军直逼其首府扜泥城（今新疆若羌县城）。

楼兰王自然不敢抗衡，马上打开城门谢罪。汉武帝说看在你认罪态度好的分上，就不跟你多计较，为了将功补过，你得给我监视匈奴的动静，匈奴一有风吹草动，你得马上告诉我。

03　沦为大国欺负对象

尽管小心翼翼如履薄冰，楼兰国和汉王朝的关系最终还是恶化了。

原因仍然是楼兰的地理位置"太好"了，"好"到它的国境靠近了玉门关，而汉朝使者经常要通过这个关门到西域各国去办事。其实这也没什么问题，问题是离此不远的一个名叫白龙堆的沙漠，是汉朝使者的必经之地，绕都绕不开。

白龙堆沙漠经常刮风，一刮起来就不得了，好像妖精来了一般，顿时飞沙走石，轻而易举就能把流沙卷入空中，形成龙的形状，经常导致行人迷路。倒霉的楼兰国，除了给汉朝使者提供向导，还得给他们提供饮用水。

这似乎也没什么问题，尽尽地主之谊，也是应该的。问题是汉朝使者多次虐待楼兰提供的向导，人家的领导不干了，怎么，你汉朝人是人，我楼兰人就不是人？凭什么要受你欺负？

被虐待的次数多了，楼兰国就再也不为汉朝提供向导了，两国关系逐渐恶化。

那时汉朝的当家人是汉昭帝，为了惩罚"不听话"的楼兰国，他玩了一招阴的，派一个名叫傅介子的人去暗杀楼兰国新国王。杀了国王，还把人家的国名也改成了"鄯善"。

暗杀了新国王，改了国名，汉昭帝还在楼兰驻了一支军队，算是控制了楼兰。楼兰也就成了汉王朝控制西域的战略支点。

西汉倒台后，东汉登上历史舞台。

东汉时期，楼兰不但没有衰落，还走了一段上坡路，因为东汉政府在楼兰进行了大规模开发，使楼兰各方面都得到了发展。

那以后的几百年时间里，直到魏晋，楼兰都好好的，并且一直是内地通往西域的重要交通枢纽。

甚至于直到唐代，楼兰仍是边陲重镇，唐朝与吐蕃还在这个地方多次交锋。楼兰这个弹丸之地，还荣幸地出现在诗仙李白的笔下："五月天山雪，无花只有寒。笛中闻折柳，春色未曾看。晓战随金鼓，宵眠抱玉鞍。愿将腰下剑，直为斩楼兰。"唐代著名边塞诗人王昌龄，更是让楼兰"名垂千古"："青海长云暗雪山，孤城遥望玉门关。黄沙百战穿金甲，不破楼兰终不还。"

不知何故，这个存在了八百年之久的古国，之后便"很少见于史载"，甚至还神秘地消失了，仿佛人间蒸发了一般。如今留下的，只有默默站立在大漠之中的古城遗址，苍凉、悲壮，无声地诉说着它曾经经历过的沧桑。

04 消失之谜至今未揭开

楼兰古国消失的原因，有这样几种假说。

一是瘟疫说。据考古学家推测，一场突然爆发的瘟疫，夺去了大部分楼兰人的生命，剩下的楼兰人被迫向南迁移，楼兰国消失。

二是干旱、缺水说。考古发现，楼兰曾颁布过世界上最早的环保法，却因干旱、缺水导致生态恶化，尤其是上游河水被截断后改道，人们被迫离开楼兰，楼兰国消失。

三是罗布泊南北游移说。有人认为，楼兰国的消失与罗布泊南北游移有关。持这种观点的是瑞典著名探险家斯文·赫定，楼兰古国遗址就是他发现的。他认为，每过一千五百年，罗布泊就要南北游移一次，当罗布泊再一次游移时，失去了水源的楼兰国消失。

四是丝绸之路北道开辟说。有人认为，经过哈密（伊吾卢）、吐鲁番的丝绸之路北道开通后，经过楼兰的丝绸之路沙漠古道被废弃，楼兰国消失。

五是战争说。楼兰王国是公元5世纪开始衰弱的，然后遭到北方强国入侵，楼兰城破后被遗弃，楼兰国消失。

除了这些，还有研究认为，楼兰国消失于生物入侵，说的是一种昆虫，从两河流域（今伊朗和伊拉克）传入楼兰，这些在楼兰没有天敌的昆虫成群结队进入居民家中，楼兰人无法消灭这些恐怖生物，被迫逃离家园，楼兰国消失。

在所有的说法中，最不靠谱的大概非"宗教说"莫属了，这种说法认为"由于佛教文化的输入，楼兰失去了创造力和生产力，直到失去了生存的能力"，于是楼兰国消失。

总而言之，楼兰国的消失，至今仍是一个谜团，等待人们去揭开。

不过话说回来，一只小绵羊能在四周饿狼环伺的环境中存在八百年，而且创造了还算灿烂的文化，也算是一个奇迹了。

西汉大文豪与一个奴仆的趣事

01

如果用高山来形容中国文学，那么唐诗和宋词堪称中国文学的两座珠穆朗玛峰。但其实汉朝文学的高度，一点也不比这俩"珠穆朗玛峰"低。

汉朝文学的主要成就是汉赋。汉赋是在汉代涌现出的一种有韵的散文，特点是"散韵结合，专事铺叙"。赋是汉代最流行的文体，在两汉四百年间，文人们多致力于这种文体的写作，因而盛极一时。后世往往把它看成汉代文学的代表，代表作家有司马相如、扬雄、王褒、枚乘、东方朔、贾谊、班固、张衡、王延寿等，都是历史上的大名人，尤其是司马相如、扬雄、王褒、枚乘，更是其中的突出代表。

顺便提一句，上述四位辞赋家中，除了枚乘是江苏人，司马相如、扬雄、王褒三位都是四川人。

司马相如就不用多说了吧，这位风流才子和风流才女卓文君私奔到成都开小酒馆的故事，家喻户晓。

相比之下，王褒的名气就小多了。但这一点也不妨碍笔者最喜欢他，因为这人最有趣。

02

王褒，字子渊，西汉人，文学家。四川资中（今四川资阳市）人。其生卒年失载，只知他的文学创作活动主要在汉宣帝（前74—前49年在位）时期。王褒是我国历史上著名的辞赋家，写有《洞箫赋》等赋，与扬雄并称"渊云"。

王褒在少年时期就善于写诗，工于作赋，在音乐方面也有较高修养。王褒和他的作品对后世都有影响。明代杨慎不仅在他编辑的《全蜀艺文志》里选有王褒的作品，还专门作了《王子渊祠》诗，诗云："伟晔灵芝发秀翘，子渊摘藻捑天朝。汉皇不赏贤臣颂，只教宫人咏洞箫。"对王褒的才华，进行了高度赞誉。

我最感兴趣的，是王褒寓居成都时的一段趣事，因为这个趣事，直接催生了他最有特色的文章——《僮约》。

03

那是公元前59年（神爵三年）正月，王褒从资中来到成都。他到成都干啥呢？史料的记载语焉不详，对他到成都后住在一个寡妇家里的事，倒是记得很详细。

王褒到成都后，住在一个叫杨惠的寡妇家里。有人说，这个寡妇是他一个朋友的老婆。因为这个关系，他住在那里便比较"随便"。他"随便"到哪种程度呢？"随便"到把杨惠的奴仆当自己的奴仆使唤。

古往今来，那些所谓的文人，大多喜欢喝酒，王褒也不例外。这人不仅喜欢喝酒，酒瘾还不小，天天无酒不欢，而且需要天天出去买酒，这人又是个懒鬼，自己不去，天天叫杨寡妇的奴仆去。

这个寡妇的奴仆，有个很有意思的名字，叫"便了"。这个便了，不知是懒还是咋的，次数多了就不愿意了，提着根木棒，跑到旧主人的坟前去哭诉："我说老爷呀，您九泉之下可知道，我的命好苦哦。当初您买我的时候，说好只是看家的，可没有让我做别的啊，更没有让我为其他男人去买酒。"

便了在主人坟前哭诉的声音被人听见了。听到的人便把杨寡妇和"其他男人"的"风流韵事"散布开来："朋友们听我说，告诉你们一个八卦新闻，你们愿意听哪个？"

朋友们说你有病啊，总共才一个，你说我们愿意听哪个？快说！

那人便说："你们晓得不，杨寡妇家住了个好酒的野男人。这人既好酒，肯定也好色，酒色不分家嘛。孤男寡女住在一起，啥事不能发生？连她家奴才都看不下去了，天天在旧主人的坟前哭呢！"

04

消息传到王褒耳朵里，把他气得哭笑不得，心想这个狗奴才，不愿为我跑腿就算了，还到处去传我的绯闻！我说杨姐，这样的奴才留着是个祸害，早晚要惹事，把他卖了吧。

杨寡妇说这个不难，难的是这小子的脾气有点坏，爱顶撞人，恐怕没人要。王褒说没人要我要！王褒便把便了买了下来。

话说这个便了，本来就不待见王褒，给他当奴才，心里一万个不乐意。但他有什么办法呢？奴才就是奴才，命运不由自己掌握，主人想卖给谁就卖给谁。

要说他有啥与众不同，不过就是比别的奴才胆子大一点，敢于跟新主人提条件："既然你要买我，那就要像我的旧主人那样，把以后要我干的事情明明白白地写在契约里，这叫先说断后不乱，不然我不干！"

世上最傻的事，莫过于自己给自己挖坑，便了干的就是这种事。和王褒玩儿心眼，他太嫩了。俗话说得好，聪明人只需厚道，笨蛋才玩儿心眼，便了就是这样的笨蛋。

不过得感谢这个笨蛋，如果不是他给自己挖坑，中国文学史上就不会有这段佳话，就会少了一篇名作。这篇名作就是《僮约》。

王褒这人擅长辞赋，为了教训便了，使他服服帖帖，便信笔写下这篇长约六百字，题为《僮约》的契约，列出了名目繁多的劳役项目和干活时间表，使便了从早到晚不得空闲，并对其提出了十分严苛的要求，若是严格执行，便了非累死不可。便了好歹也认得几个字，基本上是大白话的《僮约》也不难懂。便了看了《僮约》，哇的一声大哭起来："我说老爷啊，您干脆杀了我吧，早知如此，还不如让我天天给您去买酒呢。"

05

《僮约》到底写了些什么，把便了吓成这样？

鉴于篇幅，本文在此略过原文（有兴趣的读者可去网上查），仅将译文贴于此：

神爵三年正月十五日，资中男子王子渊，向成都安志里女子杨惠，买她亡夫在世时门下的络腮胡奴仆便了，定价一万五千文铜钱。家奴应当听从各种驱使，不能有二话。

早晨起床，洒水扫地；吃饭以后，洗净餐具。平时在家凿石做碓窝，积杆捆扫帚；削木造水盂，凿成酒斗。疏通水渠，拴牢篱落。锄去菜园的草，平整田头阡陌。堵塞歧路，填平凹地。刻木条捆牛皮，制造为连枷。烧弯竹竿做柴耙，削光木头制辘轳。

进出不能骑马乘车，不能像簸箕一样坐着喧哗。起身离座就要快跑，捶打镰刀去割青草，编苇作簟，绩麻织布。汲水炼乳酪，调制美味的饮料。织造鞋子，设网粘捕麻雀、捕捉乌鸦。结网捕鱼，射飞雁弹击野鸭。

上山射鹿，下水捕龟。后园的池子要放养上百只鱼雁鸭鹜。驱赶猫头鹰和鹞子，手拿着竹竿去放猪。种养生姜和芋头，喂养小猪小驹。打扫干净堂屋和厢房，饲养饥饿的马牛。敲四更的时候就要起身坐候，半夜添加饲料。

二月春分，打牢田埂，堵塞田界。修剪桑树的枯枝冗条，将棕榈皮搓成绳索。种上瓠瓜好做葫芦瓢，再分类种好茄子和葱苗。将麦茬杂草就地烧灰，平整垄畦翻松泥土，中午好趁早晒太阳。

每天鸡叫的时候就起来舂米，制作水幕拦鱼栅，要编三层以防漏鱼。家中有客人，就要去提壶买酒，打水做晚饭。洗净杯盏，整理桌案。到菜园拔蒜，砍紫苏叶，将腊肉切成肉片，用碎肉蒸芋头，精脍鲜鱼、烹炖团鱼。烧水煮茶，分杯陈列，吃完盖藏。

到晚上关上门窗，喂喂猪遛遛狗，不要和邻居打架骂仗。僮奴只能吃豆饭、喝清水，不能好酒贪杯。想要饮美酒，也只能触嘴沾唇，不能喝得杯底朝天、酒斗翻转。

不能早晨偷跑出去直到夜晚才归，不能在外交结朋友。房屋后边种的树，应当砍来造船，以便我下行去江州上溯到上湔去当属官来挣家用的钱。织纺出白色的布料，去售卖用棕榈皮编的绳索。到绵亭镇上去买席，往返新都和雒水之间，还要选购妇女用的脂膏，到小集市上买卖。

返回成都要担荷枲麻沿小路贩到旁磴。牵着狗儿将鹅卖掉，再到武阳去买茶叶。从杨氏池中掘得藕担着去卖，往来集市，谨防被偷盗。到集市上不能东蹲西卧、说粗话骂人撒泼。多作刀具铁矛，带到益州，换回羊牛。

僮奴你要自己学会精打细算，不能愚笨。拿着斧头上山去，取材作车辕车辋，如有剩余的材料，可选做俎几、木屐和猪的食槽。把剩下的劈柴烧作木炭，以竹笼将石头垒砌保护堤岸。修理房舍翻盖房屋，砍削竹片做书简。傍晚要回家了，还要带回两三捆干柴。

四月要松土撒种，五月要收割小麦。十月收打豆子，播撒麦种，窖藏芋子。下南安县去收购采买板栗黄甘橘，车载转卖取利。多找些蒲叶苎麻，尽量多地搓成绳索。大雨如注泄在盆瓮，要披蓑衣、戴斗笠。

无事可做，就用菰蒲草编席子，织蚕箔。种植桃树、李树、柿树和柘桑树，三丈一树，八尺一行。按相同的果类种在一起，横竖距离要适当。果树成熟收获时，不得随意品尝。

狗叫的时候应当起床，叫醒四邻防盗贼，先拴牢门和窗，上楼去击鼓，手执着盾牌，挥舞着戈矛，围着栅栏巡逻三周。殷勤劳作，不要到处乱跑。

奴仆老迈无力气的时候，就种莞草编织草席。做完一件事想要休息，应当先舂好一石米。半夜没事的时候就洗衣裳，跟白天一样去做。如需收租讨债，掌管供给宾客。

奴仆不能有奸私之事，一切事情都必须向我禀告。奴仆不服教管，就鞭笞一百下。

根据这个契约，便了这个奴才，必须集清洁工、养殖工、猎手、渔夫、果农、挑水工、厨师、保安等多工种于一身，而要完成这么多工作，他必须是超人。他当然不是超人，不被吓哭才怪。

《僮约》以赋的形式写就，堪称"世俗文学"的开山之作，对后世的影响极大，具有划时代意义，胡适、郑振铎等文化大家对其都有极高评价。

《僮约》一文本系游戏之作，是主人和仆人开的一个玩笑，结果却如此"出人意料"，难道这就是传说中的"无心插柳柳成荫"？

王莽追杀刘秀的传说有多少版本？

01

王莽，生于魏郡元城（今河北大名县东），西汉孝元皇后王政君的侄子。

王莽幼年不幸，身世坎坷，父兄先后去世，他由叔父们抚养成人。青年时期，王莽"谦恭俭让，礼贤下士，尊敬长辈"，被誉为楷模。后来他青云直上，升任六司马，仕途平坦。

西汉末年，社会矛盾激化，由于王莽在朝野素有威名，被视为挽救汉王朝的最佳人选，权势熏天。公元8年腊月，王莽"代汉建新"，改元"始建国"，改"长安"为"常安"作为新朝都城。

建国后，王莽试图缓和社会矛盾，推行了一系列的改革措施，史称"王莽改制"。但是，改革并没有挽救危机，反而激化了社会矛盾，各地起义不断。

公元23年（地皇四年，更始元年）十月六日，起义军攻入都城，王莽被乱军所杀。他建立的新朝也成为中国历史上的短命王朝之一。

王莽的"克星"，就是光武帝刘秀。

前面提到新朝末年社会矛盾激化、各地起义不断，起义的就有刘秀，他于公元25年在河北鄗南千秋亭登基称帝。刘秀不仅推翻了王莽建立的新朝，经过十二年的统一战争，还先后消灭了关东、陇右、西蜀等地的割据政权，结束了自新莽末年以来近二十年的军阀混战与割据局面。

02

当初的起义军虽然不少，但要数刘秀这支起义军的力量最强，以后那些起义军又纷纷来投奔，因此，新朝与义军的较量，主要是王莽与刘秀的较量。王莽追杀刘秀的传说故事，自然也就最多。

传说一：

王莽追杀刘秀，刘秀当然得逃啊。他逃啊逃，逃啊逃，逃出京城后直奔南阳。王莽派兵围追堵截，南阳那边一马平川，躲也无处躲，藏也无处藏，眼看就要被王莽追上。刘秀急了，也有些绝望，仰天大叫："天亡我也！"声音刚落，只见一头青牛从天而降，张口就把刘秀吞下去了，接着扑通一声又把他从屁股里屙了出来。晕晕乎乎的刘秀清醒后一看，咦，俺咋到了内乡（今河南内乡县）灵山头？

话说这地方离南阳城就不远了，而刘秀正要去那个地方。刘秀大喜，谢过青牛后说："既然你救了在下，那就好事做到底，干脆变座大山，把王莽那家伙隔到老北山，别让他靠近我吧！"

大青牛本来是太上老君的坐骑，是奉太上老君的命来救刘秀的，它要是变了山，就回不了天上了。但如果不救刘秀，这小子就会被王莽杀掉，自己回去交不了差。万不得已，它只好趴在地上，变成了一座山，这就是八百里伏牛山。

河南内乡的那句顺口溜就是这么来的——吃陕西，屙河南，青牛化作伏牛山。

传说二：

有一次，王莽又逮着一个追刘秀的机会，当然不能放过。于是他使劲追啊追，刘秀怎么也摆脱不了，人困马乏，实在走不动了，就在一棵大柳树下滚鞍下马，乘凉歇脚。

不料他刚坐下，就见远处烟尘滚滚，王莽追来啦！刘秀死的心都有了："老天啊，我啥时得罪你了吗？你看我四肢麻木，腹中空空，哪里还走得动？你就不能帮帮我，忍心看我坐等一死？"

罢了罢了，老天是靠不住的，要是能钻到柳树里面去躲一躲该多好啊。他刚想到这儿，只听"咔嚓"一声，这棵巨大的柳树果然裂开一道口子，大得足以"吞"进去一个人。刘秀大喜，把马儿打发到远处去溜达，自己钻进柳树。刚钻进去，柳树的口子就合上了，连一个伤疤都看不到。

追到大柳树下的王莽不见人影,就拿柳树出气,抽出宝剑朝柳树砍去,嘴里同时骂道:"刘秀那小子是寡人心腹大患,你们给老子继续追,哪个不卖力,这棵树就是他的下场!"愤怒不已的王莽那一剑可谓用尽了全力,大柳树居然被拦腰砍断。好在王莽那一剑是骑在马上砍的,不然刘秀同样会身首异处。

王莽走后,逃过一劫的刘秀说:"大柳树啊大柳树,你是为我而死的,我无以为报。倘若苍天有眼,助我灭了王莽,就让所有的柳树都再生出三头六臂,逢春就发芽,让人们观赏吧!"

刘秀登基后,柳树果然长出"三头六臂",一到春天就身披千条绿色的头发,为初春一大景致,正所谓"忠心老柳万年春,无心插柳柳成荫"。

传说三:

有一次,刘秀被王莽追得实在无处可逃了,就率兵逃往伏牛山深处,来到一座山洞。当时是严寒隆冬,到处白雪皑皑,寒风刺骨。单衣铁甲的将士们都冻坏了,为了度过严冬,之后好与王莽继续争夺天下,刘秀决定在这里酿米酒御寒。

可是,王莽要是搞突然袭击怎么办?为了避免这样的事情发生,刘秀让人雕了一个石蛤蟆放在水中,对石蛤蟆说:"我在里头酿酒,如果王莽来了,麻烦你大叫三声,事后我请你喝酒,管够。"

酒酿出来后,正在喝酒烤火的将士们突然听到三声蛤蟆叫,刘秀急忙命大家把酒灌好,上马飞奔而去。

传说四:

刘秀逃出都城后,王莽紧追不舍。

一天,刘秀带领人马来到距内乡城三里的地方。当时正值正午,烈日当空,热得要命,人马都渴得要死,刘秀命令停下找水。

将士们倒是找到了一口井,可是没有汲水工具,还是喝不成。焦急万分的刘秀手把井沿,用力一扳,那井居然被扳倒,清水一个劲儿往外流。将士们齐声高呼:"我王洪福!"

众人喝了个痛快,马也喝了个肚儿圆。刚喝好,快马就来报告王莽追来了,刘秀急忙命令将士们上马逃命,却忘了将井扶正,后来人们就把那个地方叫作"扳倒井"。

03

其实,王莽追杀刘秀的传说故事不止上述四个,仅在河南内乡县,就还有"三狼冢""挂剑垛""老鹰老鸹马齿菜""橡子树上结柏枝""寺坪的麦子为什么熟得早"等传说。而且还有不少与其将领有关的传说,如"马武转世""马武求师""马武收冯衍""收岑彭""黄霸出世""马王合兵""刘隆与接官亭""邓禹施法治秃龙""陈俊与印石潭""跑马岭贾复驯马"等,以及关于吴汉、杜茂、盖延、岑彭、万脩、李忠、任光、冯异(都是刘秀手下的将领)等人的传说故事。

这些传说的主题只有一个,那就是"正义者昌,逆反者亡"。

也就是说,如果你想做好事、把坏人干掉,哪怕到了走投无路的地步,也会"天帮忙、石援助、树献身、老鸹送信草蔽阴"。连石头和树木都会帮你,正义者能不胜吗!

神医华佗不是中国人？

有关史料说得很明白：华佗（？—208年），字元化，沛国谯（今安徽亳州市谯城区）人，东汉末年医学家，是一位深受人民爱戴的"神医"。

为什么深受人民爱戴？因为医术高明的他不愿做官，不求名利，不慕富贵，只想为人民解除疾苦，还因此而丢了命。

没想到，让中国人骄傲了近两千年的这位德艺双馨的医学家，偏偏有人说他不是中国人。

说这话的，偏偏不是一般人，而是一个大师级人物，大名鼎鼎的陈寅恪！

01

陈寅恪，中国现代最负盛名的集历史学家、古典文学研究家、语言学家、诗人于一身的百年难见的人物，与叶企孙、潘光旦、梅贻琦一起被称为清华大学百年历史上四大哲人，与吕思勉、陈垣、钱穆并称为前辈史学四大家。先后任职任教于清华大学、西南联合大学、广西大学、燕京大学、中山大学等，著有《隋唐制度渊源略论稿》《唐代政治史述论稿》《元白诗笺证稿》《金明馆丛稿》《柳如是别传》《寒柳堂集》等。

陈寅恪大师说华佗不是中国人，可不是随便说说，而是经过严格考证的，他在对华佗进行了系统研究的基础上，专门写了一篇名叫《三国志曹冲华佗传与佛教故事》的文章。

这位治学严谨的大学者在该文中写道，不但曹冲称象、华佗治病，就连"竹林七贤"的故事都来源于印度神话。所以在他看来，真实的华佗是不存在的，他的故事是一个神话。即使存在，也是个印度人。

比如华佗为广陵太守陈登治病，《三国志》说华佗让陈登服下二升汤药，陈登吐出了三升虫，虫的头是红色的，被吐出来后还在蠕动，身子像是生鱼片。陈寅恪说，这个故事，包括华佗让病人服下麻沸散以便做手术等故事，都来自印度神医耆域为人治病的故事。

华佗为曹操治病、最后被曹操所杀之事，陈大师认为也与印度神医耆域的故事极为相似——"耆域亦以医暴君病，几为所杀，赖佛成神，仅而得免"。

陈大师甚至认为，"华佗"二字的字和音，也来自印度神话。他还在那篇文章里，对《三国志》作者陈寿提出了批评，批评"下笔谨严"的陈寿不应该在如此严肃的史学著作中"抄袭"印度神话。

持这种观点的，并非陈大师一人。他的文章发表后，得到学术界一些人的赞同，比如考古学家和梵学家林梅村，也专门写了一篇名叫《麻沸散与汉代方术之外来因素》的文章，支持陈寅恪的观点。他说，麻沸散实为天竺胡药，"华佗其名或来自五天梵音，其医术有印度因素，则事在情理之中……只要认真观察华佗行医的社会环境，就不难发现陈说并非臆测"。

既然陈大师言之凿凿，还有其他学者力挺，看来华佗真是印度人无疑了。

"遗憾"的是，持这种观点的只是极少数学者，普通民众是不买账的。无论他们说得如何天花乱坠，普通民众仍然把华佗当作自己人，并引以为傲。

02

又是几十年过去了，本已风平浪静，人们早已把这场"争论"忘到了九霄云外。不料一个日本人斜刺里跑出来说：华佗既不是中国人，也不是印度人，他是伊朗人！

这个日本人名叫松木明知，在日本弘前大学医学部麻醉科教研室工作，他于1980年在日本《麻醉》杂志上发表了一篇文章，题为《麻醉科学史最近的知见——汉之名医华佗实为波斯（伊朗）人》。他在文章中写道："华佗是波斯文XWadag的谐音，其含义为主或神。所以华佗不是人名，而是主君、阁下、先生的意思，引申到华佗个人的职业应是'精于医术的先生'之意。"他同时指出，"波斯国（古称安息，今之伊朗）人经丝绸之路而东渐，华佗即经此路而游学徐土（今江苏徐州市）的波斯人"。

历史上，波斯人通过丝绸之路进入中国倒真有其事，李白就写过"胡姬貌如花，当垆笑东风"，所谓"胡姬"就是波斯人。但松木明知据此认为华佗也是经丝绸之路来到中国的波斯人，似乎证据不足，他那句"历来被认为是中国人的华佗，实为波斯人"的断言，难免有点武断。

那么华佗到底是哪国人？也许只有他自己知道。

两汉那些奇葩事儿

01　刘邦封侄儿为"刮锅底的侯"

刘邦年轻时不务正业,整天和酒肉朋友鬼混,并且经常带着他们到哥嫂家蹭吃蹭喝。

时间一长,大嫂不高兴了,当刘邦再次带着兄弟们来蹭吃蹭喝时,她拿起锅铲边敲锅边嚷:"光了!光了!"

刘邦记住了这个"仇",在心里留下"击釜之怨"。

刘邦当上皇帝后大封同姓王,他的近亲不是被封王就是被封侯,唯独大哥的独子刘信没有获封。他大嫂便跑到太上皇也就是刘邦的父亲那里去告状,心中仍记着"仇"的刘邦说"大嫂这个人薄情寡义"。后经太上皇调解,刘邦才给侄儿刘信封了个"羹颉侯"。

羹者,饭也;颉者,刮也。"羹颉侯"的意思就是"刮锅底的侯"。对于这种羞辱,其嫂其侄既不敢怒也不敢言,否则很可能到头来什么都捞不着。

02　让他进京述职,他为啥要造反?

西汉建立不久,汉高祖刘邦有一天闲来无事,拿起列侯名册翻看。看着看着,一个念头在他脑海里冒了出来,于是下诏让在册的列侯都到洛阳来,他要当面问问地方上的情形,同时也有让他们汇报工作的意思。

没想到这个诏令却"逼"反了一个人。

这个人名叫利几,原来是项羽的手下,项羽死时他为陈留县令,投降刘邦后被封为颍川侯。

得到诏命的利几一下子慌了神。他不知道各地列侯都被召见,以为皇帝只召他一个。那么皇帝是什么意思呢？想来想去，利几仿佛突然明白了：原来我曾是项羽的人，而皇上与项羽是死对头，他这是对我不放心啊，而让他放心的唯一办法就是把我干掉。

哼哼，你那点心思，瞒得了哪个？咱好歹也在这个危机四伏的世界混了这么多年！

那他去还是不去呢？当然不能去，除非他甘愿束手就擒。但不去就是违抗皇命，同样是死罪。

于是他选择了第三条路：举兵造反。

虽然造反的风险很大，但横竖是个死，为啥不赌一把？万一赌赢了呢？

得知利几造反，刘邦都蒙了：看来造反这事很好玩啊，阿狗阿猫都想玩一把，你利几几斤几两，别人不晓得，难道你自己也不晓得？于是"高祖闻信大怒，亲自带兵来击"。

小小的颍川哪里挡得住朝廷大军的碾压？《西汉野史》是这样记录利几下场的：不消两日，早将城池攻破，利几被获正法。

但是在《史记》中，利几却并非如此不堪，他好歹坚持了将近半年，而且利几的死也不是"被获正法"，而是在战斗中兵败身亡的。

好奇害死猫，多疑害死自己。但这个悲剧的根子，还在于刘邦滥杀功臣，否则，下面的人再傻，也不会无缘无故地产生这样的怀疑，这样的悲剧，也就没有了产生的土壤。

03　汉景帝给老百姓人人加官进爵

汉景帝刘启最喜欢大赦天下，在位十六年，总共七次大赦天下：景帝元年四月，大赦天下；三年正月，大赦天下；同年六月，大赦参与"七国之乱"的罪犯；四年六月，大赦天下；中元元年，大赦天下；中元五年六月，大赦天下；后元元年三月，大赦天下。他不仅大赦那些刑事罪犯，还大赦参与叛乱的政治犯。

汉景帝的另一个雷人之举，是给老百姓人人加官进爵：景帝元年四月赐予百姓爵位一级；中元元年四月赐予百姓爵位一级；后元元年三月赐予百姓爵位一级；后元三年临终遗言，赐予诸侯王至百姓作为户主的每人爵位一级。

04 汉武帝为荔枝树杀人

南越王赵佗为了讨好汉武帝，给后者进贡了两样东西：鲨鱼和荔枝。

汉武帝对荔枝的兴趣明显大于对鲨鱼的兴趣，不仅因为荔枝味美，更因为据说吃荔枝可以成仙。成仙是汉武帝这辈子最大的理想，他始终锲而不舍地走在追求成仙的路上，因此他不仅下令岭南继续进贡荔枝，还在上林苑建起了荔枝培育基地，名曰"扶荔宫"，把许多从岭南带回的植物都种在宫内，其中就包括百余株荔枝。

荔枝畏寒，在长安城自然无法成活，但汉武帝仍然坚持不断地种植，终于种活了一株，可惜后来也枯萎而死。

汉武帝大怒，把负责种植荔枝的几十个守吏都杀了。

05 东方朔在宫里小便

足智多谋的东方朔本可前途无量，可惜他不拘小节，还常常犯些小错误，所以一直没当上大官。

有一次他喝醉了酒，居然在宫里小便，被弹劾免职，贬为庶人，在宦者署待岗。恢复官职后又放荡不羁，将汉武帝赐给他的钱财全部用在女人身上，在长安物色年轻女子，然后娶来做老婆，几乎一年换一个。

同僚们看不惯，称他为"狂人"。汉武帝听到后，不仅不处罚东方朔，还对看不惯他的人说：他要是没这点毛病，你们谁也比不上。

06 汉废帝平均一天干四十件坏事

据《汉书·霍光金日䃅传》记载，汉废帝刘贺"受玺以来二十七日，使者旁午，持节诏诸官署征发，凡千一百二十七事"。二十七天干了一千一百二十七件荒唐事，平均一天四十件。

07 汉宣帝老丈人因拿错马鞍被判死刑

汉宣帝刘询的皇后许平君的父亲许广汉早年在昌邑王府做事，有一次随汉武帝出游，没见过大阵势的他一时紧张，错拿了别人的马鞍放到自己的马背上。

这本来只是一个小失误，甚至连问题都不是，却被人诬告为"从驾而盗"。竟然敢在皇帝眼皮子底下偷东西，这罪名大了，按律当斩。好在汉武帝觉得这人不是故意的,把死刑改为腐刑,让他进宫做了太监。

08 汉明帝喜欢亲自动手打人

汉明帝刘庄是东汉第二任皇帝,即位以后"躬亲政务",事无巨细都要过问,一旦发现身边的官员有不轨行为,常常会拿起棍子,亲自动手揍一顿。

一次,西域使者前来朝拜,明帝很高兴,下令赐其十匹丝绸,负责登记的尚书郎却误记为一百匹。明帝后来查账,发现了这一错误,非常生气,急召尚书郎进殿,命左右将尚书郎摁在地上,自己手持大棒,打得尚书郎屁股开花,嗷嗷大叫。

据《后汉书·卷七十一》记载,一天,明帝身边一个名叫药崧的郎官犯了一点小过失,明帝生气了,从身旁抄起棍子揍他,药崧害怕,钻到床下躲了起来。

明帝更加生气,大喊:"郎出!郎出!"药崧在床下说:"天子穆穆,诸侯煌煌,未闻人君自起撞郎!"皇帝你是九五之尊,行为要庄重,怎么能拿棍子揍我这个小郎官呢!

明帝一听这话,转怒为喜,扔掉木棍,说:"你出来吧,这回饶了你。"

09 告发赵飞燕私通的人反而被杀

汉成帝的皇后许皇后和宠妃班婕妤先后失宠的原因,是她们都没给汉成帝留下子嗣。许皇后虽然生过一儿一女,但都夭折了。班婕妤生过一个儿子,也不幸夭折。汉成帝就对她们失去了新鲜感,转而宠幸赵飞燕。赵飞燕明白,要想巩固自己的地位,就得给皇帝生儿子。

奇怪的是,汉成帝虽然正值壮年,却怎么也没能让赵飞燕的肚子鼓起来,汉成帝去她那里的次数越来越少,去她妹妹赵合德那里的次数倒是越来越多。

赵飞燕不想失宠,为了生个儿子,她居然暗中调查侍郎宫奴的生育能力,打听到"厉害"的,就偷偷把他们召进宫来,想用这个办法让自己生出儿子来。

起初她还做得很隐秘,总是小心翼翼,后来随着尝到的甜头越来越多,她的胆子也越来越大,以至于大到在宫中修了一间密室,借口在里面祈神求子,实际上整天和他们淫乐,连汉成帝都不让进去。

俗话说,若要人不知除非己莫为。赵飞燕如此肆无忌惮,时间一长就"泄密"了。谁知汉成帝知道后,赵飞燕一点事也没有。

原来聪明的赵合德早就对汉成帝说过,姐姐性格刚毅,容易得罪人,今后肯定会有人在陛下您面前讲姐姐的坏话，诬陷她。假如陛下今后听到了这些谗言，您可千万别信，否则您不就被人耍弄了吗？

赵合德一边说一边还梨花带雨，小样儿既可怜又可爱。如今果然有人说赵飞燕的坏话，汉成帝既然答应过赵合德，自然是不信那些"谗言"。汉成帝不仅不信，还把告发赵飞燕的人统统处死。

10　汉灵帝管太监叫"爹"

汉桓帝和汉灵帝时代是太监特别多的时代。汉桓帝时，五个太监因剪除权臣梁冀有功被封为"五侯"；汉灵帝时有十个太监因为能迎合小皇帝的心思，投其所好，搜刮民脂民膏，被皇帝称为"十常侍"，其中有个叫张让的，是"十常侍"中的老大，被皇帝尊为"吾父"。

附录 汉朝皇帝列表

西汉与东汉之间,还有两位皇帝——王莽和刘玄,但通常不被视为正统皇帝。

公元8年,王莽受禅,改国号为新,定都常安,史称"新莽"。

公元23年,刘玄称帝,复国号汉,定都南阳,史称"玄汉"。

表1 西汉11位皇帝列表

姓名	庙号	谥号	在位时间	在位年数	年号
刘煓	—	太上皇①	—	—	
刘邦	太祖	高皇帝	前206—前195	11年	
刘盈	—	孝惠皇帝	前195—前188	8年	
刘恭	—	前少帝②	前188—前184	5年	—
刘弘	—	后少帝③	前184—前180	5年	—
刘恒	太宗	孝文皇帝	前180—前157	24年	
刘启	—	孝景皇帝	前157—前141	16年	
刘彻	世宗	孝武皇帝	前141—前87	54年	建元 元光 元朔④ 元狩 元鼎 元封 太初 天汉 太始 征和 后元
刘弗陵	—	孝昭皇帝	前87—前74	13年	始元 元凤 元平
刘贺	—	废帝/海昏侯⑤	前74	27天	元平
刘询	中宗	孝宣皇帝	前74—前49	26年	本始 地节 元康 神爵 五凤 甘露 黄龙
刘奭⑥	高宗	孝元皇帝	前49—前33	16年	初元 永光 建昭 竟宁
刘骜⑦	统宗	孝成皇帝	前33—前7	26年	建始 河平 阳朔 鸿嘉 永始 元延 绥和
刘康	—	定陶恭王/恭皇（子刘欣追谥）	—	—	
刘欣	—	孝哀皇帝	前7—前1	6年	建平 元寿
刘衎⑧	元宗	孝平皇帝	前1—6	6年	元始
刘婴	—	孺子⑨	6—8	3年	居摄 初始

① 仅被尊为皇，而非皇帝。
②—③ 两位少帝为汉惠帝之子，在位时并无实权，且在位时间太短，通常不被视为正统皇帝。
④ 汉武帝前三个年号为追加。
⑤ 废帝刘贺为汉武帝之孙，昌邑哀王刘髆之子，承继汉昭帝后嗣，在位仅二十七天便被霍光废为昌邑王，后被宣帝降为海昏侯，通常不被视为正统皇帝。
⑥—⑧ 刘奭、刘骜、刘衎原立了庙号但后被取消。
⑨ 刘婴为汉宣帝玄孙。刘婴并未称帝，只能称为"汉末主"，故不在西汉11位皇帝之列。

表2 东汉12位皇帝列表

姓名	庙号	谥号	在位时间	在位年数	年号
刘秀	世祖	光武皇帝	25—57	32年	建武 建武中元
刘庄	显宗	孝明皇帝	57—75	18年	永平
刘炟	肃宗	孝章皇帝	75—88	13年	建初 元和 章和
刘肇	穆宗	孝和皇帝	88—106	18年	永元 元兴
刘隆	—	孝殇皇帝	106	8月	延平
刘庆	—	清河孝王 孝德皇① （子刘祜追谥）	—	—	—
刘祜	恭宗	孝安皇帝	106—125	19年	永初 元初 永宁 建光 延光
刘懿	—	北乡侯 前少帝②	125	7月	延光
刘保	敬宗	孝顺皇帝③	125—144	19年	永建 阳嘉 永和 汉安 建康
刘炳	—	孝冲皇帝	144—145	5月	永熹
刘缵	—	孝质皇帝	145—146	2年	本初
刘开	—	河间孝王 孝穆皇 （孙刘志追谥）④	—	—	—
刘翼	—	蠡吾侯 孝崇皇 （子刘志追谥）⑤	—	—	—
刘志	威宗	孝桓皇帝	146—168	22年	建和 和平 元嘉 永兴 永寿 延熹 永康
刘淑	—	解渎亭侯 孝元皇 （孙刘宏追谥）⑥	—	—	—
刘苌	—	解渎亭侯 孝仁皇 （子刘宏追谥）⑦	—	—	—

① 仅被尊为皇,而非皇帝。
② 两位少帝在位时均无实权,由外戚掌权,且在位时间均不满一年,通常不被视为正统皇帝。
③ 190年,有司奏请,和帝穆宗、安帝恭宗、顺帝敬宗、桓帝威宗无功德,不宜称宗;又恭怀皇后、敬隐皇后、恭愍皇后并非正嫡,不合称后,都请撤除尊号。献帝同意。
④—⑦ 同注①。

续表

姓名	庙号	谥号	在位时间	在位年数	年号
刘宏	—	孝灵皇帝	168—189	22年	建宁 熹平 光和 中平
刘辩	—	弘农怀王　后少帝[1]	189	5月	光熹 昭宁[2]
刘协	—	孝献皇帝 （魏明帝曹叡谥） 孝愍皇帝 （昭烈帝刘备谥）[3]	189—220	31年	初平 兴平 建安 延康

---

[1] 两位少帝在位时并无实权，由外戚掌权，且在位时间均不满一年，通常不被视为正统皇帝。
[2] 189年十二月，董卓以汉献帝名义下诏，废除光熹、昭宁、永汉年号，改称中平六年。
[3] 220年，刘协被迫禅位于魏王曹丕，降封为山阳公，蜀中盛传刘协被杀，汉中王刘备上谥号"孝愍皇帝"，而实际上刘协死于234年，魏明帝曹叡上谥号"孝献皇帝"。